新装版

日本人のためのイスラム原論

小室直樹

集英社インターナショナル

日本人のためのイスラム原論

小室直樹

知識は最上の名誉なり

集英社インターナショナル

本書の「宗教の生態学」が示す「近代の実態」とは？　宮台真司

本書は『日本人のためのイスラム原論』。だがイスラム教・ユダヤ教・キリスト教・仏教をバランス良く比較する。そこで京都大学理学部数学科出身ならではの方法。項目羅列的な比較はしない。前提づけるもの（必要条件）と前提づけられるもの（十分条件）からなるネットワークを比較する。今日では生態学的思考と言う。

復習を兼ねて、キリスト教を中心に私自身の見解を加えて概括する。先ず用語。本書にも混用があるが、以下では特定行為を命じる宗教規範を（仏教を越え）戒律と呼ぶ。民族固有の生活形式を戒律が指定すれば必然的に民族宗教。だからユダヤ教は民族宗教。三大宗教たる仏教・キリスト教・イスラム教は世界宗教（非民族宗教）だ。

宗教には救済を含む恩恵がある。恩恵の訪れが個人なら個人救済。共同体なら共同体救済。三大宗教は全て個人救済。キリスト教の母体ユダヤ教は共同体救済。民族宗教は共同体救済が多い。最古の宗教もそれ。遊動段階の共同体的呪術が起点だ。呪術は世界を変える行為。呪術を否定するのが合理的宗教。文明化でやがて始まる。

原型の星占いは祈りで星を動かし運命を動かす。祈りは呪術でアニミズムでは普遍的だ。万物は対話可能で「万物＝社会」。それが古代バビロニアで脱呪術化して占星術化。文字記録で法則が発見されたからだ。星は動かせない。読めるだけ。かくて対話で動かせる「社会」と動かせない「世界」が分離。「世界の脱社会化」つまり合理化だ。

因果的報酬期待に基づく行為形式が条件プログラムで、行為自体報酬となる行為形式が目的プログラム（ルーマン）。本書で言う因果性は前者で、規範性は後者。ウェーバーの目的合理性（手段的合理性）は前者で、価値合理性は後者。パーソンズの道具性は前者で、表出性は後者。ハーバマスの道具理性は前者で、対話理性は後者。等々。

呪術は手段でなく世界を動かす営みそれ自体。自体的に意味がある。成功と失敗があるのみ。これを離れた手段的合理性を観察評価する条件プログラム化＝if-then化が合理化。占星術化は合理化だ。紀元前六～五世紀前後に文字記録する文明化で各地で「開けゴマ」が廃れて合理化が進む。この時初めて一神教ユダヤ教が誕生した（出エジプト直前にエジプトのアテン神信仰があるが瞬間的に消えたので数えない）。

正確には生贄呪術から罪回避（神の命令を破って○○となった）への離陸を以てユダヤ教誕生とする。ちなみに宗教学は宗教内に呪術と合理的宗教（脱呪術的宗教）を分ける。文明化で突如、合理的宗教が生まれた。ユダヤ教も仏教も儒教も同時代の文明から生まれた。だからこの時代を取り立ててヤスパースが「軸の時代」と呼んだ。

仏教は、真理を知って苦から解放された釈尊に連なる個人の現世救済宗教が起点。真理は「それありてこれあり・それなくしてこれなし」という縁起。生起の必要条件として前提を数える非決定論的因果性だ。釈尊は試行錯誤で真理を得て解放されただけ。後続者が解放手段と定めた修行定型が戒。修行集団生活の掟が律。定め方で分派した。

キリスト教は、民族を越え分け隔てなく貧窮した人を救ったイエスの奇蹟的行為に感染した者が、「皆のための営み」がヘタレないよう「見る神に強めて貰う」共同体主義的個人の現世救済宗教が起点。戒律による利他（ユダヤ教）を利己的利他として心の働きゆえに否定。やがて「天国に入るべく道徳的な心を持つ」御利益宗教に頽落した。

イスラム教は、現世の善行が、現世では報われないけど、来世では報われるとする個人の来世救済宗教。来世救済を求めて聖典の善行リスト（戒律）を共有する者による戒律共同体＝法共同体として社会をなす。聖典がカバーしない事象は法学者が法源序列で埋める。戒律の明確さと宗教外に社会を認めないことで安定した歴史をなした。

世界宗教ではないユダヤ教は、神の命令への服属が共同体救済の必要条件（≠十分条件）とする現世救済で、苦難の歴史に抗う民族維持の営みが編んだ歴史的産物。トーラーと律法学者が加えた613のミツワーが戒律。善行を越えトーラーにない生活細目に及ぶ。神の言葉ではない権威的縛りに抗し、新たな神の言葉を伝えたのがイエス。

イスラム教を除く全て（ユダヤ教も）が、世俗権力と折り合う（迎合する）必要から原型から遠く離れていく。なお人物に起点がないユダヤ教はバビロン捕囚期のトーラー編纂（生贄から罪へ）が原型とされる。イスラム教の教義的安定は、現世での善行積みが世俗権力とバトらないよう考え抜かれた既に話した仕組と仕掛けがあったから。

本書はウェーバーに全面的に依拠する。ゆえに起点と現状（または一定時点の状態）との区別が甘い。現にイスラム教を除く上記全てに原点回帰運動がある。その一部にイエスやナーガルジュナの動きもあった。教団がサバイブのために「敢えて」選んだ教義変更・実践変更が程なく「マジガチ」になるパタンが反復した。社会の自然過程だ。

＊

本書のキーワードが予定説。キリスト教やイスラム教の最後の審判で救済される者が善行の積み重ね以前に予め神に決《あらか》められているとする。ウェーバーがカルバン派の特徴だとした。本書は反対側に因果律（条件プログラム）を置く。神に救われたければ〇〇せよ。これは神に取引を持ちかける瀆神《とくしん》。その前提が「神は取引しない」だ。

特定の共同体（の群れ）をカリスマを帯びた英雄が作ったという英雄譚は世界中にある。世界（あらゆる全体）を神が創ったとする創造譚はユダヤ教と出エジプト直前のエジプトにしかない。創造主たる絶対者（神）と被造物たる相対者（人）の差異ゆえ取引持ち掛けが瀆神と非難される。ゆえに唯一神を知らぬ者には予定説が理解できない。

だが本書と違い、神の絶対性は予定説を必然的には導かない。神は自らの計画を計画通り実行する。これは神の絶対性を理解する一つの立場（主知主義）。もう一つの立場では神は傍若無人にその都度やりたいことをやる（主意主義）。本書が旧約聖書から紹介するユダヤの神は歴史的ルーツ（バアル神）もあって実は傍若無人な絶対神だ。

この分岐の先に強い予定説と弱い予定説がある。強い予定説は自由意思を認めない。私が信徒になるのも神が決定した。その後の運命もむろん同じ。弱い予定説は自由意思を認めるが神の計画は変わらないとする。いずれにせよ自由意思での選択で救済の有無が変えられれば平凡な御利益神。悲劇を生き延びた人々の感覚に合わない。

そこから分かること。御利益宗教は呪術に近い。目的と手段が分化しただけ。手段的合理性を信じ得る平穏さが前提。予定説（主知主義）であれ傍若無人説（主意主義）であれ手段的合理性を信頼できないカオスが、取引しない絶対神を表象させた。そこで絶対神は御利益宗教とは違い、端的な悲劇を理解するための意味追求宗教に繋がる。

イスラム教はどうか。神が決めた運命は変えられないが、善行で来世救済が決まる。聖典の矛盾点の論争から「現世でなく来世で報われる」と落ち着き、神などいないとの嘆きからの安定化機能を持った。善行は神が決める（戒律）。従うか否かは人の自由意思だが現世は変わらない（弱い予定説）。だが来世の運命が決まる（御利益宗教）。

考えられた工夫だ。思えば日本の他にも世界中に分布する来世救済宗教の基本形だ。面白い。起点を横に置くと、仏教もキリスト教も現世救済化して世俗権力と衝突して破滅する方向と、来世救済化して世俗権力と和合して安定化する方向に絶えず分岐。解釈が当初から確定した聖典で分岐が抑止されたイスラム教は安定的なのだ。

加えて来世救済宗教は現世カオスの意味理解から注意を逸らす。現世救済を目指すから現世カオスの意味が高まる。かくて意味追求宗教化すると現世カオスの意味理解を巡る分岐が生じる。起点を除く仏教やキリスト教もそれが生じた。これも不安定化要因だ。この点でもイスラム教は安定した来世救済宗教であることで安定した。

＊

だから軍閥闘争する多様な遊牧民が来世救済を求める人々の戒律共同体として統合された。その意味で剣をコーランに持ち替えた。戒律共同体成員にとって共同体は善行に溢れる善き現世。布教せずとも人々が参入した。布教に従わぬ者を殺す十字軍の如きは不要。同じ理由で、戒律共同体を壊す者を許さぬジハード（聖戦）もある。

「善行は来世で報われる」の意味論は、善行を積む現世を通過点として意識させる。戒律共同体を守るべく死ねば最後の審判を待たず天国が約束される。善行をどれだけ積めば…の不安が除去される。但し神が決めた善行リストの余白は法源序列上位から決まる。だから聖戦はイスラム法学者が宣言する。今はこの宣言はないが…。

イスラムはヨーロッパに近代化の必要条件たる部品群を数多供給した。ギリシャ史やユダヤ・キリスト教史の何たるか。これを欧米人が（ひいては日本人が）知るのはイスラムがデータを保全・研究していたから。本書の通りだ。脱教会化を生んだルネサンスだけでなく、恋愛観念を生んだ「12世紀ルネサンス」も、イスラム進入の帰結だ。

かかる生態学的連関の忘却が、怨念を触媒する。近代資本主義は文明優劣ならぬ生態学的連関（縁起）

の一帰結だ。資本主義の定義は、元手からの利益を蓄財・蕩尽せず、元手を増やすべく投入する営み。それで一挙に産業化。産業化が支える市民階級を前提に民主化。近代社会化した。だが蓄財・蕩尽の禁欲はありそうもない営みだった。

起点は修道院の行動的禁欲（他を禁欲した勉励）を労働に結合して予定説の不安を埋めたカルバン派の営み。それが資本増殖と利潤拡大を帰結した。以降の展開も意図せぬ帰結だった。カルバン派の精神が消えても資本増殖の手下となる営みが拡大した。資本主義の全域化で、資本増殖の手下にならない資本家も市場で淘汰されるからだ。

なぜ全域化するか。資本増殖は市場化未然の領域を市場に組み込む。それに加担した資本家だけが勝つ。加えて、資本増殖は投資の計算可能性を要する。だから行政官僚制が拡大して人が没人格化する。行政官僚制とは計算可能化のための手続主義。役所だけでなく会社もそれに覆われる。さもないと投資・生産市場で淘汰されるのだ。

資本増殖で市場が拡大（自然選択）。手続主義化で没人格界隈も拡大（自然選択）。人間関係（生活世界）ならぬ市場と行政（システム世界）を頼って生きるようになる。かくて全成員が「入替不能な汝 you」ならぬ「入替可能なそれ it」に頽落。不全感に苛まれ始める。強い規範がないとこの自然過程に抗えない。それを与えるのは宗教だけなのか…。

＊

本書内の意味連関（意味の生態学）の概略は以上だ。異論を含めて知見を加えもしたが小さなこと。大きなことは釈尊の知った真実＝縁起にも似た非決定論的因果性の前提連関を解明する小室氏の方法だ。私は方法を徹底的に学んで統計調査やフィールド調査の計画・解釈に活かしてきた。その方法を使って本書の意味連関を概括した。

はじめに

かの同時多発テロ事件以来、イスラム関係の本が汗牛充棟《かんぎゅうじゅうとう》（書物がひじょうに多いこと）ほども出版された。体験記や宿老《しゅくろう》の著述やら見るべきものも多い。しかしイスラムの本質を明白にできたと言えるだろうか。

体験記、レポートが与える情報は、事実であったとしても真理とは言えない。体験が教えることは、科学的に検証しないと「正しい」とまでは言えないのである。

イスラム世界の本質は、比較宗教社会学的にイスラム教を研究して、はじめて明らかにされるであろう。イスラム世界とは、イスラム教を奉《ほう》じる社会だからである。

イスラム教では、宗教とは法《ほう》である。

では、法とは何か。

法とは神との契約《けいやく》である。神との契約は宗教の戒律《かいりつ》であり、社会の規範《きはん》であり、国の法律である。この四つがまったく一致するのが宗教の理想であり、イスラム教はまさにそのとおりである。

イスラムの信者にとって、法を守ることは、そのまま神を信じることにつながる。法を守ることによって、ムスリム（イスラム教徒）は容易に安心立命《あんじんりゅうめい》の境地に達する。

しかるに、キリスト教には法もなければ、規範もまた存在しない。このような宗教において、信者が神を信じるには、絶大な努力を要するのである。

イスラム教とキリスト教とは、同じ一神教《いっしんきょう》であっても天地雲壌《てんちうんじょう》の違いがある。

また、イスラム教はキリスト教と違って、原罪《げんざい》論およびイエスの贖罪《しょくざい》による人間の救済、三位一体《さんみいったい》説《せつ》、予定説《よていせつ》、神の母マリアなどの奇態《きたい》きわまりない教説《きょうせつ》を持たない。

イスラムでは教えのエッセンスが「法を守れ」に縮約《しゅくやく》され、理解を絶するような教義は、一つもない。誰にでも至極《しごく》分かりやすい。

イスラム教が冲天《ちゅうてん》の勢《いきお》いで広まっていったのは、まさに当然すぎるほど当然のことであった。

マホメットの死後一〇〇年ほどで、イスラム帝国は全盛期のローマ帝国より広大な領域を支配した。この大帝国においてイスラムは被占領地の住民を和合《わごう》、同化し、その都であったバグダードは世界経済の中心となって繁栄をきわめた。生産力は進歩し、富《とみ》は蓄《たくわ》えられ、貨幣経済も伸展《しんてん》をきわめた。

日本人はアジアの歴史（東洋史）、ヨーロッパの歴史（西洋史）は知っていても、中東史（言うならば「中洋史」）、すなわちイスラム史を知らない。イスラムこそ一〇〇〇年以上にわたって世界史の中枢《ちゅうすう》であった。その絢爛豪華《けんらんごうか》さは中国すら及《およ》ばず、同時代のヨーロッパに至《いた》っては、ゲルマン人はいまだ汚《きたな》い野蛮人《やばんじん》であった。

大航海時代、ルネッサンスを契機《けいき》として、ヨーロッパは近代へ向けて発進することになるが、いずれもイスラムの文化的指導がなければありえなかった。世界がイスラムに負《お》うのは、アラビア数字だけではない。代数学《だいすうがく》、天文学、化学はもとより、ギリシャ、ローマの思想研究もまたアラブを母胎《ぼたい》とする。

このことを欧米人がすっかり忘れてしまっている忘恩《ぼうおん》こそが、イスラムと欧米との紛争の原因なのである。

中世に戻《もど》った「世界」

ところが、そのイスラムにとって「近代化」だけはどうも鬼門《きもん》（にがて）であるらしい。

近代資本主義、近代デモクラシー、近代法、近代国家……どれもイスラムに馴染《なじ》まない。

資本主義らしきもの（前期的資本《ぜんきてきしほん》）は、ずっと昔《むかし》からあった。イスラムは富が特大であっただけではない。イスラム商人たちは九世紀、すでに為替《かわせ》、約束手形《やくそくてがた》、小切手《こぎって》まで持っていた。ギリシャ、ローマ史に通暁《つうぎょう》しているムスリムのことである。

平等、自由の概念《がいねん》はマホメット以来、当然のこととして知られていた。それなのに「近代」デモクラシーに限って、なぜ鬼門なのか。

法といえば、イスラム教徒が最《もっと》も得意とする分野である。ヨーロッパにはまだ法らしきものが見あたらない時代に、彼らはすでに立派な法律を持っていた。それでいて、近代法を導入しようとすれば、たちまち錯乱《さくらん》して手がつけられなくなってしまうのである。

そもそもイスラム世界では、近代民族国家がどうしてもできない。彼らが「国家」と呼んでいるものは、その実《じつ》、近代民族国家とはほど遠い「前近代・前封建」国家にすぎない。

これはいったいなぜなのか？

イスラム教徒が「近代化」しようとすると、何もかもめちゃくちゃになってしまう。前近代だと、いくら目を見張っても見張り足《た》りないほど見事であってきた彼らなのだが……。

このたびの同時多発テロでも、アメリカと対決しようなんて気張《きば》ると、たちまち中世、いや、もっと前の時代へと逆戻《ぎゃくもど》りになってしまう。

「原理主義」なんて言う、何とも言えない怪物《かいぶつ》がいきなり飛び出してくる。いや、この「原理主義」はマホメット以来、イスラム教が外《そと》と接してあやしくなると、すぐにも飛び出すようにできあがっているのである。

だが、他方のアメリカ側《がわ》も、イスラムにお相伴《しょうばん》して一気に中世に逆戻りした。

近代デモクラシーのエッセンスの一つは「疑《うたが》わしきは罰《ばっ》せず」の大原則にある。また罪刑法定主義《ざいけいほうていしゅぎ》（事前に罪が明示されていないかぎり、刑罰を科《か》してはならない）もまた、近代デモクラシーには不可欠の大原則である。他国に先駆《さきが》けて、これら二大原則を励行《れいこう》しようと努力したのは、他ならぬアメリカ合衆国ではなかったのか。

この点にこそ、アメリカの誇《ほこ》りがあると思われていたのであったが、今回のテロに続いてなされたアメリカの出兵の本質は、一大番狂《ばんくる》わせである。

ブッシュ大統領はこんなことを口走ってしまったではないか。

「ビンラディンを捕《つか》まえたら、さっそく処刑する」

これがどんなに途方《とほう》もない台詞《せりふ》だということを大多数のアメリカ人は、まだ気付かないのだろうか。

「テロを行なった」というも、まだ一個の呼称にすぎず、事件発生以来、年も明け半年経《た》った今でも、状況証拠以上の証拠はどこにもない。こんな「犯人」を逮捕すべき法律は、近代法上、確立されていない。これ、一つの「事後法」の強行ではないか。かくのごとき「法律の強行」は、歴史的にアメリカが極力反対してきたことではなかったのか。

アメリカは、中世社会へ逆戻りしつつあるのか。

このたびのテロとそれに続くアメリカ出兵の本質は宗教戦争であることを見抜かなければならない。

はじめに、アメリカもまた巨大な宗教国家であることを知らなければならない。

聖書に手を置いて宣誓《せんせい》しないでアメリカ大統領になった者は、いまだ一人も存在しない。コーランに手を置いて宣誓しようとしたら、米国民は、この人を大統領として認め、核兵器の発射権《はっしゃけん》をゆだねるであろうか。

アメリカでは政治家は、敬虔《けいけん》なるクリスチャンであると称《しょう》されないかぎり当選しない。ブラック・ムスリムはいまだ、大統領はもちろん、州知事にすら一人も当選していない。アメリカは巨大なキリスト教国家である。

キリスト教は元来《がんらい》、異教徒を殺戮《さつりく》することに罪の意識を持たなかった（アメリカ先住民の大虐殺《だいぎゃくさつ》、奴《ど》隷《れい》の海中投棄、原爆投下などを思い出してもみよ）。一神教徒は、そもそも他宗教を排他《はいた》する傾向があるが、特に著《いちじる》しいのがキリスト教徒である。

とりわけ、イスラム世界とは、長年、熾烈《しれつ》な抗争を繰り返しているがゆえに、キリスト教徒のイスラム誤解と無知とは激甚《げきじん》なるものがある。しかも大衆ばかりでなく、政治家までも恐るべき迷信から自由ではない。

今回のアメリカとイスラムとの戦いを「文明の衝突」などと呼ぶ向きもあるが、正鵠《せいこく》を射《い》ていない。むしろ「宗教の衝突」、いや、正確に言うならば、「一神教どうしの衝突」と呼ぶべきものである。

ところが悲しむべきことに、日本人ほど宗教が分からない国民はいない。日本人は何せ仏教も儒教《じゅきょう》も骨抜《ほねぬ》きにしてしまった国民である。一神教の理解など、絶望的と言っていい。

しかし、これからの時代は宗教の理解なくして、世界は理解できない。世界を知るカギは、宗教にある。筆者が比較宗教社会学的に分析して『イスラム原論』を著《あら》わしたゆえんは、まさにここにある。

イスラムを理解すれば、世界が分かる。

平成一四年二月一一日

小室直樹

目次

第二章 イスラムの「論理」、キリスト教の「病理」

第二節……苦悩する現代イスラム

なぜスルタンは絶対君主になれなかったか／現代イスラムが抱える大いなる矛盾
イラン革命とは原点回帰運動だった
「イスラム・ファンダメンタリズム」という大誤解
ほんとうの「ファンダメンタリスト」とは
「病気も老衰も実在しない」と説いたエディ女史
復興運動を狂信者扱いするアメリカの無知
湾岸戦争で十字軍コンプレックスは増幅した
「文明の衝突」論では本質は分からない

本書は『日本人のためのイスラム原論』（小社刊・２００２年）の新装版です。

装丁――――大森裕二
アラビア文字――平田伊都子
図版作成――タナカデザイン

第一章

イスラムが分かれば、宗教が分かる

第一節……アッラーは「規範」を与えたもうた

現代日本の病根は「無宗教病」にあり

イスラムを知る者は祝福される。

世界の宗教を理解するからである。

世界そのものを知るからである。

世界は一つになったと言われるが、日本人には宗教が腑《ふ》に落ちていないので、外国人がどうにも分からない。世界の人々と付き合ってもらえなくなってしまう。これには困《こま》る。

世界の人々は、誰しも宗教によって行ないが決まる。宗教が違えば、当然、行ないも違ってくる。

しかし、「宗教が違っても人間はみな同じである」と思い込んでいるのが日本人で、「宗教が違えば、エトス（行動様式）が違う」という〝世界の常識〟が、どうしても理解できない。

何も考えないで、どこまでも日本流で押し通すから、世界の人々はすぐさま面食《めんく》らって、「日本人とは付き合いにくい」と思う。かくて日本人は世界で孤立し、海外との交流も取引にも困難を覚えることになった。

振り返ってみれば、無宗教病こそ現代日本の宿痾《しゅくあ》（慢性的な病《やまい》）に他ならない。

宗教がないから、カルト教団にとっては信者から大金をむしり取るのも、信者に命じて人殺しをさせるのも自由自在。これほどたやすくカルト教団がはびこれる国は、日本と旧ソ連など一部の無宗教国家しかない。

無宗教の弊害《へいがい》はこれに止《とど》まらない。

宗教がなきがゆえに、日本では学校も崩壊し、子どもたちは人を殺しても平気になりきってしまった。

しかも、誰もそのことに気が付いていない。

また、経済が破綻《はたん》すると闇雲《やみくも》に絶望してしまい、自殺が急増するのも宗教なきがゆえである。

さらに言えば、今の大不況も無宗教病の結果とも言えなくはない。

そもそも西洋を起源とする資本主義やデモクラシー、近代法はすべてキリスト教に深く根ざしている。

その根底には、キリスト教の論理がある。

そのキリスト教の理解が不充分だから、資本主義とは名ばかりの、官僚による統制経済がのさばり、政府が七転八倒《しちてんばっとう》しても経済は活性化しない。

デモクラシーとは言いながら、今日《こんにち》の日本では司法・行政・立法の三権《さんけん》はすべて役人に簒奪《さんだつ》（うばい取る）されてしまっている。その経済無知の役人たちは、近代法が機能していないのをいいことに、市場経済を壟断《ろうだん》（わがものにする）し、日本を破局の淵《ふち》に追い込んでいる。

これ、すべて無宗教病のもたらした結果と言っても過言ではない。

すべてのカギは、イスラムにあり

現代日本の無宗教病はすでに膏肓《こうこう》に入り（「病《やまい》、膏肓に入る」＝治《なお》る見込みがない）、死に至《いた》るほどの重病となっている。

この病をどうにかして治す方法はないか。

あるにはある。

答えは。

イスラムに入信《にゅうしん》しなさい。

これである。

なに、入信は勘弁《かんべん》してくれ？

だったら、せめて「イスラムとは何か」を本気になって研究してみてください。

それだけでもかなりの効用が期待できるというもの。

この地球上に宗教はさまざまあれど、イスラム教ほど日本人にとってありがたい宗教はない。

何となれば、イスラム教が分かれば宗教が分かるからである。

まず第一に、イスラム教ぐらい、宗教らしい宗教はない。宗教の模範《もはん》と言っても、けっして褒《ほ》めすぎではない。

無宗教病の日本人が、宗教の本質を理解しようと思えば、イスラム教ほど好個《こうこ》の（もってこいの）材料はないのである。

そもそも、イスラムは一神教《いっしんきょう》として先行するユダヤ教、キリスト教の中にある不合理性や欠点を徹底的に研究して生まれた宗教なのだから、その教理《きょうり》は実によく整理されていて、きわめて合理的である。

したがって、その内部論理は宗教オンチの日本人にとっても、ひじょうに理解しやすいのである。

第二に、イスラムが分かれば、ユダヤ教もキリスト教も分かる。

現代日本人が抱《かか》える最大の困難の一つは、キリスト教が分からないことである。

西洋文明が世界を征服したとさえ言える今日《こんにち》、西洋文明の基本にあるキリスト教を知らずして、世界、ことに欧米とのスムーズな交流は望むべくもない。国際政治しかり、経済しかり、文化しかりである。

そのキリスト教を知るには、同じ一神教であるイスラム教との比較が大いに役に立つ。

後でも述べるが、キリスト教というのはひじょうに特殊な宗教であって、その教えは、日本の代表的クリスチャンであった内村鑑三《うちむらかんぞう》でさえ「奇態《きたい》な教義《きょうぎ》」と表現したほどである。クリスチャンならざる多くの日本人がキリスト教の教理を理解するのは至難《しなん》の業《わざ》だ。

ところが、その奇態なキリスト教の教義も、イスラムの合理的な教義と比較すると、実によく理解できるのである。

イスラムが分かれば、キリスト教も分かり、そのキリスト教精神を触媒《しょくばい》として誕生した近代資本主義の精神も近代デモクラシーの精神も、おのずから納得《なっとく》できる。

現代世界を理解しようと思えば、資本主義やデモクラシーの本質を知っていなければ話にならない。その意味において、イスラム教を知ることは現代世界を知るための糸口《いとぐち》にもなるのである。

筆者はあえて言う。

すべてのカギは、イスラムにあり。

イスラムが分かれば、世界が分かる。

日本で、なぜイスラム教が栄《さか》えないのか

さて、イスラム教とは、いかなる宗教ぞ。

この大テーマに挑戦するにあたって、まず読者諸氏にお考えいただきたい設問が一つある。

それは「なぜ日本にはムスリム（イスラム教徒）が少ないのか」ということである。

今さら言うまでもないことだが、およそ世界の中でも日本ぐらい外来宗教に寛容《かんよう》な国はないであろう。

たしかに、西暦五三八年、最初に仏教が伝来《でんらい》したとき、当時の朝廷《ちょうてい》では「崇仏派《すうぶつは》」の蘇我《そが》氏と「排仏派《はいぶつは》」の物部《もののべ》氏の間に一大抗争《こうそう》が起こった。また江戸幕府は一六一二年、キリスト教禁令《きんれい》を発して伴天連《バテレン》（宣教師）を日本から追放している。

しかし、これらはいずれも外来宗教と固有宗教との争《あらそ》いというより、むしろ政治上の要請《ようせい》から出たことにすぎない。

仏教をめぐる論争も、その根本は蘇我・物部の朝廷内における権力闘争である。釈迦《しゃか》の教えそのものが問題になっているわけではない。また江戸幕府の禁教令も、ポルトガルなどのヨーロッパ諸国が貿易を通じて日本の富《とみ》を根こそぎ収奪《しゅうだつ》してしまうことも懸念《けねん》されての発令であった。

事実、仏教がはじめて伝来したときも、またキリスト教が戦国時代にはじめて上陸したときも、これらの宗教は日本にやすやすと定着した。

仏教のことは今さら言うまでもないだろう。物部氏が滅《ほろ》びるや、飛鳥《あすか》（今の奈良県明日香《あすか》村一帯）には寺院が建立《こんりゅう》され、天皇も貴族もこぞって、この新しい教えに帰依《きえ》した。さらに鎌倉時代に入ると、仏教は武士や庶民の間にも広まっていく。

一方のキリスト教にしても同じである。イエズス会の宣教師フランシスコ・ザビエルが日本に上陸したのは一五四九年のこと。ザビエルはわずか二年の布教で一〇〇〇人以上の日本人を改宗《かいしゅう》させることに成功している。

しかも、そうした日本人の中には、のちにキリシタン大名と呼ばれる人々が何人もいた。肥前《ひぜん》（今の佐賀・長崎両県）の大村純忠《おおむらすみただ》、豊後《ぶんご》（今の大分県）の大友宗麟《おおともそうりん》をはじめ、のちには高山右近《たかやまうこん》、内藤如安《ないとうじょあん》、小西行長《こにしゆきなが》、蒲生氏郷《がもううじさと》といった錚々《そうそう》たる戦国大名らが、伴天連から洗礼《せんれい》を受けているのである。

仏教とキリスト教、この二つのまったく異《こと》なる宗教が、ともに日本でやすやすと受け容《い》れられたことを見ても、いかに日本人が外来宗教に対して柔軟な精神を持っているかが分かろうというものである。

ところが、いかなることか。

およそ世界宗教と言われる諸宗教の中で、イスラム教だけは日本人に縁《えん》が遠い。

日本でのイスラム教活動の中心となっているイスラミックセンター・ジャパンの統計によれば、現在、日本にいるムスリムの数はおよそ二〇万人という。

といっても、その大部分は日本に働きに来たイラン人などであり、日本人でイスラム教に改宗したのは五万人程度。しかも、その半分以上を占《し》める女性のほとんどは、ムスリムと結婚するために改宗したというのだから、イスラムの教えに触《ふ》れて改宗したという人は二万か三万しかいないということになるだろう。

しかし、これはあくまでもイスラム側《がわ》からの発表である。したがって、この二万という数字は、かなり甘《あま》めの見積《みつ》もりだと受け取るべきであろう。

公式なデータがないので実数は分からないが、日本人のイスラム教徒はせいぜい一万人、下手《へた》をすると数千人というのが現実的な見方ではないか。この程度の信者を抱《かか》えた新興宗教は、日本の中にもいくらでもあるだろう。

もし、この日本の状況をイスラム教の創始者マホメットが見たら、どう思うだろうか。想像するにあまりある、とはこのことだ。

何しろ、現代においてもイスラム教は、世界中で最高速で信徒の数を増やしているのである。

現時点で世界のムスリムはおよそ一二億人を数える。世界人口のおよそ五分の一がイスラム教徒という計算になる。

実際、アメリカ合衆国においても「ブラック・ムスリム」と呼ばれる黒人イスラム教徒を中心に、およそ六〇〇万人から八〇〇万人の信者がいると言われ、その数は年を逐《お》うごとに増えている。また、中国は新疆《しんきょう》ウイグル自治区に昔《むかし》から多数のイスラム教徒がいるし、旧ソ連邦内に無数のムスリムが暮らしていることはご承知のことと思う。

ところが、これだけ地球上で圧倒的な勢力を誇《ほこ》っているイスラム教が、どういうわけか日本にだけは入ってくることができない。バブル以来、のべ数十万のイラン人が入国し、しかもそれ以前からアラブ社会とけっして縁は薄《うす》くない日本で、イスラム教に改宗する人がちっとも増えない。

これが驚きでなくして、何であろうか。

イスラム理解の「急所《きゅうしょ》」はここにある！

宗教社会学の巨人、そして二〇世紀を代表する知の人、マックス・ウェーバーは、かつて「学者とは何ぞや」と問われて、言下《げんか》にこう答えた。

「学者に最《もっと》も大事な能力は、驚く能力である」と。

学者とは何も、他人より物を知っていればよいというものではない。一日中、机に向かっていれば学者になれるのであれば、こんなに簡単なことはない。

ところが、同じだけ本を読み、同じだけ書斎に籠《こ》もっていても、真の意味での「学者」になれる人と、そうでない人がいる。

学者の学者たるゆえんは、不思議なこと、簡単に説明のつかない事実に出会ったとき、心の底から驚き、それに対して好奇心を持てるか否《いな》かにある。

物理学だろうが、哲学だろうが、数学だろうが、心理学であろうが、すべての学問は「驚くこと」から始まる。

したがって、「学者を育てようと思うなら、学問を教えるより驚き方を教えろ」とウェーバー先生は言った。驚く能力を忘れてしまったら、学者なんて何の役にも立たないというわけである。

なぜ、世界宗教たるイスラム教が日本に定着しなかったのか。これはまさしく驚き以外の何物でもない。この不思議を探求《たんきゅう》せずして、何の学者ぞ、何の学問ぞ。こう言ってもけっして大げさではあるまい。ところが、日本で出されているイスラム教の解説書を読んでも、この問題に真正面《ましょうめん》から取り組んでいる書物はない。

マックス・ウェーバーがこの事実を知れば、「これだけ驚くべきデータがありながら、なぜ、その謎《なぞ》を解《と》こうと思わないのか」と呆《あき》れるに違いない。

ウェーバー大先生が頭から湯気《ゆげ》を出してしまうくらい、この問題は重要なのである。

なぜ、日本にはイスラム教が入ってこないのか。

この問題に取り組めば、イスラム教とは何かが見えてくる。そして、なぜ日本人が宗教をまったく理解できないのかも分かってくる。さらに言えば、キリスト教や仏教の本質さえ分かってくるのである。

その意味において、この問題はまさしくイスラム理解の急所《きゅうしょ》なのである。

史上空前の大帝国、現わる

イスラムの預言者《よげんしゃ》マホメットが現われてから、はや一三〇〇年もの時が流れた。

この間のイスラム史は、まさに驚異（英語 wonder・独語 Wunter）の一語に尽《つ》きる。イスラムの歴史にはじめて接する人は、その巨大さに思わず息《いき》を呑《の》むであろう。

七世紀（日本は大化《たいか》の改新《かいしん》のころ）にマホメットが現われ、イスラムの教えを説《と》くや、アラブに大爆発が起きた。

アラビア人という言葉には、世界征服者という栄光が輝《かがや》いている。

マホメットが死んでから一世紀も経《た》たないうちに、イスラムは絶頂期のローマ帝国をも凌《しの》ぐ大帝国を作り上げた。

カリフ（マホメットの代理人）が率《ひき》いるムスリム帝国（これをヨーロッパ人はサラセン帝国と呼んだ）は、東はインドや中国の国境まで、西は大西洋まで、北はヨーロッパまで、南はアフリカの黒人居住地帯にまで及《およ》んでいた。この領土の広さは、それまでのいかなる古代帝国をも凌駕《りょうが》するものであった。

イスラム教によって、アラブの戦士は目を見張っても足《た》りないほど強くなった。もともと、アラブの遊牧民族たちは勇猛《ゆうもう》で知られていたが、イスラムに教化されてからの強さのあまりなことは、歴史家も説明に困るくらいだ。

「(アラブ軍は）ペルシャやローマの正規軍と戦って、負けることはなかったのです。どうしてアラブ軍はこんなに強かったのでしょうか。正直言って、誰にも分からない問題なのです」（後藤明『イスラーム歴史物語』講談社）

この時代、アラブの周辺にはササン朝ペルシャとローマ帝国（ビザンティン帝国）の二つがあった。この二国は桁《けた》はずれの超大国だったので、アラブの周辺民族もたいていはペルシャに臣従《しんじゅう》して（家来になって）いたのである。

ところが、ムスリムになったアラブ人たちは、六三四年から始まる戦争において、わずか八年でペルシャ超帝国を滅ぼした。そのうえ、ローマ帝国からはシリアとエジプトまで奪《うば》い取った。

ちなみに、シリアはクリスチャンにとってキリスト教発祥の地であり、当時の文化的中心の一つであった。またエジプトに高度な文化があったことは今さら言うまでもない。

だが、ペルシャを倒し、東ローマ帝国から枢要《すうよう》の地を奪っただけでムスリムたちは満足しなかった。彼らは進撃の歩《ほ》を止めず、ついに大西洋にまで達し、さらにジブラルタル海峡を渡《わた》って、現在のスペインをも制圧した。

まさに、これは世界史上の大奇観《だいきかん》。

だが、アラブ人の作った帝国の、真に驚くべきことは征服地の人々をイスラム化、アラブ化した点にあった。

これこそ世界史において空前絶後の大偉業《だいいぎょう》と言ってもいい。

ジンギスカンを嚆矢《こうし》（はじまり）とする蒙古《もうこ》は、倏忽《しゅっこつ》（たちまち）にしてユーラシア大陸の広大な地域を占領した。

しかるにムスリムたちは、武力によって宗教を押しつけたのでもない。「宗教には無理強《じ》いということが禁《きん》もつ」（二一二五七）とコーランが教えるとおり、イスラムは軍事力で占領はしても、宗教を強制することはしなかった。占領地の人々が改宗したのは、すべて自発性に基《もと》づくものである。

中国皇帝の家臣にもムスリムがいた！

このムスリム帝国の大爆発の後も、イスラム圏は広がりこそすれ、けっして小さくなることはなかった。

西においては大西洋岸にまで達したイスラムは、今度は東の方《かた》、インドへと進出していく。一三世紀には北インドにイスラムの奴隷王朝《どれいおうちょう》（トルコ系・奴隷出身のアイバックが建国）が生まれ、また一六世紀になると今度はムガール帝国がインド全域を支配する。これによって、イスラムはインドに広がり、さらにスマトラ（今のインドネシア）に渡って、ついに東南アジア一帯をイスラムの影響下に置くことに成功する。

また、その一方でイスラムの教えは、中央アジア一帯にも広がりを見せはじめる。イスラム教はシルクロードを東上《とうじょう》し、その過程で中央アジアの仏教国を次々にイスラム化していった。そして、ついにコーランは中国にまで到達するのである。

唐代《とう》（六一八〜九〇七年）から宋代《そう》（九六〇〜一二七九年）にかけては、中国の各地にモスクが建《た》てられたし、皇帝の臣下の中にもムスリムがたくさんいた。

その中でも最《もっと》も有名な一人は、明代《みん》（一三六八〜一六四四年）に大艦隊を率《ひき》いてペルシャ湾にまで行った鄭和《ていわ》だろう。前に述べた新疆《しんきょう》ウイグル自治区のムスリム（当時は回族《かいぞく》と言われた）たちの信仰は一〇世紀に遡《さかのぼ》ると言われている。

また、一五世紀に入るとイスラムの教えは、オスマン・トルコ帝国の領土拡張とともにヨーロッパのバルカン半島にも広がりを見せる。この地域には、今もなお多くのムスリムが住んでいることで有名である。

驚くべし、このイスラム教の拡大。

何度も断わっておくが、東南アジアや中央アジア、中国、さらにアフリカ大陸での布教は、すべて平和的に行なわれた。

キリスト教徒が言いふらした「コーランか、剣か」という言葉は、まったくの嘘八百《うそはっぴゃく》である。イスラム教はキリスト教とは違って、武力や暴力を用《もち》いて異教徒に改宗を迫《せま》ったことがない。このことについては、のちほど述べるつもりである。

さて、かくのごとく世界中に広まったイスラム教は、どういうわけか、日本にだけは根を下ろさなかった。

イスラム教とキリスト教とは、いろいろな点で大きく異《こと》なる宗教だが、こと布教に関しては共通である。

つまり、両者とも、自分たちの教えを世界に広めるのが使命だと信じて疑わない。どんな困難があろうともアッラーの言葉を広めずにはいられない。このパッションがあるからこそ、イスラム教はアフリカの奥地から、東南アジアの孤島にまで広がったのである。

ましてや、かつてのアラブ民族と言えば、世界に名だたる航海者たちであった。ヨーロッパ人が欧州大陸でうごめいていたころ、かのシンドバッドに象徴されるアラブの商人たちは、地中海やインド洋を股《また》にかけて華《はな》やかな活躍をしていた。中国で発明された羅針盤《らしんばん》も、まずイスラム世界に入って大いに活用されている。イスラム教の広がりは、こうしたアラブ商人の存在を抜《ぬ》きにしては語れない。

ここでちょっと補足をしておけば、布教に熱心なキリスト教やイスラム教と対照的なのが仏教である。今でこそキリスト教などを真似《まね》して仏教にも伝道師がいるが、本来の仏教は、原則として布教はしない。

仏教では「縁《えん》なき衆生《しゅじょう》は度《ど》し（救い）がたし」であって、真理は与えられるものではなく、自《みずか》ら求めるものである。

釈迦《しゃか》の悟りを知りたいと思う人は拒《こば》まないが、知りたくない人間をも教化しようとは考えない。この点において、仏教はひじょうに特異《とくい》な宗教と言える。世界的に見ても仏教国がイスラム教国に変わった例はあっても、その逆はない。これは、こうした点が大いに関係していると見るべきであろう。

それはさておき、日本に伴天連《バテレン》たちがやってきた戦国時代、すなわち一六世紀から一七世紀にかけて、イスラムはすでにインド洋経由で東南アジアに到達していたし、また、日本海を隔《へだ》てた中国においては回教《かいきょう》のモスクがあちこちに建っていた。

つまり日本にイスラムが渡ってくる条件は揃《そろ》いに揃っていたというわけである。

ところが、当時の日本にモスクが作られたという話は聞かないし、また、コーランを唱《とな》えつつ出陣するムスリム大名が現われたという記録もない。

また、アラブの商人とまではいかないまでも、当時の日本には山田長政《やまだながまさ》のように海外に雄飛《ゆうひ》する者も少なくなかった。そうした人たちの中には、イスラム教徒と接触した者もいただろう。

ところが、これだけの機会に恵《めぐ》まれていたにもかかわらず、戦国時代の日本にはイスラムの「イの字」も見られない。

そのことは、キリスト教に対する禁令はあっても、イスラム教に対する禁令など一度もなかったことにも現われている。「すでにあるもの」には禁止令は出せても、「ないもの」に禁止令を出すことはできないからである。

「マホメット教」と呼ぶとムスリムが眉《まゆ》をひそめる理由

アメリカの同時多発テロ以来、世間《せけん》の耳目《じもく》はイスラムに集まった。しかし、「なぜ、日本にはムスリムが少ないのか」という問題については、残念ながら、これまでのところ、明快な答えを出した人は誰もいない。

ある人はこう答えた。

「アラビア語という壁《かべ》がありますからねえ」

この人が言っているのは、コーランのことである。

読者の中には、何となくコーランの原著者はマホメットだと思っている人もあるだろう。だが、それは大間違いだ。本当の著者はアッラー、すなわち神である。

もっと正確に言うならば、アッラーの教えを大天使《だいてんし》ガブリエルが、マホメットに伝えた言葉をまとめたのがコーランである。だからコーランにはマホメット自身の言葉は片言隻句《へんげんせっく》も記載されていない。

マホメットの言行を知りたければ、それは「スンナ」という書物にまとめられている。ムスリムにとって、スンナは重要な書物ではあるのだが、宗教上の啓典《けいてん》（キターブ）ではない。

というのは、キリストと違ってマホメットは、神や神の子ではない。マホメットは単なる人間である。ただの人間の発言を、神の言葉と同列に並べるわけにはいかない。この点において、イスラム教はひじょうに明快である。

かつて日本でも欧米でもイスラム教を「マホメット教」と呼んでいたが、この言い方をムスリムはとても嫌《いや》がる。それは当然のことで、マホメット教というと、あたかもマホメットを教祖として崇拝《すうはい》しているように聞こえるからである。彼らが崇拝するのはあくまでもアッラーであって、マホメットではない。

さて、それはさておきコーランには、こう記されている。

「いま我《われ》らが（「我ら」は神が自分を指すときに用《もち》いる人称代名詞）これを特にアラビア語のクルアーン（コーラン）として下《くだ》すのは、なろうことならお前たちにもわからせてやろうと思ってのこと」（一二―二）

大天使ガブリエルは、あえてアラビア語でマホメットに語りかけた。

ここがポイントである。

それゆえ、コーランを読誦《どくしょう》するときには、かならずアラビア語でなければならない。アラビア語以外の言葉でコーランを読めば、それはもはやコーランでなくなるのである。翻訳《ほんやく》は翻訳であって、本物とは違うものになることをイスラム教徒はよく知っていた。

「アラビア語の壁」説の大きな間違い

だから、イスラム教では翻訳のコーランを認めない。中国人だろうが、アフリカ人だろうが、インドネシア人であろうが、ひとたびイスラム教徒になれば、アラビア語でコーランを唱《とな》えるべし。日本語の聖書も、英語の聖書も認めるキリスト教とは大違いである。

もちろん今では、コーランの英語訳、日本語訳は出ている。しかし、そうした翻訳版コーランは「参考書」程度の扱《あつか》いであって、翻訳されたコーランで済《す》ませることは許されていない。

したがって、イスラム教徒になる以上は、アラビア語は必修《ひっしゅう》ということになる。先ほどの回答者は、そのことを指摘しているわけである。

だが、そんなことを言い出せば、そもそもイスラム教はどこの世界にも広がらなかったであろう。

今と違って外国語学校も便利な教材もない時代、異国の言葉を習《なら》う苦労はどこの国も変わらない。中国人やスマトラの人だって、アラビア語を習うのは楽ではない。しかし、そうした苦労を乗り越えて、彼らはイスラム教に改宗《かいしゅう》したのである。なぜ、日本人にできないことがあろうか。

日本人は外国語を覚えるのが下手《へた》だという俗信があるが、それはまっかな嘘《うそ》である。問題は現代の学校教育に問題があるのであって、日本人自体に語学の素質がないわけではない。

事実、戦国時代に天正遣欧使節《てんしょうけんおうしせつ》としてバチカン訪問をした伊東《いとう》マンショや千々石《ちぢわ》ミゲルら四人の少年は、ラテン語をマスターしていたと言われているし、また幕末には一介《いっかい》の漁師でありながら、日米の架《か》け橋となったジョン万次郎《まんじろう》という例もある。

また、非アラビア語圏のイスラム教徒にしても、アラビア語がペラペラというわけではない。要は、コーランをなんとか読誦《どくしょう》できれば充分なのである。アラビア語を学ぶといっても、それほどハードルは高くない。

だから、「アラビア語が壁になった」というのでは説明にならないのである。

二大世界宗教の決定的な違い

アラビア語説で分かるとおり、日本にイスラム教が入ってこなかった責任をイスラム教の側《がわ》に求めるのは無理というものである。言葉に代表される、さまざまな壁を乗り越えてきたからこそ、現にイスラム教は世界に広まった。現代風の言い方をすれば、イスラム教にはグローバルな魅力があったというわけである。

ところが、その魅力が日本人にだけは伝わらなかった。

ということは、これはイスラム教の問題というより、日本人の側の問題なのである。

日本人にとっては「馬の耳に念仏《ねんぶつ》」ならぬ「馬の耳にコーラン」。ありがたいアッラーの教えをムスリムたちがどんなに熱心に説いて聞かせても、世界中で日本人だけは最初からそれを受け付けようともしなかった。だからこそ、日本にはイスラム教徒が少ないのである。

では、いったいイスラムの教えのどこが、日本人にとって駄目《だめ》だったのか。

その答えを知るには、キリスト教とイスラム教を比較してみるのが一番である。

ご承知のとおり、キリスト教もイスラム教も、ともに唯一《ゆいいつ》にして絶対《ぜったい》の神を信仰する一神教《いっしんきょう》である。

しかも、マホメットに大天使《だいてんし》ガブリエルが訪《おとず》れたことでも分かるように、その信仰の基盤にはともに聖書がある。ガブリエルはキリスト生誕のようすを記《しる》した宗教美術にしばしば現われてくる。マリアに受胎告知《じゅたいこくち》をしたのも、この大天使である。

キリスト教でもイスラム教でも、旧約聖書に書かれていることはすべて真実であると見なす。神がこの世界を作りたもうたことも、アダムとイブの楽園追放も、ノアの洪水《こうずい》も、はたまた古代イスラエル人のエジプト脱出（エクソダス）もすべては事実。またシナイ山でモーセに神が十戒《じっかい》を下《くだ》されたことも、キリスト教もイスラム教も歴史的事実であると考える。

このように共通点が多い二つの宗教だが、決定的に違うところが一つある。

その答えは、規範《きはん》（ノルム）の存在である。

規範とは、分かりやすく言ってしまえば、「これをしろ」「あれをするな」という命令（禁止）である。

キリスト教には、この規範がまったく存在しない。

これに対してイスラム教は規範だらけ。規範なくしては、イスラム教ではない。

この大きな違いにこそ、我々は注目しなくてはならない。

規範は「目に見える行動」だけを対象にする

キリスト教は「無規範宗教」である。

キリスト教には規範がない。これに間違いはない。そのことをこれから証明していきたい。

先ほども述べたように、規範とは「これをしろ」「あれをするな」という命令（禁止）であるわけだが、この場合、あくまでも人間の外面的行動に限られる。

ここが理解のポイントである。

なぜ、規範は外面的行動に限られるのか。

外面的行動でなければ、命令を破ったか破らなかったかが測定できないからである。

このことをイスラム教の場合で考えてみよう。

イスラム教の信者には、基本的な義務として「六信《ろくしん》五行《ごぎょう》」というものが課《か》せられている。読んで字のごとく、六つのことを信じ、五つの行ないをなせ。これを守らなければ、イスラム教を信じたことにならないのである。

まず、六信の中身を簡単に説明しよう。

イスラム教徒は、以下の六つを信仰しなければならない。すなわち、神（アッラー）、天使（マラク）、啓典《けいてん》（キターブ）、預言者《よげんしゃ》（ナビー）、来世《らいせ》（アーキラット）、天命（カダル）である。

これらの個々の説明は後で述べるつもりだが、要するに、イスラム教徒は神や天使の実在を信じ、コーランに代表される教典や預言者マホメットの言葉を信じなければならない。また、最後《さいご》の審判《しんぱん》ののちに天国（イスラムでは緑園《りょくえん》と呼ぶ）か地獄のどちらかに行くことや、この世の中の出来事はすべてアッラーの意志に基《もと》づくことに疑いを差しはさんではいけないというわけである。

信仰とは文字どおり、信じることだが、キリスト教とは根本的に違う。

神《アッラー》にはきちんとした九九の属性《ぞくせい》があり（第二章 第一節内図「唯一神アッラーの99の美質」参照）、それらもすべて信じなければならない。その他の天使《マラク》以下の五者も内容は確定されており、それらもまた信じなければならない。

さらに問題は、五行のほうである。

イスラム教を支える「五本の柱《はしら》」

イスラム教において、信者は単にアッラーの存在を信じ、コーランの教えを信じているだけでは信者とは見なされない。以下に述べる五つの宗教的義務を同時に果たして、はじめてイスラム教の信者になれる（なお、五行の前に清浄《せいじょう》の行《ぎょう》、すなわち、体を清潔にする義務がある）。そこで、五行のことをアラビア語では「五つの柱《はしら》」（アルカーン・アルハムサ）と呼ぶ。この柱が一本でもなくなろうものなら、ガラガラと信仰は崩《くず》れるというわけだ。

さて、その五行の第一は、信仰告白（シャハダ）。

「アッラーの他に神なし。マホメットはその使徒である」と、絶えず口に出して唱《とな》えなければならない。

先ほども述べたとおり、イスラム教の六信には神・アッラーの実在やマホメットが預言者であることを信じることが含《ふく》まれている。しかし、信者は単にそれを心の中で信じていればいいのではない。その信仰をはっきり言葉にして外面に表わさなければならない。だからこそ、この信仰告白は規範なのである。

第二の義務は、礼拝（サラート）である。

イスラム教徒の生活は、礼拝に始まり、礼拝に終わる。

すなわち、夜明け、正午、午後、日没、夜半の五回、メッカの方角に向かい、定められた手順に基《もと》づいて礼拝を行なう。礼拝を行なう時間も正確に決められている。寝る前に五回分まとめて礼拝するなど、もっての外《ほか》である。とくに、金曜日正午の礼拝はことに重要で、モスクに集まり、指導者に従《したが》って礼拝を行なわなければならないとされている。

ちなみに、ここで注釈をしておけば、モスクを「イスラム寺院」と呼ぶ人がいるが、それは間違いである。イスラムには僧侶《そうりょ》はおらず、したがって僧侶が修行・生活するための寺もない。モスクはあくまでも礼拝のための施設であり、礼拝所とか集会所と呼ぶのが正しい。

さて、第三は喜捨《きしゃ》（ザカート）である。

喜捨、すなわち施《ほどこ》しは仏教も説いていることだが、イスラム教と仏教で大きく違うのは、仏教の場合、喜捨は義務ではない。つまり、施しはしたほうがいいけれども、しなくてもかまわない。これに対して、イスラム教では貧しい人への喜捨は義務であって、その方法も明確に定められている。

イスラム教では、ザカートの額《がく》は明確に決まっていて、所得の四〇分の一ということになっている。

信者が出した喜捨は、バイトル・マール（財産の家）と呼ばれる場所に集められる。そして、そのカネは政府の手によって貧しい人などに分配されるというわけである。したがって、イスラム社会において、喜捨は税金の性質も持っている。

しかし、税金とは根本的に違うのは、喜捨は信者としての義務であるのだから、その額を減らそうとしたり、あるいはごまかすという努力をしない点にある。所得をごまかして少なめに寄付したりすれば、

イスラム教徒の一日は、礼拝に始まり、礼拝に終わる／撮影：野町和嘉

万能のアッラーはちゃんとそれを見破ってしまう。不正をすれば自分自身の来世《らいせ》に跳《は》ね返ってくるのだから、正直に行なわなければならないのである。

もちろん、懐《ふところ》に余裕のある人はザカート以外に寄付《きふ》を行なってもよい。それは「サダカ」と呼ばれる。サダカはもちろん義務ではなく任意《にんい》なのだが、所得の一〇～一五パーセントが目安《めやす》になっているところが多いようだ。

そこでもう一つ付け加えれば、貧しい人にザカートやサダカをしても、それでその人が貧しい人に恩を売ったことにはならない。

喜捨はあくまでも義務であるのだから、感謝を強制することはできないし、喜捨をもらう側にしても卑屈《ひくつ》になる必要はないのである。もし感謝するとすれば、それはアッラーの神に対してなされるべきものなのだ。

規範の大原則は〝白か黒か〟である

イスラム教徒としての「第四の柱」は、断食《だんじき》（サウム）である。

イスラム暦《れき》の第九月（ラマダン）の間、信者は断食をしなければならない。

断食と言っても、イスラムの場合、それは日の出から日没までに限定される。日が沈《しず》めば、物を食べてもいい。コーランには「その晩は妻と交《まじ》わるがよい」とまで書いてある（二―一八三）。

しかし、だからといってイスラムの断食が楽かといえば、けっしてそうではない。

何しろ、日があるうちは、食べ物はもとより飲み物さえも駄目《だめ》だし、唾《つば》さえも飲み込んではならない。

この点では日本で行なわれている断食道場の比《ひ》ではない。

そこで断食には例外規定があって、病人や子ども、妊婦《にんぷ》は断食をしなくてもいいことになっている。

また、戦士や旅行者も除外対象である。

したがって、どうしても空腹に耐《た》えられなければ、自動車に飛び乗って近郊を〝小旅行〟すれば断食はしなくてもいい理屈になる。

こう書くと、読者の中には「そんな抜け道が許されるのだったら、それは規範でも義務でもないだろう」と思う人があるかもしれない。しかし、それは大きな誤解である。

規範とは前に記したように、外面的行動を対象にする。なぜ、外面的行動が問われるのかといえば、それは規範を破ったか破っていないかが明確に判定できるからである。

言うなれば、あるのは白と黒だけであって、グレー・ゾーンは存在しない。ここが肝心《かんじん》なところである。

ここまで述べてきたイスラム教徒の義務にしても、たとえば信仰告白では「アッラーの他に神なし。マホメットはその使徒である」と唱《とな》えることになっている。

そこで、前半の「アッラーの他に神なし」とだけ言って、後半の「マホメットはその使徒である」と言わなければどうなるか。はたして彼は規範を守ったのか、守っていないのか。

その答えは「守っていない」である。

「まあまあ守っている」とか「半分守った」という答えはありえない。命じられたとおりに行なっていなければ、それはただちに「守っていない」という結論が出る。ここが規範の規範たるゆえんである。

そこで断食の話に戻ろう。

イスラム教の規定では、たしかに断食は全信徒の義務である。しかし、その一方で断食をしなくてもいい人がいる。いわば、抜け道が存在するわけだが、この抜け道は、けっしてグレー・ゾーンなどではない。合法的例外なのである。

つまり、例外とされている妊婦や子ども、あるいは病人などは断食をしなくても、ちっとも罪の意識におびえる必要もなければ、憚《はばか》る（気がねする）こともない。明確に定められた例外規定に従っていれば、規範を破ったことにならないのである。

「宗教の法」が「社会の法」となるイスラム世界

では、旅行者の場合はどうか。これが砂漠をラクダで旅しているのであれば、文句なく例外規定に当てはまるだろう。じりじりと照りつける日差しの中、唾《つば》も飲み込んではいけないのであれば死ぬしかないわけだから、これは当然である。

しかし、同じ旅行と言っても、それがクーラーの利《き》いた自動車でほんの二〜三時間の距離の町に行くのも旅と言えるのか。

これが数百年前の話なら、一〇〇キロも離れた町に行くのは旅行だった。東京から小田原までがだいたい一〇〇キロである。しかし、今はどうだろう。日帰りで行けるところに行くのを、旅行と呼べるか微妙なところである。

だが、そこで「その程度なら、まあ旅にしよう」と、いい加減《かげん》に決めてしまったら大問題である。一〇〇キロで旅行なら、九〇キロの移動は旅行に含まれるのか、では八〇キロは、七〇キロは……こんな議論がきっと生まれてくるに違いない。

そういう主張をどんどん認めてしまったら、ついには「一歩家の外に出たら、旅行」という見解が生まれても何の不思議はない。これでは規範が完全に空洞化《くうどうか》してしまうことになる。

そこで出てくるのが、イスラム法《ほう》である。つまり、どこまでが旅行で、どこまでが単なる移動かの線引きは個々人で勝手に行なってはならない。イスラム法の規定に照らし合わせて、それが合法であるか、違法であるかを判定するというわけである。

イスラムの世界では「宗教の法イコール社会の法」である。

信者の生活は五行《ごぎょう》をはじめとする、さまざまな規範によって縛《しば》られている。日常生活のあれこれから始まって、商取引の方法、犯罪者への刑罰、戦争のやり方に至《いた》るまで、すべてがイスラムの教えに則《のっと》って定められている。そうした〝規範の集合〟が「イスラム法」であるのだ。

「イスラム法」のしくみ

このイスラム法の基本にあるのが、コーランであることは言うまでもない。コーランは神が大天使《だいてんし》ガブリエルを通じて与えた最高の啓典なのだから、これが最高の法源《ほうげん》（法の基準）となる。

しかし、いかにコーランが神の言葉であるからといって、そこにすべての答えが書かれているわけではない。マホメットの時代には、自動車という言葉すらなかったのだから、「どれだけ走れば、自動車旅行になるのか」という話がコーランに記されているはずもない。

では、そういう場合、どこに基準を求めるのか。

イスラム法では、コーランでは解決できないテーマが出てきた場合、まずコーランに次ぐ第二法源「スンナ」に拠《よ》り所《どころ》を求める。スンナとは、預言者《よげんしゃ》マホメットの言行録（「伝承《ハディース》」）を学者がまとめた書物のことである。生前のマホメットの発言、行動などから、「これはいい」「これは悪い」という判定を下《くだ》すというわけである。

といっても、スンナはイスラムの啓典ではない。だが、イスラム法の法源の一つとして信徒の生活とは切っても切れない関係にあるわけだ。

しかし、もちろんマホメットの時代には自動車なんて存在しないわけだから、スンナを読んでも答えはない。

その場合、第三法源「イジュマー」の出番である。

イジュマーとは、もともと「決断」「合意」といった意味の言葉である。

コーランを読んでもスンナを読んでも答えがないとき、そこで登場するのがムジュタヒドと呼ばれる法学者《ほうがくしゃ》たちである。

イスラム世界には前にも述べたように僧侶《そうりょ》や坊主《ぼうず》はいない。しかし、その代わりに尊敬されているのが、ムジュタヒドである。彼らはコーランやスンナを完璧《かんぺき》にマスターし、イスラム法の蘊奥《うんのう》（極意《ごくい》）を究《きわ》めた大学者である。

イスラムでは何か重要な問題が起きた場合、その時代に生きているムジュタヒドすべてに意見を問うことになっている。そのとき、もし彼らの意見が全員一致であったら、それはコーラン、スンナに次ぐ基準として確定する。これがイジュマーである（もっとも、ムジュタヒド全員の意見一致は実際には困難である。実際には、擬制《ぎせい》を仮定してカリフが「全員一致」で成立してしまったことにしていた）。

だが、イジュマーに当たっても、そこに答えがなかったら、どうするか。

イスラム法学において、その次に拠るべき法源となっているのが「キヤース」である。

キヤースとは「類似《るいじ》のもので、ものごとを評価する」という意味である。

たとえば、読者もご承知のように、イスラムでは飲酒を禁じているのだが、コーランが書かれた時代、つまりマホメットの時代において酒といえば、ワインのことであった。

だからコーランが禁止しているのはワインだけであって、ビールや焼酎《しょうちゅう》、ウイスキーはいいという理屈も成り立つわけである。

しかし、コーランをよく読むと、神がワインを飲むのを禁じたのは、それが酩酊《めいてい》作用《さよう》をもたらすものであるからだと分かる。したがって、ワインと同様の理由から、ビールもウイスキーも飲んではいけないという類推《るいすい》ができるというわけである。これがキヤースである。

第十法源まで用意するイスラム法の周到さ

ビールやウイスキーの問題は第四法源のキヤースで解決できたが、もし、これでも答えが出せなければ、どうするのか。

実は、イスラムにはこの後にも法源がずらりと並んでいる。法源の優先順位には諸説があって、イスラム教全体で確定しているわけではない。ここではエジプトのイスラム法学者アブドル＝ワッハーブ・ハッラーフの説に従って紹介していくことにしよう。

すなわち、第五法源「イスティフサーン」、第六法源「無記《むき》の福利《ふくり》」、第七法源「慣習」、第八法源「イスティスハーブ」、第九法源「イスラム前の法」、第十法源「教友《きょうゆう》の意見」という順番である（ハッラーフ『イスラムの法』東大出版会。中村廣治郎訳）。

これらのことを細かく解説していけばキリがない。ごくおおざっぱに言うならば、コーランやスンナなどの法源に答えがなければ、それが人々の福祉にとって役立つことか、また、慣習に従ったことか、あるいはイスラム以前からの法律に規定がないかという具合に、判断基準を探していくというわけである。

これは厳密に定められた規定に則《のっと》って行なわれる知的作業であって、読者の中にはイスラム法と聞くと、おどろおどろしいイメージを抱《いだ》く人もあるかもしれないが、実に論理的、形式的に整《ととの》った法体系であるとも言えるのである。

筆者は寡聞《かぶん》にして、ラマダン月における自動車旅行の判定基準を知らない。しかし、イスラム法が、その基準を明確に定めていることだけは断言できる。

なぜなら、規範とは本来、「是《ぜ》か非《ひ》か」「善か悪か」が一義的《いちぎてき》に定まるものでなければならないからである。微妙な問題だから、判断を保留《ほりゅう》にするというわけにはいかない。前にも述べたように、そのようなグレー・ゾーンを作ってしまったが最後、規範は規範でなくなるのである。

「イスラム共同体」は国籍や人種、身分までも超越する

さて、ここまでイスラムの五行《ごぎょう》（五つの柱）のうち、信仰告白、礼拝、喜捨《きしゃ》、断食《だんじき》の四つを述べてきたわけだが、その最後を飾るのは巡礼（ハッジ）である。

イスラム暦の第十二月、ムスリムの巡礼者たちは聖地メッカのカーバ神殿を中心に行なわれる儀式に参加する。イスラム教徒の成人は、一生のうち最低一度は巡礼を行なうべきであるとされているが、これだけは自発的義務で、どうしても行なわなければならないというものではない。つまり規範ではない。経済的・体力的余裕がなく、巡礼をしないままに死んでも天国（緑園《りょくえん》）に行けないわけではないのだ。

しかし、だからといって巡礼の義務を守らない信者が多いかといえば、そうではない。

カーバ神殿の巡礼者たちの大洪水を見れば分かるように、イスラム教徒にとって巡礼は特別の意味がある。這《は》ってでも巡礼に参加する信者もいるし、また自分が不幸にして行けないときには、自分の家族や友人に行ってもらうこともある。そして、巡礼に行った人は特別な尊敬を受ける。

以上がイスラム教徒の守るべき五つの義務なのであるが、ここで注目してもらいたいのが断食と巡礼の義務である。

イスラム教には「イスラム共同体」というべき独特の連帯《れんたい》（ソリダリテ）がある。

すでに述べたように、コーランの教えは世界中を席巻《せっけん》していて、その信者たちも多種多様である。アラブ人だけがムスリムではない。トルコ人、アフガン人のムスリムもいれば、中国系ムスリム、アフリカ系のムスリム、インドネシア系のムスリムもいる。また、その中には王族もいれば、物乞《ものご》いをしているような貧乏人もいるわけである。

ところが、これだけの多様性がありながら、何か問題があるとムスリムは一致団結《いっちだんけつ》する。イスラム教徒であることは、民族の違い、貧富の差を超越するのである。

そのことは読者もアルカイダの活動ぶりでよくご存じだろう。このイスラム抵抗組織は、ビンラディンというアラブ人が率《ひき》いていると言われるが、その組織はアラブ人だけのものではない。その中には多種多様のムスリムが参加していて、国家を超《こ》えた組織になっているのである。

こうしたイスラム独特の連帯を支えているのが、宗教的規範、ことに断食、巡礼といった義務なのだ。

「イスラムの連帯」を作り出す巡礼と断食

イスラムの連帯がいかにして生まれるのか。それを如実《にょじつ》に証言している好例をここで紹介したい。在日アラブ特派員であったU・D・カーン・ユスフザイ氏が書いた本の一節である。

「ハッジ（巡礼）に来た人たちは、そのテントに貧富や肌《はだ》の色の違いの区別なく、まず落ちつく。実際、ハッジに集まった人たちは、男性は綿《めん》の長いパイルのような布を一枚体に巻くだけ。女性はもう一枚使って、顔だけを出して頭から全身を覆《おお》う。だから、現実問題として、誰が金持ちなのか、あるいは大統領なのか、ひとりの小さな市民なのか全《まった》く区別がつかない。

ここでは、そういう経済力の違いはもちろん、国籍の違い、肌の色の黒い、白い、黄色い、赤い、そういう違いが一切《いっさい》問題にならない。

そういう相違を越《こ》えて、みんなが一緒《いっしょ》に同じ方向に向かって祈る。

この体験は非常に大きな影響を個々人にもたらす。イスラムの人間は、日本人のように国籍にはあまりこだわらないと述べたが、それはこのように現実に国籍を越えたところで、同じイスラムとして連帯するという体験をする場があるからである」（『私のアラブ・私の日本』CBS・ソニー出版）

日本にも三十三観音《かんのん》巡礼や四国八十八ヵ所巡拝といった巡礼の風習がある。江戸時代には、お伊勢参《いせまい》りなどがさかんであった。しかし、そのような巡礼ではけっしてイスラムのように将軍から庶民までが平等というわけではない。庶民は徒歩で巡礼しても、金持ちは輿《こし》に乗って巡礼をすることができる。このような巡礼では、イスラムのような肌の色、目の色、貧富の差を超えた連帯は生まれにくいというものであろう。

こうした巡礼に加えて、毎年行なわれる断食《だんじき》も重要である。

イスラム教が信者に断食という規範を与えた理由はさまざまあるのだが、その中でも最も重要な点は、

巡礼者で埋め尽くされたメッカ・カーバ神殿。巡礼の季節には毎年 200 万人を超すムスリムが世界中から集まる／撮影：野町和嘉

同じ時期にすべての信者が断食をするということにある。

断食は根本的には自分のためではあるのだが、苦しんでいるのは自分だけではない、世界中のムスリムたちが自分と同じ苦しみに耐《た》えていると感じることで、そこに強い連帯が生まれるのである。

また断食明《あ》けともなると、「日本でいうとお正月にあたるようなお祭りが行《おこな》われる」（ユスフザイ・前掲書）。老《お》いも若きも、金持ちも貧乏人も同じように断食を行ない、断食明けを祝う。このことがイスラム社会の連帯をいっそう増進させる効果を持つことは改めて述べるまでもないだろう。

キリスト教は規範を完全否定して生まれた！

さて、ここまで見てきたことでお分かりいただけるようにイスラム教は、規範によって支えられている宗教である。

イスラムではアッラーを心の内側で信じているだけでは駄目《だめ》で、同時にその信仰を外面的行動に表わさなければならない。しかも、その外面的行動はコーランをはじめとするさまざまなイスラム法によって明快に規定されている。イスラムでは宗教の法がそのまま社会の法なのである。

これに対して、キリスト教はどうか。

驚くべきことには、こうしたイスラム教の規範に相当するような規範（戒律《かいりつ》）がいっさい存在しない。というより、キリスト教とは本来、こうした規範をすべて否定しつくしたところから生まれた宗教なのである。

つまり、キリスト教においては外面的行動はいっさい問われない。心の中で神、すなわちキリストを信じてさえいれば、何をやってもかまわない。

キリスト教とは「信仰のみ」の宗教なのである。

と書くと、おそらくたいていの読者は「何をバカなことを」と思うであろう。ことにクリスチャンの読者の中には血相《けっそう》を変えて怒る人もあるだろう。

たしかに怒るのは無理もない。

だが、試《こころ》みにイエスの言行を記した新約聖書の「福音書《ふくいんしょ》」を繙《ひもと》いてみるがよい。

そこにいかなる規範が存在するだろうか。イエスが信者に対して、外面的行動を要求した箇所があるだろうか。

たとえば「狭《せま》き門より入れ」(マタイ福音書)にしても、もし、これが外面的行動を束縛《そくばく》する規範であるとすれば、まず「狭き門」の定義がなければいけない。幅何センチ以下なら、狭き門なのか、その基準がなくては規範にならないのである。

また、「入れ」といっても、その方法が明確に示されていないと規範にならない。はたして狭き門をくぐるのは一人でなければならないのか、また、そのときの服装は……。

結局のところ、イエスの示した命令はすべて心構えを述べたものであって、具体的な行動を何も要求していないのだ。

これは「人もし汝《なんじ》の右の頰《ほお》を打たば、左をも向けよ」(マタイ福音書)、「汝らの敵を愛し、汝らを責《せ》むるもののために祈れ」(同)にしても、みな同じである。

二大世界宗教の〝母胎《ぼたい》〟となったユダヤ教

一事《いちじ》が万事《ばんじ》、キリスト教には、およそイスラム教のような規範はどこにもない。

しかし、それは当然のことで、そもそもイエスは規範を否定するところからキリスト教を作り上げたのである。

読者もよくご存じのとおり、キリスト教の啓典《けいてん》である聖書のうち、旧約聖書はユダヤ教の啓典でもある。というより、キリスト教はユダヤ教という土壌《どじょう》の中から生まれた宗教なのである。

ちなみに、イスラム教でも聖書を啓典（キターブ）とする。といっても聖書のすべてではなく、その中でも預言者《よげんしゃ》モーセに与えられた「トーラー」（「モーセ五書」）、ダビデに与えられた「詩篇《しへん》」、そしてイエスに与えられた「福音書」の三つだけが啓典となっている。

それはさておき、ユダヤ教はイスラム教と同じ規範宗教《きはんしゅうきょう》である。イスラムではコーランやスンナなどが規範（＝法）の基準、つまり法源《ほうげん》となっているわけだが、ユダヤ教ではトーラーと「タルムード」の二つが主要な法源である。

先ほども述べたが、トーラーとは預言者モーセに対して神が与えた命令である。

例の十戒《じっかい》もトーラーの中に書かれている規範であるわけだが、神がモーセに対して十戒を与えたときには、ひじょうに詳細な規定を同時に与えているのである。そうしないと十戒は規範ではなくなるのだから当然の措置《そち》である。

たとえば、礼拝について神はこう命じている。

神を礼拝するときに捧《ささ》げる奉納物として許されるのは以下のものに限る。金、銀、青銅、青・紫・緋《ひ》色《いろ》の毛糸、亜麻布《あまぬの》、ヤギの毛皮、赤く染色した雄羊《おひつじ》の皮、いるかの皮、アカシアの材。

あるいは聖所《せいしょ》（神を祀《まつ》る場所）に置く燭台《しょくだい》についても、以下のように神は命令を下《くだ》している。

「純金の燭台をつくらねばならない。燭台はその台も軸《じく》も打出《うちだ》し細工《ざいく》でつくり、その盃《さかずき》、すなわちがく、と花をそれにつける。六本の枝《えだ》がそのわきから、つまり燭台の三本の枝は一方のわきから、さらに燭台の三本の枝は他方のわきから、つき出るようにつくる……」（「出《しゅつ》エジプト記《き》」二五―三一～三二）

何ともうんざりするような細かさであるが、このように明確な定義をしないかぎり、規範は規範として機能しないのである。

ユダヤ教の規範は「タルムード」にあり

しかし、これだけ微《び》に入《い》り細《さい》を穿《うが》つ規定があっても、現実の生活において規範を守ろうとすれば、いろいろな問題が起きてくる。そこで生まれたのがタルムードなのである。

イスラムにイスラム法学者がいるように、ユダヤ教にも規範の細則《さいそく》を確定するための学者がいる。それを律法学者《りっぽうがくしゃ》と呼ぶ。律法とはユダヤ教における規範である。

タルムードは律法学者たちが作り上げたものである。

具体的には、昔《むかし》から伝わる「ミシュナ」という口伝《くでん》をまとめ、さらにそれに関する学者の議論と解釈を加えてまとめたものがタルムードなのである。

だから、タルムードは時代を経《へ》るにしたがって、どんどん大きく膨《ふく》れあがった。

六世紀に成立した「決定版」とも言えるバビロニア版タルムードは、全二〇巻一万二〇〇〇ページ、二五〇〇万語以上の分量がある。

しかし、これだけ膨大《ぼうだい》な規定（＝法）があったとしても、やはり充分ではない。イスラム法《ほう》では第十法源まであったわけだが、ユダヤ教でもタルムードだけで解決できない場合、「バライタ」「メギラ」

「トセフタ」などの法源によって結論を出すことになっている。

律法破《りっぽうやぶ》りをあえて行なったイエス

さて、イエスがエルサレムの地でその教えを説《と》きはじめたわけだが、その教えはまさにユダヤ教の律《りっ》法《ぽう》と対立するものであった。

イエスは「私が律法や預言書《よげんしょ》（旧約聖書のこと）を廃止するために来たとは思ってはならない。廃止するどころか、成就《じょうじゅ》するためにやって来たのである」（マタイ伝）と語ってはいたが、彼が実際に行なっていることは、ちっとも律法にかなっていなかったからである。

そうした例は福音書《ふくいんしょ》の中に、いくつも記されている。

たとえば、マルコ伝の中にはイエスとその弟子たちがタルムードの定める断食日を無視したことや、労働をしてはいけない安息日《あんそくび》に麦の穂《ほ》を摘《つ》んだ話が記されている。こうした律法破りの行動をパリサイ人（ユダヤ教徒の一派）が詰問《きつもん》したところ、イエスはこう答えたという。

「安息日は人のためにあるもので、人が安息日のためにあるのではない」（「マルコ伝」二―二七）

こんな〝暴言〟をユダヤの律法学者が許すはずはない。安息日は神が定めた規範である以上、絶対に守らなければならない。それを破るとは何事《なにごと》か。イエスがのちに十字架にかけられることになったのも、その最大の理由はこうしたユダヤ教徒の反発にあったのである。

こうした律法破りを行なったイエスが、はたして律法を完全に否定しつくすつもりだったかは、福音書を読むかぎりでは判然としない。「イエスは律法そのものは否定せず、その解釈に新機軸《しんきじく》を出したのだ」と言う人もあれば、「いや、イエスは律法を廃止したのだ」と考える人もいて意見はまちまちである。

イエスの生涯はあまりにも短い。だから彼が律法にどう対処していくつもりであったかは、知る材料があまりに少ないのである。

パウロの回心《かいしん》によってキリスト教は完成した

ユダヤ教に由来する律法から、キリスト教が完全に自由になったのはパウロの時代に入ってからだった。

キリスト教はイエスが創始したものだが、その教えを完成させたのはパウロである。パウロなくして、今日《こんにち》のキリスト教はありえない。

パウロはパリサイ人の家庭に生まれ、自分自身も律法に忠実であった。成人してからは律法を守らないキリスト教徒を迫害《はくがい》したが、あるとき回心《かいしん》（conversion）を経験してキリスト教に改宗。以後、熱心な伝道者となってエーゲ海一帯などを回る。最後には皇帝ネロによって処刑されたと言われている。

そのパウロは律法について、こう断じた。

「人が義《ぎ》とされるのは、律法の行《おこな》いによるのではなく、信仰による」（「ローマ人への手紙」三―二八）

律法を行なったからといって、それで人間は救われるわけではない。大切なのは行動なのではなく、心の中にある信仰なのだというわけである。

このパウロの宣言によって、キリスト教は律法、すなわち規範と完全に訣別《けつべつ》した。つまり、無規範宗教になった。

では、いったい、なぜ、パウロは律法遵守《じゅんしゅ》を全否定したのか。その理論的根拠となったのは何か。

それは「原罪《げんざい》」である。

イエスの教えを理論化するにあたって、パウロが着目《ちゃくもく》したのは旧約聖書の冒頭に記されたアダムとイブの物語である。

ご存じのように、人類の始祖《しそ》であるアダムとイブは、禁断《きんだん》の木の実を食べたために神の怒りを買ってエデンの園《その》から追放された。

この楽園追放の結果、人間は原罪を背負うことになった。アダムに向かって、神はこう言った。

「お前はこんなことをしたからには、
他のすべての家畜や野《の》の獣《けもの》よりも呪《のろ》われる」（「創世記」三―一四）

この楽園追放の物語は旧約聖書の冒頭にある話だが、以後、旧約聖書のどこにも出てこない。実はユダヤ教においては、この物語はほとんど重きを置かれていなかった。ユダヤ教徒にとっては、単なる伝説か、おとぎ話のようなものだと思われていたのである。

その「忘れられた物語」に光を当て、キリスト教の中心に据《す》えたのは、まさしくパウロの功績であった。

パウロによれば、人間はすべて神から与えられた原罪を背負っている。つまり、不完全な存在であり、かならず悪いことをしてしまう生き物なのである。

こんな人間に、神が与えた律法を守れるはずがない。律法は「よいことをなせ」と人間に命じているが、原罪のある人間によいことができるわけがない。いくら律法を真面目《まじめ》に守ろうとしても、人間はかならず欲望に負け、悪をなしてしまうのである。

しかし、だとすれば、いったいなぜ神は、守れるはずのない律法を人間に与えたのか。

そこでパウロは、こう考えた。

すなわち、律法を守れないことで、人は自分が原罪を持った存在であることを思い知る。いくら努力しても、自分の力だけでは救われることができないことを痛感する。だから、そこではじめて神を心の底から信じようと考える。神が律法を与えたのは、まさにそのためではないか……。

このパウロの論理によって、もはや律法は完全に意味を失《うしな》った。

大事なのは、外面的な行為ではない。本当に大切なのは、神を信じ、イエスを信じ、自分の罪を自覚することにある。人間は信仰によってのみ救われるのだ——この思想はもちろんイエスの中にもあったものだが、それを明快に説《と》いたのはパウロなのである。

パウロなくして、今日のキリスト教はありえなかったと先ほど記した。その理由の一つは、まさにここにある。

パウロ以前のキリスト教は、ユダヤ教の一分派《いちぶんぱ》、異端《いたん》のように見られていた。しかし、パウロが規範を明確に否定し、原罪をその教えの中心に据えた。このときをもって、キリスト教はユダヤ教と訣別したのである。

内村鑑三《うちむらかんぞう》も「奇態《きたい》」と認めたキリスト教の教義《きょうぎ》

ユダヤ教、キリスト教、イスラム教。

この三つの宗教はいずれも唯一絶対《ゆいいつぜったい》の神から与えられた啓示《けいじ》、すなわち啓典《けいてん》を信仰の基本に据《す》える。

これを啓典宗教と呼ぶ。ユダヤ教においてはトーラー、キリスト教においては福音書《ふくいんしょ》、イスラム教においてはコーランが啓典である。

だが、同じ啓典宗教でありながらキリスト教には、ユダヤ教やイスラム教のような規範が存在しない。キリスト教において問われるのは、あくまでも信者の内面である。信仰心である。

では、いったい何を信じればよいのか。

これに対して、パウロはこう答えている。

「すなわち、自分の口《くち》で、イエスは主《しゅ》であると告白し、自分の心で、神が死人の中からイエスをよみがえらせたと信じるなら、あなたは救われる」（「ローマ人への手紙」一〇—九）

イエスは十字架上で死んだが、三日後に蘇《よみがえ》った。これはイエスが神であるからなのだ——このことを信じるだけでいいのである。

信じるだけで救われる——なんという驚くべき教義であろうか。

ユダヤ教、イスラム教を信じる者からすれば、いや、仏教、儒教《じゅきょう》のような非啓典宗教の民が聞いても、びっくり仰天《ぎょうてん》する話である。日常生活での実践や修行《しゅぎょう》は何にも要《い》らない。善行をなす必要もないというのだ。いや、ひょっとしたら悪行《あくぎょう》をなしても神は救ってくださるかもしれない。こんな思想を信仰と言っていいのか。

では、なぜ信じさえすれば、神は罪深き人間を救ってくださるのか。

パウロは、それをこう解説している。

つまり、イエス・キリストは十字架の上で死ぬことによって、本来、人間が背負っている原罪を贖《あがな》ってくださった。これによって人間は神の恩恵によって救われることになったのである。だから、人間は神の万能を讃《たた》え、神を信じなければならない。

「分かったような、分からぬような」という感想を持つ人は多いだろう。いや、不思議に思わぬほうが、どうかしている。

このキリスト教の教えくらい奇妙奇天烈《きてれつ》なものはない。

なぜなら、かりにイエスの昇天《しょうてん》(贖罪《しょくざい》)によって人間の原罪が解除されたとすれば、もはや信仰する意味がないのではないか。原罪がなく、黙《だま》っていても救われるのなら、どうして信仰しなければならないのだろうか。

いや、そもそも、人間は原罪によって死すべき運命を与えられたはず。だとすれば、原罪がなくなった以上、人間は不死の存在になっていなければ理屈に合わない。だのに、いまだに人間には寿命《じゅみょう》がある。これは矛盾《むじゅん》していないか。

考えていけば考えていくほど、頭がこんがらがってくるではないか。

明治の代表的クリスチャンである内村鑑三《うちむらかんぞう》でさえ、それを認めている。

「これ(キリストの贖罪)はまた非常に奇態《きたい》な教義《きょうぎ》でありまして、多くの人をつまずかせるものでございます」(『宗教座談』角川文庫)

宗教とは何か

ところが、この「奇態な」宗教であるキリスト教はローマ帝国の迫害にもかかわらず、ヨーロッパ世界に広がった。そして、あろうことか、このキリスト教を母胎《ぼたい》にして近代ヨーロッパ文明が生まれ、今日《こんにち》の世界ができあがったのである。

なぜ、キリスト教はそれほどの影響を与えることになったのか。こんな不思議な教説から、近代デモクラシーや近代資本主義がどうして生まれることになったのか。多くの読者はきっとそれを知りたいと思われるだろう。

その謎《なぞ》を知るには、まずイスラム教を知ることが先決《せんけつ》である。

なぜなら、先ほどから述べているように、キリスト教はあまりにも特殊な教説を持った宗教である。いや、異常といったほうがいいほどだ。

そのようなキリスト教に真正面《ましょうめん》からぶち当たり、それを理解しようとすれば、これは大変な苦労を要する。

ところが、そのキリスト教のかたわらにイスラム教を置いて観察してみると、話が俄然《がぜん》違ってくる。

何しろ、イスラム教ぐらい宗教らしい宗教はない。「宗教のお手本」と言うべきか。

キリスト教を例外として、たいていの宗教はその根底に規範がある。これは当然のことであって、心の内側で信仰を持ったからには、それに対応して行動も変わらなければならないからである。

これについて、宗教社会学の巨人マックス・ウェーバーは、こう述べている。

宗教とは何か。それは「エトス」であると。

エトスとは日本語に訳せば、行動様式。つまり、行動のパターンである。行動の中には意識的なものも、無意識的なものも含《ふく》まれる。

宗教を信じるということは、その宗教独特のエトス、行動パターンを持つことに他ならない。

たとえば、ユダヤ教徒は豚肉を食べない。割礼《かつれい》をする。これもエトスである。

儒教徒の場合は、エトスは「礼《れい》」という形に現われる。すなわち、親に対して孝《こう》、君《きみ》に対して忠《ちゅう》であろうとする。

さらに某カルト教団などであれば、自分たちに敵対する連中の命を容赦《ようしゃ》なく奪《うば》う。これもエトスだ。

およそどんな宗教においても、そこには独自の道徳律《どうとくりつ》や戒律《かいりつ》がある。こうしたものが、その宗教を信じる人たちに独自のエトスを産み出すわけであるが、イスラム教はそれを最《もっと》も徹底的な形で行なっている宗教と言える。

すでに述べたようにイスラムにおいては、宗教上の戒律は、そのまま社会の規範であり、「国家」の法律である。信者の行動のすべてはイスラム法《ほう》によって定められている。ありとあらゆる問題はイスラム法の手続きに従《したが》って善悪が決定されるのである。

したがって、外面に現われた行動様式を見れば、その人がムスリムであるかどうかが、ただちに分かる。

教義の理解不足が生んだ〝隠《かく》れキリシタンの悲劇〟

そこで少しだけ余談。

江戸時代、幕府はキリスト教に対して大弾圧《だいだんあつ》をした。いわゆるキリシタン禁令《きんれい》である。

キリスト教への弾圧は信長《のぶなが》の時代からあったことはあった。しかし、それがひじょうに厳《きび》しいものになったのは島原《しまばら》の乱《らん》（一六三七～三八年）からである。このキリシタンたちの反乱以後、幕府の取り締まりは徹底的なものになった。踏《ふ》み絵《え》などの手段で「隠《かく》れキリシタン」を捜し出し、彼らに棄教《ききょう》を迫《せま》ったことで、いろいろな悲劇が生まれたのはご承知のとおり。

だが、本来のキリスト教の教説から考えれば、キリストの像だろうが、十字架だろうが、何をどれだけ踏《ふ》んでもかまわない。

すでに述べたとおり、パウロは内面（信仰）と外面（行為）を峻別《しゅんべつ》した。キリスト教においては信仰だけが重要なのである。

実際、キリスト教がローマ帝国の大弾圧の中を生き延びることができたのも、このパウロの教えがあったからだ。

よきクリスチャンであることと、よきローマ市民であることは何ら矛盾《むじゅん》しない。法はあくまでも外面の問題だけを扱《あつか》うのだから、ローマの法に従っても信仰には影響がないのである。だからこそ、キリスト教はついにローマ帝国の国教《こっきょう》になれたのである。

ところが、日本のキリシタンたちはキリストの図像を踏むことに大変な抵抗を感じた。踏むことができずに刑に処せられた人もいるし、またキリスト像を踏んだことで大変な罪の呵責《かしゃく》を覚えた人もいたのではないか。

これはキリスト教の理解が不充分だったから起こった悲劇である。イエスやパウロに聞けば、「そんなもの、どんどん踏んでしまえ」と答えたに違いない。当時のキリシタンが勉強不足だったのか、それとも宣教師の教え方がよく伝わらなかったのか、いかにも残念なことであった。

本来のキリスト教の教えからすれば、隠れキリシタンであることには何の支障もない。

これに対して、イスラム教徒の場合はそうはいかない。「隠れムスリム」なんて、できるわけもないのである。

イスラムの信仰を貫《つらぬ》こうと思えば、日に五度の礼拝は欠かせないし、ラマダン月には断食をしなくてはならない。この他にも多種多様の規範があるのだから、いちいち踏み絵のようなことをせずとも、ムスリムであることがすぐにばれてしまうというわけだ。

キリスト教に規範を〝導入〟した修道院と教会

ここまで「規範」(ノルム)という観点から、イスラム教とキリスト教を比較してきた。イスラム教とは、疑いの余地もなく規範の宗教である。アッラーを信じるとは、イスラム法の規範を守ることだと言っても過言ではない。

これに対して、キリスト教は無規範の宗教である。大事なのは内面の信仰だけであり、ユダヤ教時代の規範はすべて廃止された。キリスト教には戒律がない。

ところで、現在のキリスト教にはたくさんの戒律があるではないかと言う人もあるだろう。たとえば、カトリックでは今でも堕胎《だたい》は駄目《だめ》、離婚も許されない。また修道院に行けば、厳《きび》しい戒律に従って禁欲的な生活を送っている修道僧や修道女がいる。

しかし、こうした戒律は修道院や教会が作り上げたものであって、本来の教義とは関係ない。修道院の運営のため、布教の都合《つごう》のためにできあがったものにすぎないのである。

そもそも、キリスト教は信仰のみの宗教だから、本来、教会は不要なのである。大切なのは信者一人一人が信仰を保《たも》つことであって、外面的な儀式を執《と》り行なうための教会も聖職者も必要ないはずなのである。

そこを問題にしたのが、かのマルティン・ルターやカルヴァンといった宗教改革者たちだった。彼らはカトリック教会のあり方が、イエスやパウロの教えから逸脱《いつだつ》していることを激しく批判し、キリスト教を本来の姿に戻《もど》そうとした。これがプロテスタントの起こりである。

修道院にしても同じことである。

イエスは断食をしろとも言わないし、結婚したら救われないとも言っていない。パウロやペテロもしかり。しかし、それでは我慢できない人たちがいて、その人たちが勝手に集まって修行《しゅぎょう》するためにできたのが修道院なのである。

したがって教会の戒律も、修道院の戒律も、キリスト教本来のものではない。

イエスやパウロが説《と》いたキリスト教は、何ら規範を与えなかった。

日本人は〝規範嫌い〟

本章の冒頭で、筆者は読者に一つの設問を提出した。

すなわち、「なぜイスラム教が、日本には入らなかったのか」という大問題である。

これだけ世界が狭《せま》くなり、しかも日本国内には出稼《でかせ》ぎのイラン人が住んでいるのに、アッラーの教えは日本人の間に広まらない。その理由を考えることが、イスラム理解のカギであると述べたことを覚えておられるであろう。

なぜ、日本人はイスラム教の教えに感化されないのか。

何も日本政府はイスラム教を弾圧しているわけではない。そもそも弾圧するほど、イスラム教徒がいないのだから当然である。

では、日本人がイスラム教が嫌いだからか。

そんな話もありえない。

なぜなら、嫌いになるには、まずイスラムのことを知らなければならない。ところが、日本人でイスラムの教えをきちんと知っている人がどれだけいるだろうか。せいぜい、コーランが教典で、一日何度も礼拝をしなければならないとか、豚肉を食わないらしい、くらいの知識しかない。これでは嫌いになりようがない。

では、いったい何が原因か。

その答えは規範なのである。

つまり、日本人とは本来、規範が大嫌いな民族なのである。規範を守るなんて、面倒くさいことこのうえない。日本人は無規範民族なのである。

だからこそ、無規範宗教のキリスト教は入ってこられたが、規範だらけのイスラム教は受け付けられなかった。これこそが解答である。

こう断定すると、無数の反論が起きてくるに違いない。

日本人が無規範だなんてとんでもない。日本にはちゃんと日本独特のモラルがある。やっていいことと、やって悪いことの区別はちゃんとある。その証拠にウンヌンカンヌン……。

しかし、重ねて言うが、日本人ほど宗教における規範を拒否する民族は、世界中に見あたらない。この事実を自覚し、認めないかぎり、イスラム教を理解するなんて何千年、何万年かかっても無理な話なのだ。

そこで次節では、「日本人と規範」の関係について、歴史を踏まえながらお話しすることにしていきたい。

第二節……………「日本教」に規範なし

はたして日本に規範はあるのか

規範（ノルム）とは何か。

繰り返しになるが、ここでもう一度、定義しておきたい。

規範とは「これをしろ」「あれをするな」という命令（ないしは禁止）である。

ただし、この場合の命令（禁止）はすべて外面的行動に限られる。

なぜかと言えば、外面に現われた行動のみが測定可能であるからだ。

たとえば、「神を信じる」というのは内面的行動で、これは計測《けいそく》することができない。

「私は神を信じています」と言っても、その人が本当に神を信じているのか、それとも口先だけで言っているかは誰にも（場合によっては本人にも）分からない。

かくのごとく、人間の内面というのは計測しがたいのである。

そこでイスラム教では、宗教的な規範をひじょうに重んじる。

単に神を信じているだけではいけない。その信仰を外面的行動に表わしてはじめて、信仰は成り立つと考える。これはイスラム教だけではなく、ユダヤ教でも同じである。

これに対して、真《ま》っ向《こう》から反旗《はんき》を翻《ひるがえ》したのがキリスト教。

パウロは「規範など人間に守れるわけがない。守れないものを後生《ごしょう》大事にしていても何の意味もない」として、すべての規範を排除して「信仰のみ」を問うた。

以上が前節の要約である。

では、そこで本題。

はたして、日本には同種の規範が存在するか。あるいは、規範が存在したことがあったか。

このことを考えていきたい。

仏教は誰の教えか

日本における規範、というテーマを考えるとき、多くの人の頭に浮かんでくるのは仏教の戒律《かいりつ》であろう。

これはまことに正しい連想である。

イスラム教やユダヤ教がさまざまな規範を設《もう》けているのと同様、仏教にも数多くの戒律がある。

仏教の規範は、ふつう「戒律」とまとめて称しているが、本来、仏教では、戒と律を区別する。

すなわち「戒《かい》」とは釈迦《しゃか》が定めた悟りに至《いた》るための行動規範であり、もう一つの「律《りつ》」のほうは出家者の共同体である「サンガ」(僧伽《そうぎゃ》)における生活ルールである。

したがって、戒と律を比《くら》べれば、戒のほうが圧倒的に重要である。なぜなら、戒を破るということは、悟りへの道を放棄することに等《ひと》しいからである。仏教では在家信者《ざいけしんじゃ》は五戒しかないが、出家者ともなると戒の数は、僧《そう》二五〇条、尼僧《にそう》三四八条に上《のぼ》る。

これだけの戒があるのだから、仏教でも戒を専門に研究する学問として「律宗《りっしゅう》」が中国で生まれた。この点では、イスラム教でイスラム法学者が現われたのとよく似ている。

ただ、イスラム教の規範と仏教の戒律の間には決定的な違いがある。

その違いを知るためには、まず「仏教とは何か」のアウトラインを知らなければならない。

だが、一口《ひとくち》に仏教と言っても、その教えは宗派ごとに多岐《たき》にわたる。それをいちいち説明していけばキリがないので、ここでは仏教の、いわば「最単純モデル」を示すだけに止《とど》めておきたい。

読者の大多数は、仏教のことを「釈迦の教え」であると考えているだろう。

しかし、これは大きな誤解である。

たしかに仏教は釈迦をもって創始者とする。しかし、仏教の教えは釈迦が考案したものではない。ここが理解のポイントである。

では、仏教とはいったい誰の教えなのか。

【答え】 誰の教えでもない。

仏教は思想ではない。それはむしろ、科学に近い。

そのことを理解する補助線として、たとえば万有引力《ばんゆういんりょく》の法則を考えてみるとよい。

読者もご承知のように、万有引力の法則はニュートンが発見したわけだが、ニュートンが発見しようとしまいと、この法則は宇宙が作られたときからずっと存在していた。それこそアダムとイブの時代から、リンゴは木から地面に落ちていたわけである。ニュートンは、それを法則という形で提示《ていじ》したにすぎない。

仏教における釈迦の役割も、また同じである。

菩提樹《ぼだいじゅ》の下で、釈迦は「法《ダルマ》」を発見した。

法とは、すべてを貫《つらぬ》く道徳法則である。

人はなぜ生まれるのか。

人はなぜ老《お》いるのか。

人はなぜ病《や》むのか。

人はなぜ死ぬのか。

釈迦は「苦《く》とは何か」を追求するために王族の生活を捨て、修行の生活に入った。その結果、彼が発見したのが、この「法《ダルマ》」であった。すなわち「法」があるゆえに、苦は存在するということを釈迦は悟ったのである。

したがって釈迦が発見しようとしまいと、「法」は厳然《げんぜん》としてそこに存在している。これは、ニュートンと万有引力の法則の関係とまさしく同じである。

仏教を「釈迦の教え」とするのは正しくないという意味が、これでお分かりいただけるであろう。

イスラム教と仏教の決定的な違い

仏教においては、まず「法《ダルマ》」があり、それを釈迦が発見した。これを一言で表わせば「法前仏後《ほうぜんぶつご》」ということになる。

これに対して、イスラム教やキリスト教などの啓典宗教《けいてんしゅうきょう》は「神前法後《しんぜんほうご》」という構造を持つ。

啓典宗教においては、何よりもまず存在するのは唯一《ゆいいつ》にして絶対《ぜったい》の神である。この神がこの世を作り、人間を作り、さらには法則も作ったというわけである。したがって、神が先で、法が後なのである。

法前仏後と神前法後――この差はとてつもなく大きい。

それが如実《にょじつ》に現われているのが、規範に対する姿勢である。

イスラム教における規範とは、神が決めた法である。

すべてを超越する神様が定めたのだから、これを勝手に人間が破ることは許されない。もし、破れば神の怒りを買うことにもなりかねない。下手《へた》をすれば、神は汝《なんじ》を救済してくださらないかもしれないぞ。よって、規範は何が何でも守るべきであるし、守らなければ神に背《そむ》いたことになる。

イスラム世界では、宗教規範イコール社会の法であると述べたが、それは背景にこうした論理があるからに他ならない。

一方の仏教では、どうか。

そもそも仏教における「法」とは法則なのであるから、「守る」だの「守らない」だのなどといった話は最初からナンセンスなのである。

人間だろうが、イヌだろうが、ネコだろうが、はたまた天人天女《てんにんてんにょ》、さらには釈迦でさえ、「法」を廃止・変更することはできないし、誰も「法」に背くことはできない。法はすべてを超越しているのである。

よって仏教における法は、イスラムの法と違って規範をもたらさない。

では、いったい仏教における戒律とは何なのか。

結論を先に言ってしまえば、仏教の戒律はイスラム教の規範と違って、守る、守らないは基本的に本人の勝手であって、強制力を持たない。

破戒《はかい》、つまり戒を破っても、釈迦が怒って現われることはないのである。

僧侶《そうりょ》なくして仏教は成り立たず

そもそも、釈迦が発見した「法」とは何だったのか。

そのことについて触《ふ》れておきたい。

「法」の根底をなしているのは、因果律《いんがりつ》である。

原因は結果をもたらす。すべての現象（結果）には、その元《もと》となる原因がある。

これが因果律である。

仏教ではこの因果律がまことに徹底していて、一つの例外もない。

人間の苦しみもまた、因果律による。

すなわち、人間が生老病死《しょうろうびょうし》という苦しみから逃《のが》れられないのは、人間の中に「煩悩《ぼんのう》」という原因があるからである。

よって、この原因を消滅させ、煩悩を断《た》ち切らないかぎり、苦《く》は消滅しない。つまり、人間は救済されない。

これが釈迦の発見した仏教の要諦《ようたい》である。

奇妙奇天烈《きてれつ》、摩訶《まか》不思議なキリスト教の教義と比《くら》べれば、仏教の論理はきわめて明晰《めいせき》。その思想は、近代科学に相通《あいつう》じる合理性を有している。

では、いかにして苦の原因たる煩悩を消滅させることができるのか。

その方法を説いたのが、他ならぬ釈迦であった。

釈迦は「法」の何たるかを悟ると同時に、煩悩からの脱却《だっきゃく》方法をも発見した。

その方法の一つが修行である。

キリスト教とは違って、仏教では「信仰のみ」で救済されるわけにはいかない。

ことに重要なのは外面的行動である。俗人《ぞくじん》のように煩悩にまみれた生活を送っていたのでは、いつまで経っても苦が消滅するはずもないからだ。

だから、仏教では煩悩を断《た》ち切るための修行《しゅぎょう》が重んじられ、前にも触れたように、戒《かい》の数は、僧《そう》二五〇条、尼僧《にそう》三四八条に及《およ》んだわけである。

ことに初期仏教においては、出家して俗人《ぞくじん》とは違う生活をすることが、僧侶《そうりょ》には求められた。ちなみに、男の出家者を「比丘《びく》」、女の出家者を「比丘尼《びくに》」と呼ぶ。

仏教においては僧侶は不可欠の存在である。仏法僧《ぶっぽうそう》、すなわち仏（釈迦）、釈迦が発見した法《ダルマ》、そして僧（僧侶）が仏教の「三宝《さんぽう》」であって、この三つが揃《そろ》ってはじめて仏教になる。

対照的に、前にも述べたが、ユダヤ教やイスラム教には僧侶は存在しない。至高《しこう》の神の前に人間は平等なのであるから、僧侶という特権階級は必要ないというのが、この二つの宗教の考え方なのである。

また、中国の儒教においても、やはり僧侶は存在しない。

それでは、キリスト教ではどうか。キリスト教においては、僧はいてもいいし、いなくてもいい。というのは、イエスは僧について否定も肯定もしていないからである。

このように見ていくと、僧侶がいることで、はじめて宗教として成り立つ点で——逆に言うと、僧侶なくしては宗教として成り立たない点で、仏教は特異《とくい》（変わっている）なのである。

なぜ仏教の戒律は「社会の法」にならないのか

仏教においては、苦からの脱却をしようと思えば、まず修行生活をしなければならない。この傾向はことに初期仏教において顕著《けんちょ》である。

釈迦が草創《そうそう》したインド仏教においては、修行者は私有財産を持つことも許されないし、労働も金儲《かねもう》けもしてはならなかった。もちろん結婚もしてはならない。酒を飲むのも御法度《ごはっと》であるし、殺生《せっしょう》をしてもいけない。こうした行為はすべて煩悩がもたらすものであり、悟りを妨《さまた》げるものであるからだ。

そこで釈迦は、悟りを開くための行動規範として「戒《かい》」を定めた。

だが私有財産もなく、仕事もしないのでは、もちろん修行者は暮らしていけない。

そこで修行者は修行集団である「サンガ」に入り、そこで在家信者からの布施《ふせ》（寄付）に頼って生活しなくてはならない。サンガは修行者の共同体であるから、おのずからルールが必要になる。そこで生まれたのが「律《りつ》」である。

以上の説明からも分かるように、仏教の戒律にはイスラム法《ほう》のような強制力はない。

戒を破っても、それで罰を受けるわけではない。戒は修行者の指針《ししん》であるだけで、釈迦が仏罰《ぶつばち》を下《くだ》したりするのではないのだ。

また、律を破っても同じである。律を守らない修行者はサンガから追放されるが、それ以上の罰は与えられない。

ただし、戒を破っても律を破っても、悟りの道は閉ざされることになるわけだから、それ以上の罰はないとも言える。

このことからも分かるように、仏教における戒律は徹底的に個人的なものである。

戒律を守る、守らないは、あくまでも個人が決めることである。

もし悟りを得たければ、出家して僧侶になり、戒律を守ればよい。

悟りを得たくなければ、守る必要はない。

したがって、イスラム教やユダヤ教とは違って、仏教の戒律は俗社会とは関係がない。

修行者の戒律はサンガという共同体の中だけで有効なのであって、俗人はそれに縛《しば》られない。

また、戒律は純粋に修行のためのものだから、ときの権力者などが口をはさむことを認めない。あくまでも戒律は社会から超然《ちょうぜん》としているわけである。

イスラム教やユダヤ教などでは、規範は神の命令であり、すべての人間が等《ひと》しく規範を守らなければならない。だから、宗教の規範はそのまま社会の法になる。

仏教の戒律と、啓典宗教の規範とは、まったく対照的な性格を持っているのである。

仏教の救済には「途方《とほう》もない年月」がかかるわけ

ところで、少しだけ補足をしておけば、仏教では修行を行なうことの他に、善行を勧《すす》める。

いくら熱心に戒律を守って修行をしたところで、それまでの人生、さらには前世、前々世、前々々世で罪深いことをした事実は消せないからである。

すでに述べたように、仏教では因果律を根底に据《す》えているから、心を入れ替《か》えて修行したとしても、過去に犯《おか》した行為が「悪因《あくいん》」となって救済を妨《さまた》げるかもしれない。

かといって、過去の出来事は今さらどうにもならない。そこで、せいぜい善行を積み重ねていくことで、いい結果がもたらされるように努力しろというわけである。これを善因楽果《ぜんいんらくか》、悪因苦果《あくいんくか》と言う。

断わっておくが、仏教における修行とは途方《とほう》もなく時間がかかるものである。出家すれば、ただちに救われるなんてとうてい無理な話。

なぜなら、輪廻転生《りんねてんせい》というものがあるからだ。

人間がこの世に生まれてくる前には、何代も何十代も、いや何百代も輪廻転生してきた。その間には、さまざまな悪因を積み重ねてきている。あるときはネコとして、たくさんのネズミをいたぶってきたかもしれないし、また、あるときは殺人鬼として、たくさんの人間を殺してきたかもしれない。そうした罪をたくさん持っているのだから、ちょっとやそっとの善行や修行では帳消《ちょうけ》しにならない。

だから死ぬまで修行に励《はげ》んでも、ただちに救済されるというわけではない。

仏教では、修行や善行を積み重ねていき、煩悩《ぼんのう》から解脱《げだつ》すると仏《ほとけ》になれるとされている。これを称して「成仏《じょうぶつ》」という。

煩悩がなくなり成仏すれば、輪廻転生のくびきからも解き放たれる。この境地が涅槃《ねはん》だ。

涅槃に入るのが仏教における、真の救済である。

しかし、この涅槃の境地に行くためには長い長い時間が必要である。

何しろ、この世の衆生《しゅじょう》（悟りに達していない生き物）は過去において罪業《ざいごう》を積み重ねてきている。仏教には「この世のはじめ」という概念《がいねん》がないから、過去も無限の長さがある。その無限の過去の中で犯してきた罪を償《つぐな》っていくには、途方もない時間が必要なのである。

仏教の教えでは、すべての衆生（生き物）は死に変わり、生まれ変わって六道《ろくどう》に転生するとされる。

六道とは、天道・人間道・修羅道《しゅらどう》・畜生道《ちくしょうどう》・餓鬼道《がきどう》・地獄道である。生前の行ないがよければ、その衆生はより上の道に生まれ変わるが、もし悪い行ないをしたら、下の道に堕《お》とされるというわけである。

つまり、人間として生きている時代に善行を積み重ねて、かりに天人《てんにん》に生まれ変わったとしても、そこで努力が足りなければ地獄に堕《お》ちてしまうかもしれない。天人になっても、けっして安心はできないのだ。

弥勒菩薩《みろくぼさつ》でさえ成仏《じょうぶつ》まであと五六億七〇〇〇万年も！

さて、こうして輪廻転生を繰り返し、その間、たくさんの善行や修行を積み重ねていけば、ようやく悟りに達することができるのだが、悟りに達したからといって、すぐに仏にはなれない。せいぜい聖人《せいじん》になるだけのことである。

大乗《だいじょう》仏教の場合、修行を積んだ仏候補者《ほとけこうほしゃ》のことを菩薩《ぼさつ》と呼ぶのだが、この菩薩にもランクがある。その一番上のランクにいるとされるのが弥勒《みろく》菩薩である。

弥勒菩薩は未来仏《みらいぶつ》といって、将来、成仏するのが確定している菩薩なのだが、実際に仏になれるのはあと五六億七〇〇〇万年後のことだという。

弥勒にしても、こんな具合なのだから後は「推《お》して知るべし」である。

大乗仏教では菩薩には四一の位《くらい》があるという。長い時間をかけて輪廻転生を繰り返し、悟りを開いて最下位の菩薩になっても、それですぐ仏になれるというわけではない。さらに菩薩としての修行や善行を積み重ねないといけないのである。

実際、釈迦にしてもすぐに仏になれたわけではない。彼が涅槃に入れたのも、過去においてたくさんの善行を施してきたからだというのが仏教の考えで、釈迦前世の話として「ジャータカ」（本生譚《ほんしょうたん》。古代インドの仏教説話の一つ）という物語がたくさん書かれてきた。

ジャータカによれば、釈迦は前世で、飢《う》えた虎《とら》のために自らを与えたり、兎《うさぎ》であったころには客人をもてなすために火の中に身を投じたりしたとある。こうした過去の善行が積み重なっていたから釈迦は仏になれたというわけだ。

釈迦といえども、すべてを支配する「法《ダルマ》」からは自由ではないのである。

法顕《ほっけん》をインドへ駆《か》り立てたもの

さて、戒律に話を戻そう。

ここまで見てきたとおり、仏教においては戒律は悟りを開くための手段であって、その重要性はきわめて大きい。釈迦の教えを実践するために戒律は必要なのである。

そのことは法顕《ほっけん》を見れば明らかというものであろう。

法顕は四世紀、東晋《とうしん》に生まれた中国の僧である。わずか三歳にして出家をし、以後ずっと仏道修行に明け暮れた。

ところが、法顕はある日、気がついた。

この中国には、インド仏教で説いている戒律が完全な形で伝わっていない！

仏典《ぶってん》は、大きく分けると経蔵《きょうぞう》、論蔵《ろんぞう》、律蔵《りつぞう》の三つに分かれる。

経蔵とは、釈迦の教えを集大成《しゅうたいせい》したものであり、論蔵とは、釈迦以後の学者が研究してきた論文のことを指す。そして、最後の律蔵が、修行者が守るべき戒律を述べたもの。この三者が合わさってはじめて仏教の教理《きょうり》は完成する。

ところが、インドから仏教が伝わってすでに三世紀も経っているのに、中国には完備した律蔵が存在しなかった。

これは大問題、と法顕が青ざめたのは言うまでもない。

正しい戒律を知らずして、悟りが得られるわけがない。このまま修行を続けていても、無駄な努力になりかねないではないか。

そこで、この法顕、矢《や》も盾《たて》もたまらずインドへ飛び出した……と書きたいところだが、そう簡単にインドに行けるはずもない。

何しろ当時の中国は、いわゆる五胡十六国時代《ごこじゅうろっこくじだい》（中国の北半分が漢《かん》民族以外の異民族に占領されていた）であって、動乱が続いている。そのような状況下では、のんきにインド旅行などできるわけもない。ようやく長安《ちょうあん》（今の西安《シーアン》）からインドに旅立つことができたのは、法顕六〇歳のときであった。今の時代だって、六〇歳の男がインド旅行をするのはけっして楽ではない。

しかも当時はすべて徒歩である。途中には山賊・匪賊《ひぞく》が横行《おうこう》している。それでも法顕はひるまずに敦《とん》煌《こう》から西域《さいいき》に入り、ヒマラヤ越えをしてインドに入った。

そこで念願の律蔵を得て、海路、帰国の途《と》につくわけだが、その途中で暴風に遭《あ》って難破《なんぱ》。ようやく戻ってきたのは出発から一四年目のことで、すでに故国・東晋《とうしん》は滅んでいたとある。

法顕がここまで苦労をして天竺《てんじく》（インド）に渡ったのも、ひとえに仏教において戒律が必要欠《か》くべからざるものであったからだ。

なぜ鑑真《がんじん》は日本に来たのか

仏教において戒律がいかに重要なものであるか。

それを示す、もう一つの例が鑑真《がんじん》である。

奈良の唐招提寺《とうしょうだいじ》に「鑑真和上《わじょう》像」としてその姿を残す、唐の高僧・鑑真の物語は日本人なら誰でも知っている話である。

日本に仏教を伝えるため、鑑真は何度も渡海《とかい》を試《こころ》みるのだが、そのたびに暴風雨や妨害《ぼうがい》に遭って挫折《ざせつ》を繰り返すこと五度。ようやく六度目の渡航で七五三年（天平勝宝五）、日本に上陸できたわけだが、そのときはすでに失明をしていたという話は有名である。

さて、これだけの苦労をしても、なぜ鑑真は日本行きにこだわったのか。

そのわけをご存じだろうか。

これもひとえに戒律のためなのである。

すでに述べたとおり、日本に仏教が伝来したのは紀元六世紀半ば、つまり鑑真が日本にやってくる二〇〇年以上も前のことであった。以後、日本の仏教は皇室や豪族・貴族などの間に信仰されるようになった。それればかりか奈良の東大寺には、世界最大規模の毘盧舎那仏《びるしゃなぶつ》、いわゆる奈良の大仏が造立《ぞうりゅう》されるほどであった。

ところが、この奈良仏教には重大な瑕瑾《かきん》（欠点）があった。

戒律の不在である。

仏教において悟りを求めて修行者になろうとする場合、まず行なわれるのが受戒《じゅかい》という儀式である。読んで字のごとく、先師《せんし》から戒律を与えられ、それを守ることを誓《ちか》う。これなくしては、出家したとは見なされない。

これは当然のことである。

何しろ戒律とは、悟りを開くための正しい方法として釈迦が示したものだ。戒律を守るというのは、釈迦の教えに従《したが》うことに他ならない。

したがって、この受戒の儀式を行なって戒律を守ることを誓っていなければ、それはインチキ坊主であり、正式の修行者とは認められないのである。

しかるに、日本には仏教伝来以後、たくさんの経典が入ってきたが、この受戒の制度が入ってきていなかった。

これは正統的な仏教から見れば、とんでもない話というか、無茶苦茶というか。

その事実を知ったからこそ、鑑真は千辛万苦《せんしんばんく》をものともせず、日本に渡ろうとした。

せっかく日本にも仏教が根付きはじめていても、戒がなければ仏教がないも同然。この状態を解決できるのであったら、自分の命を捨てても惜《お》しくはない。

だからこそ、鑑真は遭難や失明を乗り越えて、日本にやってきたし、彼を迎《むか》えた日本側も大歓迎をした。

ときの孝謙天皇《こうけんてんのう》（女帝）は、勅使《ちょくし》に吉備真備《きびのまきび》を派遣して、「以後、受戒のことはすべて大和尚《だいわじょう》に任《まか》せる」と伝えたほどだし、また東大寺で最初に行なわれた受戒の儀式には、聖武上皇《しょうむじょうこう》（孝謙天皇の父。皇位を娘に譲《ゆず》り、上皇となる）も参加したほどであった。

まさに、この瞬間をもって日本の仏教はようやく一人前《いちにんまえ》になった。

日本仏教の大恩人として今でも鑑真和上が尊崇《そんすう》される理由はここにあるのだ。

比叡山《ひえいざん》が女人禁制《にょにんきんせい》でなくなった根本原因

ところが、鑑真がこれだけの苦労をして持ってきてくれた戒律をすべて廃止したのが、実は日本人自身なのである。

しかも、その首謀者《しゅぼうしゃ》たるや、権力者でもなければ、民衆でもない。他ならぬ仏教者自身が廃止してしまったのだ。

誰あろう、その人物こそ伝教大師最澄《でんぎょうだいしさいちょう》なのである。

最澄が開いた天台宗《てんだいしゅう》たるや、まさに日本における仏教の総元締《そうもとじ》めと言ってもよい。皇室の尊崇も篤《あつ》く、仏教研究においても日本の最高権威の座を占《し》めてきた。また、天台宗は日本史上、名だたる宗教者を何人も産み出してきた。一遍《いっぺん》、法然《ほうねん》、親鸞《しんらん》、日蓮《にちれん》……これらの人々はみな比叡山《ひえいざん》（延暦寺《えんりゃくじ》）で修行をした経験を持っている。

つまり、天台宗とは日本仏教界の最高権威にして、最高の修行機関、研究機関であったと言えるわけだ。

ところが、その天台宗の元祖《がんそ》たる最澄は、比叡山を開くにあたって従来の戒《かい》を廃止し、形式的な「円《えん》戒《がい》」なるものを創設した。

ここで円戒の中身について詳《くわ》しくは触《ふ》れるゆとりはないが、最澄が定めた戒とは、要するに内面の信仰を問うものばかりで、外面的行動に関する規範は入っていないのである。

ということは、僧侶はどんなことをしてもよいのだということに他ならない。

事実、その後の比叡山では、僧侶が妾《めかけ》を持ち、子どもをなすことが当たり前になってしまった。

後年、信長《のぶなが》が比叡山を焼き討《う》ちしたとき（一五七一年）には、全山《ぜんざん》に多数の女子が住み着いていたという話は、ご承知のことと思う。

これもまた円戒がもたらした結果と言っていい。

規範を廃止した、日本仏教の〝教義改革〟

そればかりか、円戒は受戒の儀式をも簡便化《かんべんか》した。

本来の儀式では、「三師七証《さんししちしょう》」と言って、三人の僧と七人の証人《しょうにん》、合計一〇人の立ち会いを必要とし、それぞれの立会人《たちあいにん》には資格が要求された。

したがって、受戒はそう簡単に行なえるものではないし、しかも、出家する人間にとってもひじょうに重みのある儀式であったわけである。

ところが、円戒ではこの制度も廃《はい》した。一人の伝戒師《でんかいし》さえ立ち会えば充分で、あとは三師証《さんししょう》、つまり釈迦《しゃか》、文殊《もんじゅ》、弥勒《みろく》の一仏二菩薩が、目には見えぬが証人になってくださるというのである。なんと、お手軽なことであろうか。

いや、場合によっては、その一人の伝戒師も要《い》らない。仏像の前で自誓自戒《じせいじかい》すれば、それでも受戒を認めるというのである。

いやはや、鑑真和上が聞いたら、見えぬ両の目から涙《なみだ》を流してお怒《いか》りになるような話ではないか。

さらに付け加えれば、天台の円戒では戒律を破っても大した制裁《せいさい》も与えられない。

正統的な仏教では、前にも述べたように戒律に背《そむ》けば、サンガから追放され、二度と復帰はかなわない。修行者としての道は完全に絶たれてしまうわけである。

ところが、円戒の場合、たとえ僧侶がそれを破ったとしても、懺悔《ざんげ》をして再度、受戒をすれば教団に復帰できるとした。

これでは何のための戒律か分からないというものだろう。

いくら破っても許されるのであれば、規範としての意味もなくなってしまうではないか。

何度も言うように、仏教において戒律とは単なるルールではない。悟りを開く修行の一環として戒律は存在する。その戒律を無視して悟りを得ることは望めない。しかも、戒を定めたのは釈迦に他ならい。

ところが、その戒律を最澄は、改定するどころか、実質的に廃止してしまったのだ。

これは仏教を否定し、釈迦の教えを否定するに等《ひと》しい行為である。

少なくとも、このような仏教は正統的な仏教ではない。異端《いたん》も異端、とんでもない異端的なことである。

ところが、そんな無茶苦茶なことが実際に起きたのが日本仏教なのである。

日本仏教の奥義《おうぎ》「天台本覚論《てんだいほんがくろん》」

さて、右のように最澄は仏教の根幹《こんかん》である戒律を実質的に全廃《ぜんぱい》したわけだが、その後、天台宗はこの円戒《えんがい》をどう扱《あつか》ったか。

最澄の弟子や孫弟子、ひ孫弟子たちは、批判を加えるどころか、これを踏襲《とうしゅう》しつづけた。

比叡山出身の僧侶《そうりょ》の中には、円仁《えんにん》（延暦寺第三代座主《ざす》）や円珍《えんちん》（同第五代座主）などのように、中国に留学し、本場の仏教を研究して帰国した人間もいるのだが、その彼らにしても同じである。

いや、それどころか、天台宗の僧侶たちは、この最澄の戒律全廃思想をさらに推《お》し進め、ついには途《と》方《ほう》もない理論を完成させた。

それを「天台本覚論《てんだいほんがくろん》」と言う。

この天台本覚論は、比叡山延暦寺の秘中《ひちゅう》の秘《ひ》、天台宗の最奥義《さいおうぎ》と呼ぶべきものなのだが、その思想はまさに驚倒《きょうとう》すべきものがある。

その内容を一言でまとめるとすれば、「人間は迷ったままでも成仏《じょうぶつ》できる」ということに尽《つ》きるであろう。

成仏するためには、何の努力も必要ない。現在そのまま、つまり煩悩《ぼんのう》を抱《かか》えたままでも悟りを開き、仏になることが可能なのだというのが天台本覚論の要諦《ようたい》である。

人間は迷ったまま、煩悩にまみれたままでも成仏できる――ここまで来ると、もはや異端という言葉では生ぬるい。仏教とはまったく別の宗教になったと言ったほうがいいくらいだが、この天台本覚論は単なる思いつきやこじつけで作られたものではない。

何しろ、当時の比叡山延暦寺といえば、日本中の秀才や天才が集まってくる場所である。ことに戦国時代になるまでは、庶民が出世しようと思えば僧侶になるしかなかったのだから、「我《われ》こそは」と思う俊秀《しゅんしゅう》たちは比叡山に上った。

そんな連中がよってたかって作り上げたのだから、学問的、思想的に見れば立派なものである。日本の宗教思想の白眉《はくび》と言ってもいい。

〝仏教を超えた仏教〟

この天台本覚論の「本覚《ほんがく》」という概念《がいねん》は、もともと中国仏教で生まれたものである。仏教ではすでに述べたように、人間には煩悩があって、それゆえに苦《く》が生まれると考える。だからこそ、人間は修行をし、善行をなさねばならないというのが釈迦の教えであった。

しかし、このことをさらに深く考えていくと、どうなるか。

修行や善行を積み重ねれば、煩悩多い人間も解脱《げだつ》し、悟ることができる。ということは、本来、人間の中には悟りを産み出すための要素が備《そな》わっていると考えられはしないだろうか。

どんな現象も原因がなければ、結果は生まれない。悟りという現象にも原因があってしかるべきではないか。

そこで出てきたのが、「本覚」、すなわち生きとし生けるもの（衆生《しゅじょう》）の中には、本来、悟り（覚り）が備《そな》わっているという考えである。

そのことを「一切衆生悉有仏性《いっさいしゅじょうしつうぶっしょう》」（すべての衆生はことごとく仏性を持つ）とか、「草木国土悉皆成仏《そうもくこくどしっかいじょうぶつ》」（草木や国土のような非生物であっても成仏できる）などと表わした。仏性とは「仏になる可能性」という意味である。

しかし、中国における本覚思想は天台本覚論ほどに過激ではない。

すべての衆生には悟りを開く可能性がある。しかし、だからと言って、放《ほう》っておいても悟れるわけではない。やはり修行も善行も必要であると考える点では、あくまでも仏教の枠組《わくぐ》みの内側にある。

ところが、日本の天台仏教においては、この本覚思想をさらに推《お》し進め、それを極限まで拡張してしまった。

それが先ほども述べた「迷ったままで成仏できる」という考えなのである。

というのも、人間を含《ふく》めたすべての衆生の中には仏性がある。つまり、自己の内側には仏がいるのだから、もはや修行をする必要もないし、ましてや戒律を守る必要もない。煩悩を抱《かか》えた人間そのものが仏なのだ……天台宗の僧侶たちは本覚論を徹底的に研究して、ついに仏教の枠組みを超えた結論に到達したというわけである。

親鸞《しんらん》革命の驚くべき内容

この天台本覚論という思想が、具体的にいつごろ生まれてきたか、また、誰が考えたかは正確には分からない。

最澄《さいちょう》の戒律廃止から始まって、おおよそ鎌倉《かまくら》末から南北朝《なんぼくちょう》・室町《むろまち》時代ころに集大成《しゅうたいせい》されたのではないかとも言われているが（岩波書店『日本思想体系』第九巻・解説他）、それも推測でしかない。

というのも、この天台本覚思想は天台宗の奥義《おうぎ》であって、最初のころは口伝《くでん》とか切紙相承《きりがみそうじょう》という形で伝えられていたからである。

口伝というのは、読んで字のごとく、師から弟子に口移しに伝えることであり、切紙相承というのは、教えの要点を小さな紙に書いて渡《わた》すという方法である。現在、伝わっている本覚思想の文献は平安後期以降のものしかない。

つまり、当初の天台本覚思想は、あくまでも比叡山で修行をした僧だけが知っているものであったわけだが、その事情が決定的に変わったのは鎌倉時代のころであった。

法然《ほうねん》、親鸞《しんらん》、さらには日蓮《にちれん》といった仏教の革命者たちが、天台本覚論を庶民大衆のレベルにまで普及させたのであった。彼らは理論上は天台本覚論に反対していたが、内心では賛成であったのかもしれない。

ご承知のように、法然や親鸞は、「南無阿弥陀仏《なむあみだぶつ》」と唱名《しょうみょう》するだけで誰でも成仏できる、修行も学問も必要ないと言った。これはまさしく、天台本覚論を下敷《したじ》きにした考えに他ならない。

彼らは二人とも比叡山で長年にわたって修行をしていることに注目されたい。ことに法然は「比叡山始まって以来の秀才」と言われたぐらいの人間であった。もちろん法然は天台本覚論の奥義を完全にマスターしていたことであろう。

ちなみに、阿弥陀信仰は中国にあった考え方だが、中国では「阿弥陀仏におすがりすれば、あとは何もしなくてもいい」とまではさすがに言わない。そんなことを言ったら、仏教でなくなることを知っているからである。

ところが親鸞に至《いた》っては、ついには自分自身で妻帯《さいたい》してしまった。これまでも比叡山の僧の中には女を囲《かこ》っていた者はいたが、それは正式な婚姻《こんいん》などではない。

しかるに親鸞の場合、正式に妻を迎えるというのだから、これは途方《とほう》もないことである。

しかも、親鸞がなぜ婚姻をしたのかというと「聖徳太子《しょうとくたいし》が夢の中に現われて、お許しになったからだ」と伝えられている。

これもまた途方もない話である。

戒律を制定したお釈迦さまが夢に現われて「結婚してもよい」とおっしゃったというのなら、まだ話は分かる。

ところが、聖徳太子は仏教から見れば、ただの在家信者《ざいけしんじゃ》の一人にすぎない。はっきりいえば、政治家である。たしかに、仏教に関する造詣《ぞうけい》は深かっただろうが、比丘《びく》（僧）として受戒《じゅかい》をされたわけでもない人物が「許す」と言っても、その許可には何の根拠もないのである。

ところが、それが通ってしまったというのだから、すでにこの当時の日本には仏教がなかったということが分かるではないか。

末法《まっぽう》の時代とは戒律無視

念のために言っておけば、法然や親鸞たちが「修行なんて必要ない」と言い、戒律をなくしてしまったのは、宗教者として堕落《だらく》したからではない。彼らは彼らなりに、そうせざるをえない事情があった。その事情とは末法思想《まっぽうしそう》である。

仏教ではかなり昔《むかし》から末法思想という考えが伝えられていて、すなわち、釈迦が入滅《にゅうめつ》して（死んで）一〇〇〇年の間は、教えに従《したが》って悟ることが可能な「正法《しょうぼう》」の時代が続くが、その後は「像法《ぞうぼう》」の時代に入る。像法の「像」とは形という意味だが、要するに、ありがたい経典などは形だけは伝わって、修行する人はいても悟ることはできない時代である。

この像法の時代が一〇〇〇年間続いた後に来るのが、末法の時代である。末法の世の中になると、もはや仏教の教えそのものがなくなって、修行する者も現われなくなると予言されていた。一種の終末思想である。

日本では、この末法の時代が始まるのが一〇五二年であると信じられていた。ときあたかも、平安朝の貴族政治が行き詰まりを見せた時期である。

末法の世の始まりがいかに当時の人にとって深刻に思われていたかは、比叡山と三井寺《みいでら》の争《あらそ》いを見ても分かる。

この二つの寺院はたくさんの僧兵《そうへい》を抱《かか》えていて、それが平安時代のころ、何かあるたびに喧嘩《けんか》を繰り返した。死人が出たこともある。かの後白河法皇《ごしらかわほうおう》が「思うままにならぬもの」として、鴨川《かもがわ》の水やサイコロの目と並んで、叡山《えいざん》の荒法師《あらほうし》を挙《あ》げたのは有名な話である。

だが、それを見て「これは日本の宗教戦争だ」と思うのは大きな勘違《かんちが》いである。というのも、そもそもこの両寺はともに天台宗であるからだ。同じ教義を持つ寺が争っても、それは宗教戦争にはなりえない。

では、いったいなぜ彼らは喧嘩を繰り返したか。

これは「末法になってヤケのヤンパチになっていたからだ」としか言いようがない。

もはや像法の時代は終わり、世は末法に入った。

こんな時代にまともに修行なんてしてもしょうがない。真面目《まじめ》にやるだけ損というものだ。だったら、あとは好き勝手にさせてもらおう。

まあ、当時の僧侶たちの気分は、こんなものだったのである。

この心情は、法然、親鸞にしても同じである。

末法の世では戒律そのものが廃《すた》れきっている。つまり、戒律を守ろうとしてもけっして守れないというわけだ。守れない戒律にこだわって無駄な時間を過ごすぐらいなら、南無阿弥陀仏と唱《とな》えて、仏にすがったほうがいいというのが彼らの結論だったのである。

これは日蓮もまた基本的には同じことである。

と書くと、読者の中には「日蓮上人《しょうにん》は妻帯などしなかったではないか」という反論をする人があるかもしれない。

たしかに日蓮自身は、ものすごく禁欲的な生活を送っていた。

しかし、これは日蓮の趣味であったとしか言いようがない。世の中には贅沢《ぜいたく》な食事が好きな人もあれば、粗食《そしょく》のほうが口に合うとする人もいる。日蓮は後者のタイプなのである。

というのも、日蓮が書き残したものを検討してみても、その中には戒律めいたものはないからである。彼はひたすらに「南無妙《なむみよう》法蓮華経《ほうれんげきよう》」の題目を唱えればよいと説いた。成仏するには、これだけで本質的に充分であるというわけである。

この点に関するかぎり、日蓮の立場と法然、親鸞の立場はひじょうに共通しているのである。

日本仏教とキリスト教の意外な共通点

ところで、鎌倉時代における親鸞、日蓮らの「仏教革命」だが、その教えがきわめてキリスト教に近似《きんじ》していることに読者はお気付きだろうか。

すでに述べたように、パウロは外面的行動による救済の可能性を否定した。何となれば、すべての人間は原罪《げんざい》を持っている。ゆえに、自己の努力によって人間は救済を得ることは絶対に不可能である。どんなに善行をしようと思っても、かならず悪事を行なってしまうのが人間の罪深いところなのである。

そこでパウロはユダヤ教に由来する律法《りつぽう》をすべて捨て、「信仰」のみを問うた。救済は自力《じりき》で得るものではない、神から与えられるものである、というわけである。

さて、一方の鎌倉仏教は。

親鸞も日蓮も、その教説の根底に「末法思想」を置いている。

すでに時代は末世に入った。

かつて人間は自助努力によって悟りを得ることもできたが、もはやそれは不可能になった。どんなに戒律を守ろうとも、人間はそれを守りきることができない。

では、いかにすべきか。

親鸞は「阿弥陀仏にすがれ」と説いた。

また、日蓮は「法華経《ほけきよう》の功徳《くどく》にすがれ」と説いた。

まさにこれ、仏教はキリスト教と似てきているではないか。

キリスト教も仏教も、ともに自力救済の可能性を否定している。外面的行動によっては、救われない。救済はともに〝与えられるもの〟なのである。

日本の仏教はまず円戒《えんがい》によって、戒律を廃止した。その後、親鸞、日蓮が現われるに至《いた》って、ついに自力救済の可能性までが否定されるに至った。

ここにおいて日本の仏教は、本来の仏教と完全に訣別《けつべつ》し、あたかもキリスト教にそっくりの宗教になったというわけである。

「日本流」の導入で混乱・分裂した韓国仏教

さて、〝親鸞革命〟から始まった僧侶の妻帯《さいたい》は徐々に他宗《たしゆう》にも広がっていき、明治になると政府が僧侶の結婚を許すというところまで行き着いた。

このことについて一言コメントしておけば、仏教本来の考えからすれば、教団のことに関して政府権力が口を出すというのはありえないことである。そのありえないことが明治維新になって行なわれ、誰もそれを不思議に思わないところが、いかにも日本である。他の国だったら、大変な問題になってしかるべきことなのだ。

いや事実、このことは隣《となり》の朝鮮半島で大問題を引き起こした。

一九一〇年（明治四三）、朝鮮半島は日本の領土になった。日韓併合《にっかんへいごう》である。

このときの日本政府の立場は、朝鮮半島の住民もまた日本人として同格に扱《あつか》うというのが建前《たてまえ》であったから、当然のことながら、この僧侶妻帯の件も朝鮮半島に適用されることになったのである。

日本とは違って、本来の仏教を保持していた朝鮮の人々にとってみれば、僧侶が結婚してもいい、しかもそれを政府が許可するというのはおよそ常軌《じょうき》を逸《いっ》したことである。当然のことながら、朝鮮人の中から大変な抵抗が起きた。

ところが日本の側は、すでに仏教から戒律がなくなって久《ひさ》しいものだから、これがそんな大問題であるとはピンと来ない。むしろ、いいことをしてやったぐらいにしか思っていない。

そうこうするうちに、朝鮮の僧侶の中にも日本人を見習って、妻帯する者が現われたから話がややこしくなってしまった。本来の戒律を守っている僧（これを比丘僧《びくそう》と呼ぶ）と、妻帯した僧（妻帯僧《さいたいそう》）との間に対立が生まれ、韓国仏教界を二つに分裂させかねない事態になったのである。

しかし、この対立は日本統治時代はまだ表面化しなかった。ことが深刻になったのは、日本が引き上げてのちのことである。

というのも韓国が独立するや否《いな》や、比丘僧が妻帯僧の追い出しにかかったからである。これを当時の大統領だった李承晩《りしょうばん》も後押しして、とうとう妻帯僧は寺院から追放されることになった。しかたがないので、妻帯僧は寄り集まって新しい寺院を作ったのだが、いまだに韓国では妻帯した僧を破戒僧《はかいそう》として許そうとはしない。

日本の韓国統治については、いろいろな議論がある。

先ほども述べたとおり、日本政府はイギリスなどの植民地経営とは違って、あくまでも本国人と同じ待遇で接しようと努力した。一段下の「植民地人」扱いはしなかった。その点においては、ヨーロッパよりずっと文明的であったと見ることもできる。

だが、その「同格」というところが問題で、日本人と同じように扱われて朝鮮の人々が喜ぶかといえば、かならずしもそうではない。ここがやっかいなところだ。

それが象徴的に現われたのが、僧侶の妻帯問題であったというわけだ。

近代を「宗教離《ばな》れの時代」と定義すれば、日本人ぐらい近代的なメンタリティを持った国民はいないだろう。何しろ、正月《しょうがつ》には神社に行き、お盆《ぼん》には寺院に行き、クリスマスには教会に行くのが日本人だ。

そう考えれば、イスラム教とキリスト教の対立といった事態に、日本人が果たせる役割は大きいとも言えるわけなのだが、あまりにも宗教離れした結果、日本人は宗教オンチ、いや宗教無知になってしまった。

いい気になってしゃしゃり出ると、とんでもなくトンチンカンなことをしかねないのだ。

それを身をもって証明したのが、戦前の日本であったというわけだ。筆者が「今こそ宗教のことを研究しなければならない」と言うのは、こういう意味があるのである。

儒教《じゅきょう》とは「マニュアル宗教」である

さて、こうして日本に渡ってきた仏教は戒律を取り払われてしまったわけだが、もう一つ忘れてはならない外来宗教がある。

それは儒教《じゅきょう》である。

読者の中には、儒教は単なる道徳基準であって宗教ではないと思っている人も多いだろう。

だが、儒教は立派な宗教である。

その証拠に、儒教にも独自の葬礼がある。

儒教の葬式ぐらい、この世の中で大変なものはあるまい。なかでも親が死んだときには、葬儀ではこんな声で泣けだとか、涙《なみだ》はこうして流せだの、細かい規範がたくさんある。また、葬儀が終わったのちの生活についても規範があって、どれだけの期間、このようにして過ごすべしという服喪《ふくも》規定が定められている。

これだけのルールがあるからこそ、儒教がさかんな中国や朝鮮では「哭《な》き女《おんな》」という商売が生まれた。普通の人には、儒教の規定をきちんと守ることがなかなかむずかしいからだ。

こういう点から見れば、儒教は「マニュアル宗教」と言ってもけっして大げさではない。このマニュアルの体系が、孔子《こうし》の言う「礼《れい》」なのである。

実際、儒教においては、外面的行動さえ教えにかなっていれば、内面の信仰なんてどうだっていいと考えているふしさえある。

「舜《しゅん》の服を着《き》、舜の言《げん》を唱《しょう》し、舜の行ないを行なえば、これ舜のみ」と言った儒学者がいたくらいだ。舜とは儒教が理想とする古代帝王の名前だが、要するに聖人と同じことをしていれば、その人も聖人になれるというわけである。

まあ、これは極論としても、儒教においては礼を守れなければ、とうてい聖人にはなりえない。

「正しい政治は霊魂をも救う」

ところで、儒教は、個人の救済をめざすキリスト教やイスラム教、あるいは仏教とは違い、集団救済を目的とする。

儒教イデオロギーとは、要するに政治万能主義である。

すなわち、よい政治を行なう聖人が現われれば、この世の中（天下）はすべてうまくいく。経済も発展し、文化も成熟し、犯罪も起こらない。そんな理想の世の中が誕生する。このとき、天下に暮らす、すべての人々は救われるというわけだ。

儒教の目的は、このような理想政治を行なえる聖人を作り出すことにある。

個人個人の救済なんていちいち取り合っていられないというのが、儒教なのである。

その好例が、「論語《ろんご》」の中に書かれている。

孔子の弟子に顔回《がんかい》という男がいた。

この顔回は、数ある孔子の門人の中でもひときわ学問も深く、徳も高い。言うなれば、孔子の秘蔵《ひぞ》っ子《こ》である。

ところが、この顔回が貧しさゆえに倒れてしまった。食べるものがなく、栄養失調から病気になったのである。

そのとき、孔子はどうしたか。

愛弟子《まなでし》のところにかけつけて、看病したか。あるいは、高価な薬や食べ物を買い与えたか。

まさか、と思われるかもしれないが、孔子は何もしなかった。

「孔子ともあろう人が何と薄情《はくじょう》な」と思うかもしれない。

しかし、これは間違った理解だ。

孔子だからこそ、何もしないのである。

彼にとってみれば、顔回のような優《すぐ》れた人間でも貧苦《ひんく》に悩まなければならない、今の世のあり方にこそ問題がある。

天下をよくしないかぎり、顔回のような人間は救われない。

そう考えるのが儒教の本領《ほんりょう》なのである。

かくのごとく、儒教においては個々人の幸福など後回し。

このように書くと、読者の中には「集団救済と個人の葬式とは矛盾するのではないか」と反論する人もあるだろう。

しかし、それは違う。

たしかに儒教においては、先祖を尊崇《そんすう》することを大切にし、葬儀を礼に従《したが》って行なえと命じる。先祖祀《まつ》りはまことに大切な行事である。

そもそも中国の伝統的な死生観によれば、人間が死ぬとその体から「魂《こん》」と「魄《はく》」というものが抜け出て、魂は天に昇《のぼ》り、魄は地に潜《もぐ》ると言われている。そして、子孫が先祖を祀《まつ》る儀式を行なうと、この二つに分かれた魂と魄とが天と地から戻ってきて復活できると考えるのである。

だから、中国人にとって何よりの不安は、子孫が途絶《とだ》えてしまわないかということである。もし子孫が途絶え、祭祀《さいし》が行なわれなくなったら、自分の魂と魄とは分裂したまま永遠にさまようことになってしまう。

では、どうしたらいいか。

そこで儒教では、そのような事態を防ぐためにはまず天下の乱《みだ》れをなくしていくのが先決《せんけつ》であると考えるのである。みなが幸福に暮らせれば、家が絶えるという不幸な事態も起きないというわけだ。

正しい政治を行なうことは、生きている人間だけでなく、霊魂をも救う。

これぞ儒教の考え方なのである。

日本人はなぜ〝論語〟一本槍《いっぽんやり》になったのか

ところが、この集団救済の宗教たる儒教が日本に上陸したら、どうなったか。

その根幹《こんかん》になっている「礼」はたちまちに形骸化《けいがいか》してしまった。戒律が消えた仏教と同じ運命をたどったのである。

読者もよくご存じのように、江戸幕府は儒教を奨励《しょうれい》し、その教えを武士たちに学ばせた。が、そこで学ばれたのは、教養としての儒教、道徳としての儒教にすぎない。

そのことは儒教の諸教典の中でも、「論語」ばかりが愛読されたことに象徴的に現われている。

そもそも、宋《そう》以前の儒教においては、論語は大した重要性を持っていなかった。何しろ、論語は孔子の言行録《げんこうろく》であって、規範性が薄《うす》い。

儒教において本当に重要なのは、いわゆる「五経《ごきょう》」、すなわち「易経《えききょう》」「書経《しょきょう》」「詩経《しきょう》」「礼記《らいき》」「春秋《しゅんじゅう》」の五書のほうである。ことに礼記は古代の礼を記したものであって、規範の指針《ししん》とされた。この五経に比べたら、論語などはサブテキストのようなものであった。

この論語の地位を向上させたのが、宋代に現われた朱子学《しゅしがく》である。朱子学の創始者である朱熹《しゅき》が「論語」「孟子《もうし》」「大学《だいがく》」「中庸《ちゅうよう》」を合わせて「四書《ししょ》」と呼んだので、ようやく論語の地位が上がったというわけである。しかし、朱子学にしても、論語さえ読んでいれば、すべてよしとしたわけではない。

そのことは当時の官僚試験であった科挙《かきょ》の試験項目を見れば明らかだ。科挙に通るには、四書五経のすべてを暗記し、まっとうな儒教徒であることをまず証明しないといけなかった。

ところが、その儒教が日本に渡《わた》ってくると、見事なまでに論語一本槍《いっぽんやり》になった。儒教につきものの礼など、どこ吹く風である。

日韓関係がいつまでも好転しない本当の理由

ちなみに、こうした事実を理解していないと、近代の日韓関係の「ねじれ」もよく分からない。

そもそも日本に儒教が伝わったのは朝鮮半島経由であった。論語も応神天皇《おうじんてんのう》の時代、百済《くだら》の王仁《わに》が持ち来《き》たったと伝えられているし、それ以後も朝鮮からの影響は大きい。

だから、朝鮮の人々は「日本人に儒教を教えたのは我々だ」と思っているわけだが、もし、それで日本が朝鮮と変わらぬほどの儒教国家になっておれば、まだよかった。

ところが日本人ときたら、儒教の何たるかをちっとも理解できない野蛮人《やばんじん》である。韓国の人は今でもそう思っているのである。

その最《さい》たる例は、日本人の家族制度である。儒教道徳が染みついた韓国の人から見れば、日本人は禽《きん》獣《じゅう》、つまり鳥やケダモノなみにしか見えない。

儒教において最大のタブーは何かといえば、「同姓娶《めと》らず、異姓養《やしな》わず」である。

すなわち同じ父系《ふけい》集団の中では結婚してはならない。また異《こと》なった父系集団から養子をもらわないというのがそのルールである。父系集団というのは、父方の祖先を同じくする人たちの集まりという意味だ。

このタブーは今でも韓国の社会の中に生きていて、今でも本貫《ほんがん》（父系集団）が同じ男女は、法律的には可能でも、社会的には結婚を許されない。

ところが、そんなタブーはもちろん日本に入ってこなかった。日本人にはそもそも「父系集団」という概念《がいねん》すらないわけだが、朝鮮の人から見れば、誰彼《だれかれ》かまわず結婚してしまう日本人の習俗はまるで野合《やごう》同然に見えるのである。

また、日本人は平気で他人を婿養子《むこようし》にする。これもまた儒教徒から見れば、信じがたい暴挙《ぼうきょ》と言うべきか。

というのも、そもそも儒教においてはすでに述べたように、先祖祭祀《さいし》を大切にする。子々孫々にわたって、ご先祖を祀《まつ》るのが家長《かちょう》の役割。それなのに、先祖祀りをする一家の主《あるじ》によそ者を迎《むか》えるとは――。

それでは先祖の魂魄《こんぱく》に申し訳が立たないというものであろう。

朝鮮《ちょうせん》と日本とは江戸時代も「朝鮮通信使《つうしんし》」という形で交流を続けていたから、日本人が儒教の規範をちっとも実行していないことを彼らはよく知っていた。江戸幕府が招《まね》くから使節を派遣してはいるが、心の底では「日本人というのは、なんと、救われない連中であろう」と思っていたのである。しかし、徳川時代における日本人は、朝鮮人を尊敬しきっていた。

ところが、その日本人が明治になって日清《にっしん》戦争・日露《にちろ》戦争に勝ってのち、西欧型近代化を進める中で、日韓併合まで行なったのである。

朝鮮の人々にとって、これがいかに屈辱的《くつじょくてき》なものであったか。

それを理解するには、地球が「猿《さる》の惑星《わくせい》」になったときのことを想像するのが一番ふさわしいのかもしれない。

戦後半世紀以上も経ちながら、いまだに植民地時代の恨《うら》みをまくしたてる韓国人や朝鮮人の姿を見て、多くの日本人は内心「なんと、しつこい人たちだろう」と辟易《へきえき》しているわけだが、彼らがそんな行動に出る背景には、こうした屈辱感があることは忘れてはならないのである。

すべてを呑《の》み込む「日本教」

ここまで見てきたように、元来、外面的行動を厳《きび》しく制限する規範を持っていた仏教も儒教も、日本に上陸するや、どんどん骨抜《ほねぬ》きにされてしまった。

だからといって、日本人が仏教や儒教が嫌いかといえば、もちろんそうではない。

私たちの日常会話の中には今でも仏教用語がたくさん出てくる。縁起《えんぎ》、果報《かほう》、往生《おうじょう》、方便《ほうべん》……いずれも仏教の教説から生まれた言葉である。また、儒教の論語にしても、いまだによく読まれている。儒教も仏教も大好きなのが日本人である。

しかし、そこで日本人は仏教徒になったり、儒教徒になったりはしない。その代わりに日本人は、こうした宗教のエッセンスだけを吸収してきたのである。

日本人にとって、外面的行動を縛《しば》る規範は、言ってみればパンの耳《みみ》のようなもので、堅《かた》いばかりでおいしくない。そんなやっかいな部分はポイと捨て去って、おいしくて柔《やわ》らかい白い部分だけをつまみ食いするのが、日本人の基本メンタリティなのである。

こうした日本人の宗教感覚のことを「日本教」という言葉で表わしたのが、故・山本七平《やまもとしちへい》氏であった。まさに卓見《たっけん》と言うべきであろう。

日本固有の神道《しんとう》をベースにして、仏教や儒教の教えなどがミックスされて作られたのが、日本教である。

この日本教の中には、神道、仏教、儒教以外にもさまざまな宗教が混在している。たとえば、中国の道教《どうきょう》もその一つである。

読者は大安《たいあん》、仏滅《ぶつめつ》といった「六曜《ろくよう》」は仏教から来たものと思っているかもしれないが、これは道教の流れを汲《く》む陰陽道《おんみょうどう》の思想である。それなのに、信者でもないのにキリスト教会で結婚式を挙げ、その日どりに大安の日を選んだり、また、寺院で葬式をするのに友引《ともびき》を避けたりする。なんとも無茶苦茶な話である。

また、七夕《たなばた》や十二支《じゅうにし》などは元《もと》を質《ただ》せば、道教が起源になっている。

さらに最近では、聖書の一ページも読んだことのない人がクリスマスを祝ったりするのが当たり前になっているのだから、すでに日本教はキリスト教も吸収しているというわけである。

まるで、何でも呑《の》み込む鯨《くじら》の胃袋のごとしである。

日本人らしさは「曖昧《あいまい》さ」にあり

さて、このように書いていくと読者の中には、日本教というのは無定見《むていけん》で、まったくいい加減《かげん》なものだと勘違《かんちが》いする人があるかもしれない。日本教には規範がないのだから、何をしても許されるのだと早《はや》合点《がてん》する向きもあるだろう。

だが、それは誤解というものである。

前にも述べたように、マックス・ウェーバーは宗教は「エトス」（行動様式）をもたらすものであると定義している。その宗教を信じている人は、みな同じような行動をするようになるというわけである。この行動様式の中には倫理道徳も含《ふく》まれるし、習慣風俗も含まれる。

このウェーバーの定義は、そのまま日本教にも当てはまる。

すなわち、日本教を信じている人、つまり日本人には、日本人ならではの行動様式が生まれるし、また、日本人独特の倫理道徳の観念も生まれる。

これがいわゆる「日本人らしさ」というものの正体《しょうたい》なのだが、したがって日本教にも当然のことながら、「善《よ》いこと、悪いこと」を決める道徳律は存在する。その代表格が、新渡戸稲造《にとべいなぞう》の著作で世界的に有名になった「武士道《ぶしどう》」である。

「宗教教育がない日本で何が道徳を教えているのか」とのベルギーの法学博士の問いに対する新渡戸博士の答えが本書である。

彼はヨーロッパの歴史、文学から多くの類例を引いて、比較宗教学的に武士道の沿革《えんかく》を欧米人にも分かるように説明することに成功した。セオドア・ルーズベルト大統領は多くの友人の間に本書を配るほどに感服し、日露戦争を和解させた。出版一年後には独仏はじめ多くで翻訳されて、日本の本質を伝える最良の書として今日《こんにち》に至《いた》るまで名声は絶えない。

ただし、日本教の場合、その道徳律は絶対にイスラム教や仏教のような規範の形をとらない。ここが肝心《かんじん》なところである。

イスラム教やユダヤ教の規範の場合は、黒か白か、つまり、守ったか守らないかが厳密に判定される。その中間のグレー・ゾーンはありえない。

仏教の戒律《かいりつ》もまた外面的行動を縛《しば》るものであって、これを破れば、ただちにサンガから追い出され、破門される。

これに対して、日本ではいちおうのルールはあっても、その定義はあくまでも曖昧《あいまい》である。どこからが善《よ》くて、どこからが悪いという線引きができない。

そのことが端的《たんてき》に現われているのが、日本人の食物規制《しょくもつきせい》である。

イスラム教にみる規範の絶対性

イスラム教やユダヤ教においては食物に対してさまざまな規制が設《もう》けられている。これもまた神の命令に基《もと》づくものであるわけだから、そのルールは厳格をきわめる。

たとえばイスラム教の場合、食べてはいけない食品のことを「ハラム Haram」と呼ぶ。ハラムの中に含《ふく》まれるのは、ブタ、肉食動物、爬虫類《はちゅうるい》、昆虫、酒類などがある。

これに対して、食べてよい（合法的である）食物を「ハラル Halal」と言う。

ハラルには牛や羊、ラクダ、ヤギなどの草食動物、さらにはニワトリやカモなどの鳥が入るが、ただし、これらの肉なら何でもいいかと言えば、そうではない。イスラム教で定められた作法《さほう》に従《したが》って処理された肉でなければ、食べてはいけない。

この作法のことを「ザビハー Zabihah」というのだが、食肉用の動物を処理するときには、かならず「アッラーの御名《みな》においてアッラーは偉大なり」と唱《とな》えつつ、一気に頸動脈《けいどうみゃく》と喉笛《のどぶえ》を切断しなければならない。

このやり方が最《もっと》も苦痛の少ない処理法であるというのが、その理由だ。

だからイスラム教徒は、日本の肉屋で売られているような牛肉やマトンを買って食べるわけにはいかない。そのような肉は「ハラム」であって、食べることは禁じられているというわけである。

ちなみに、イスラムにおける食べ物の分類には、もう一つある。

これは明確な規定がないために、ハラル、ハラムのどちらとも、にわかに決めがたい食品がそれで、これを「マッシュブーフMushbooh」と言う。マッシュブーフとは「疑わしい」という意味の言葉である。

と書くと、読者の中には「食べていいか悪いか分からない食べ物があるなんておかしいではないか」と思う人もあるだろう。

たしかに、イスラムの規範では「白か黒か」しかない。まさにこれこそが規範の規範たるゆえんである。

それなのに、なぜハラルでもハラムでもない食品があるのか――。

さては、イスラム教徒も日本人なみに堕落《だらく》したか――。

そう思うのも無理はない。

しかし、それは違うのである。

というのは、たしかにハラル、ハラムのどちらかに決められないからといって、そこで「食べていいようでもあり、食べて悪いようでもある」ということにはならないのだ。

イスラムの法では、マッシュブーフについて、次のように定めている。すなわち、「敬虔《けいけん》なるイスラム教徒なら食べない」

さて、読者はこれをどう読まれるだろうか。

「やっぱり食べてはいけないのだ」と判断しては大間違い。あなたはまだまだイスラムの規範が分かっていない。

正解は「食べても罪にはならない」である。

怪《あや》しい食べ物は、食べても規範を破ったことにはならない。

食べて罪になるのは、ハラムだけである。ただし、判断に困るような「疑わしい食べ物」は食べないことを推奨《すいしょう》するというだけのこと。

つまり、現実世界のものごとには中間地帯はたしかに存在はするのだが、その判断においては、かならず白か黒かのどちらかに決着が付く。したがって、規範の絶対性はけっして揺《ゆ》るがないというわけである。

ところが、それに対して日本の食物規制やこれいかに。

あるようでもあり、ないようでもある、としか言いようがない。

たとえば、ネコを食べることは善か悪か。許されるのか許されないのか。

よいようにも思えるし、悪いようにも思える。

たとえば、あなたが海外旅行に行って、そこの名物料理を食ったら、あとでネコの肉だったと分かったとしよう。

そのとき、あなたは激しい後悔《こうかい》にさらされるだろうか。

「ま、食っちゃったものはしょうがない」

そう思うのではないか。

ホテルの壁《かべ》に頭をガンガン打ち付けて、慚愧《ざんき》の涙《なみだ》を流す人はまずいないだろう。

だが、そこで「日本教において、ネコは食物規制の対象外である」と結論付けてしまってもよいかと言えば、そうではない。

たとえば、あなたの友人や恋人に「昨日は、あいにく冷蔵庫が空《から》っぽだったので、しょうがないから家《うち》のミケを煮《に》て食ったんだよ」と話したとする。

まあ、間違いなく、あなたは友人や恋人を失《うしな》うであろう。ひょっとしたら、社会生活すらできなくなるかもしれない。

このように「ネコ問題」ひとつをとってみても、日本人における食物規制のボーダーラインは曖昧《あいまい》きわまる。

これは徳川《とくがわ》時代でも同じである。

日本においては平安朝以来、仏教の影響からか四《よ》つ足の獣《けもの》は食べてはいけないことになっていた。だが、これがイスラムのような形で規範化されていたかと言えば、さにあらず。

たとえばイノシシは四つ足の獣だが、これは食べてよかった。というのはイノシシは「山鯨《やまくじら》」であって、鯨の一種だとされていたからである。あるいは兎《うさぎ》。兎は鳥でもないのに、「一羽《いちわ》、二羽《にわ》」と数えることにして、これも食べてよかった。

まあ、このくらいなら規範の例外規定として認めることも不可能ではない。

ところがどっこい、日本人はそれ以外の獣も当時からどんどん食っていたのである。

その証拠に、江戸時代には「モモンジ屋」という店があった。

モモンジ屋とは何ぞや。

これは獣肉《じゅうにく》専門の料理屋である。

このモモンジ屋ではイノシシはもとより、シカ、キツネ、ネコ（！）、ヤマイヌの肉を客に供《きょう》していたというが、これはけっして闇商売《やみしょうばい》ではない。江戸では麹町《こうじまち》あたりにモモンジ屋があって、堂々と営業していた。

なぜ、そんなことが許されたかといえば、これは食事ではなく薬として食っているのだという理屈を立てたからである。もちろん、そんなことは嘘八百《うそはっぴゃく》で、客はキツネやシカの肉を「うまい、うまい」と食っていた。

四つ足を食べたのは、何も江戸の町民ばかりではない。

たとえば、十五代将軍・徳川慶喜《よしのぶ》が豚肉を好物《こうぶつ》にしていたことは有名な話だ。

断わっておくが、これは彼が将軍になってからの話ではない。それ以前から、彼が豚肉を食っていることは幕閣《ばっかく》で広く知られていて、それゆえ慶喜を嫌った人もいた。だが、それでも慶喜は将軍になれた。

つまり、豚肉食いは出世《しゅっせ》の妨《さまた》げにはならなかったというわけである。

日本では、人間に合わせて規範が変わる！

徳川時代にはモモンジ屋があり、豚肉を好物にする将軍がいた。

このことを見るかぎりにおいては、当時の日本には食物規制はなかったかのように思われる。

しかし、現実にはやはり四つ足を食らうことを忌《い》み嫌う人が多かったのも、これまた事実である。たいがいの日本人は、山鯨も兎も食わなかったし、モモンジ屋にも行きたがらなかった。獣肉を煮たと聞いて、その鍋《なべ》を捨ててしまう人だって珍《めずら》しくなかった。

そういう事実を聞くと、やはり四つ足の獣を食うのは規制されていたのかとも思ってしまう。

だが、どうだろう。

明治維新によって、文明開化が始まるや否《いな》や、それまで肉を煮た鍋でさえ捨てていたような人たちでさえ牛鍋屋《ぎゅうなべや》に行くようになったし、スキヤキは日本の代表的料理にまでなってしまった。

何がよいやら、悪いやら。

かくのごとく日本では、行動を縛《しば》る規範は実にあやふやなもので、その時代の「空気《ニューマ》」によって形を変えてしまうのである。

これでは朝鮮半島の人々から「野蛮人」と思われてもしかたがない。

規範というのは、そう簡単に変わるようなものであってはならない。状況が変化したからとか、まして空気が一変したからと言って、簡単に廃止できたり、変更できるようなものではない。

神から与えられた啓典宗教《けいてんしゅうきょう》においては、なおさらである。マホメットの時代に豚を食うのが悪ならば、今の時代も悪である。何があろうと、規範は変えられない。

ところが、日本教においては、それでは駄目《だめ》なのである。

規範に合わせて人間の行動が変わるのではなく、人間に合わせて規範が変わる。これぞ、「日本教のエトス」なり。これが日本人なのである。

だからこそ、仏教の戒律も廃止されなければならなかったし、また、儒教の規範も受け容《い》れることができなかったというわけである。

なぜ日本は「キリスト教国」にはならなかったのか

ところで、読者の中には「そんなに日本人が規範嫌いであるのなら、もっともっとキリスト教徒が増えてもおかしくないはず」と思う人がおられるであろう。

たしかに、そのとおりである。

すでに述べたように、天台《てんだい》仏教は戒律を全廃し、鎌倉期に現われた親鸞《しんらん》や日蓮《にちれん》は自力救済の可能性を否定した。その結果、日本仏教はキリスト教にきわめて相似《そうじ》したものになった。

だとすれば、キリスト教ほど日本人にとってありがたい教えはない。しち面倒くさい仏教や儒教なんて捨てちまって、キリスト教を日本の国教《こっきょう》にしてしまったほうがずっと楽ではないか。そうしたら、堂々とスキヤキやボタン鍋が食えるというものだ。

ところが、案《あん》に相違《そうい》して、日本でキリスト教はたしかに定着はしたものの、爆発的に信者を増やすまでにはいかなかった。キリシタン大名が現われた戦国時代でも、キリシタンが仏教徒を圧するほどにはなっていない。

これはいったいなぜなのか。

その理由は、日本教の基本になっている神道《しんとう》との相性《あいしょう》がよくなかったことにある。キリスト教の教理と、神道の思想とは水と油ほどまではいかなくても、なかなかよく混ざりあうことができない。相性が悪いのである。

すでに述べてきたように、仏教は戒律を重んじる。いや、戒律なくして仏教は存在しないと言うべきであろう。

のちに戒律が最澄によって全廃されたとはいえ、日本に入ってきて間もなくの仏教には、ちゃんと戒律があった。日本人が苦手《にがて》な戒律を重んじていた。

それなのに仏教が爆発的に普及し、天皇、皇族をはじめとして貴族や庶民までも仏教信者になった。ありがたや、ありがたやと、当時の貴族はみんな自分のカネで寺院・仏閣を建《た》てまくり、仏様を拝《おが》んでいたわけだ。

これは考えてみれば、不思議なことである。

だが、これも仏教と神道の相性を考えてみると、その理由がよく分かるのである。変な言い方に聞こえるかもしれないが、仏教が普及できたのは、ひとえに神道のおかげであると言ってもいい。

神道と仏教を融合《ゆうごう》させた「本地垂迹説《ほんじすいじゃくせつ》」

日本に入ってきた仏教が急速に変質したことを、この節で述べてきた。最澄《さいちょう》の円戒《えんがい》に始まって、天台本覚論《てんだいほんがくろん》の完成、さらには法然《ほうねん》、親鸞《しんらん》、日蓮《にちれん》による仏教革命……これらのプロセスによって、日本の仏教は、世界中の他のどの仏教とも違う宗教になった。

だが、実は日本仏教の変質はこれだけではない。もう一つ、忘れてはならないものがある。それは本地垂迹説《ほんちすいじゃくせつ》である。

戒律の廃止と、本地垂迹説の導入。

この二つが両輪になったからこそ、日本で仏教は大成功を収《おさ》めることができたのである。

本地垂迹とは「本地《ほんじ》（根本《こんぽん》の物体）より迹《じゃく》（具体的な姿）を垂《た》れる」という意味の言葉である。

この考え方はもともとは法《ほ》華経《けきょう》に由来する思想である。

話がややこしくなるので、かいつまんで説明すると、仏教では実在論を否定する。「ものがある」と思うのは人間の作り出した妄想《もうそう》である。本当に存在するのは人間の認識（これを仏教では「識《しき》」という）だけであって、それ以外はすべて幻影《げんえい》のようなものだ。

これが仏教哲学の基本である。

この考えを発展させると「本地垂迹」の考えが出てくる。

つまり、釈迦もまた実体ではなく、宇宙の真理が人間の形で現われただけのことであるというわけだ。この本地垂迹の考えは日本に入ってくると、さらに拡張された。日本古来の神様もまた、すべて諸仏《しょぶつ》が姿形《すがたかたち》を変えて日本に現われたものであるという思想が生まれたのである。

源氏《げんじ》の氏神《うじがみ》だった八幡神《はちまんじん》が、菩薩《ぼさつ》が形を変えて現われたものだと考えられるようになったのも、その一つである（ちなみに、応神天皇《おうじんてんのう》は八幡様の仮の姿である）。鎌倉武士が「南無八幡大菩薩《なむはちまんだいぼさつ》」と唱《とな》えて出陣したのも本地垂迹説を踏《ふ》まえてのことなのである。

伊勢内宮《いせないぐう》は毘盧舎那仏《びるしゃなぶつ》（あるいは救世観音《ぐぜかんのん》）、春日一宮《かすがいちのみや》は不空羂索観音《ふくうけんじゃくかんのん》、二宮《にのみや》は薬師如来《やくしにょらい》……。

このように、およそありとあらゆる神様は、みんな菩薩や観音などを「本地仏《ほんじぶつ》」にするようになった。

こうした信仰を「神仏習合《しんぶつしゅうごう》」などと言うわけだが、これで得をしたのは無論《むろん》、仏教のほうである。難解な仏教哲学を教えなくとも、神様はみな仏様の生まれ変わりだと言えば、みな簡単に納得《なっとく》するし、ありがたいと思う。まさに神道のおかげで仏教は普及したのである。

「イエスは完全な人間であり、同時に完全な神である」

仏教は本地垂迹説の助けを借りることで日本に定着したわけだが、ではキリスト教に本地垂迹説を適用することは可能か。

これは、かなりむずかしいと言わざるをえない。

その理由は今さら言うまでもあるまい。

キリスト教は唯一絶対《ゆいいつぜったい》の神しか認めないからである。これでは多神教の神道と習合《しゅうごう》するのは至難《しなん》の業《わざ》だ。

しかし、絶対に無理かと言えば、そうともかぎらない。

なぜなら、キリスト教にはマリア信仰なるものがあるからだ。

ノートル・ダム教会というと読者は、パリのノートル・ダムを思い出すだろうが、実は同じ名前の教会は世界のあちこちにある。

この「ノートル・ダム」という名称は「われらが貴婦人《レディ》」、つまり、聖母マリアのことを指す。つまり、ノートル・ダム教会とは仏教流に言えば、マリア様をご本尊《ほんぞん》にする教会ということになる。

マリア様がご本尊！

本来のキリスト教から考えれば、これほど異端的《いたんてき》な信仰はない。

啓典宗教《けいてんしゅうきょう》においては、神は唯一絶対の存在である。神の上にも神はなく、神の下にも神はいない。ただ一人の人格神《じんかくしん》がこの世を統御《とうぎょ》する。

この原理はキリスト教でも変わらない。

だからこそ、キリスト教会では「三位一体説《さんみいったいせつ》」という教理を苦心惨憺《くしんさんたん》して編《あ》み出さなければならなかった。

神とキリスト、そして聖霊《せいれい》は現われる形こそ違うが、すべてその実体は同じものに他ならない。

この三位一体説がなければ、キリスト教の教えは成り立たないのである。

なぜなら、そもそも人間に原罪《げんざい》を与えたのは神である。その原罪をイエスが十字架に磔《はりつけ》になることで解除した。よって人間は救済されることが可能になった。

この教説がパウロによって完成されたことはすでに述べたとおり。

しかし、イエスが人間だとすれば、人間に神の与えた罪を赦《ゆる》す資格があるのだろうか。論理的に考えれば、これはおかしな話である。万能の神よりもイエスのほうが偉《えら》いことになってしまうではないか。

これを解決するには、イエスは神の「本地垂迹《ほんじすいじゃく》」であると考えるしかないわけだが、これもまたやっかいな問題を引き起こす。

何しろイエスは、処女とはいえ人間のマリアから生まれたと聖書に記されている。人間が神を産むことなど、可能なのか。

さあ、これは大変なことになった。

キリストは人なのか、神なのか……この問題をめぐって、初期キリスト教会はまさに分裂寸前のところまで行った。

この問題にようやく片《かた》が付いたのは四世紀のことである。

キリスト教会の危機を解決するため、ローマ皇帝コンスタンティヌス一世が議長となって、三二五年、ギリシャのニケアに会議を招集し、そこでこの問題を徹底討論させた。

そこで出た結論が「イエスは完全な人間であり、同時に完全な神である」というものであった。これを「ニケア信条《しんじょう》」と言う。

しかし、この決定にみながすんなり従《したが》ったわけではない。

なかでも、イエス＝人間説を主張していたアリウス派は、このニケア公会議《こうかいぎ》の決定に不服を唱《とな》えたので、ただちに異端者として追放された。

ニケア信条を認めるか否《いな》かは、正統と異端とを分ける大切な境界線なのである。

現にローマ・カトリックも、ギリシャ正教《せいきょう》も、プロテスタント諸派もニケア信条を信じている点においては一致している。

なんとキリスト教は「四神教」だった！

イエスは人間か、それとも神か。

この問題を解決し、三位一体の説を完成させるためにキリスト教会は大変な苦労をした。ニケア公会議の後も、四五一年にカルケドン公会議を開き、ニケア信条を再確認したのも、この問題をいい加減にしておけば、キリスト教そのものの分裂や崩壊につながるからに他ならない。

ところが、こともあろうに、中世に入ると、キリスト教会は布教のために「マリア信仰」なるものを持ち出すようになるのである。

先ほども述べたように、マリアが人間であることは疑いの余地がない。

そのマリアを崇《あが》めるなどというのは、キリストを人間であると言ったアリウス派よりも異端的と言わざるをえない。

しかし、当時のキリスト教会にしてみれば、どうしてもマリア信仰を持ち出さざるをえない事情があった。

というのは、ゲルマン人やケルト人といった、当時の「蛮族《ばんぞく》」たちにキリスト教を伝道するには、キリスト教の教理をそのまま説いても効果がなかったからである。

キリスト教が広まるまでのゲルマン人たちは、自然崇拝の信仰を抱《いだ》いていた。これら大木《たいぼく》や太陽などを拝《おが》んでいた人々に、いきなり「イエスは人間にして神である」から信じろ、と言うほうが無理といううものだ。

そこでキリスト教の伝道師たちは、マリアを持ち出した。これならばゲルマン人たちにも具体的で分かりやすい。母性愛《ぼせいあい》は世界共通だから、赤ん坊のイエスを優《やさ》しく抱《だ》く聖母像を見せれば、キリスト教に対する警戒心もなくなるという寸法《すんぽう》である。黒い肌のマリアと幼《おさな》いイエス（黒い肌の聖母子）がいい例である。

この工夫があったからこそ、キリスト教はヨーロッパの、そして世界の各地に広がることができたのである。

しかし、何度も繰り返すが、本来のキリスト教から考えれば、マリア信仰など許されるはずもない。だいいち、神の母もまた神性《しんせい》を持つとしたら、三位一体説はどうなるのか。四位一体説にしなければならなくなるではないか。

こうしたマリア信仰を「愚《おろ》かなこと」と言って批判したのが、他ならぬマホメットである。

イスラム教では、三位一体などという、こじつけめいた教説を認めない。神が人間の形をとって現われるなんて、もっての外《ほか》である。キリスト教は自分では一神教と言っているが、現実は三神教ではないかという話はコーランにも記されているほどだ（二―一一〇、五―一九他）。

これはどうみても、イスラムのほうが論理的と言わざるをえない。

さて、そこで話を戻せば、戦国時代に日本を訪《おとず》れた宣教師たちも、ゲルマン布教の前例にならって、キリスト教を日本人に分かりやすくする工夫をすればよかったのである。

つまり、日本においてイエスが本地垂迹《ほんじすいじゃく》したのが神武天皇《じんむてんのう》で、マリアは天照大神《あまてらすおおみかみ》だとか。

さしずめ、大天使《だいてんし》ガブリエルは八幡様《はちまんさま》が適任か。宇佐《うさ》の八幡宮《はちまんぐう》（大分県宇佐市）といえば、昔《むかし》から神《しん》勅《ちょく》の下《くだ》るところとして有名だった。

ローマ教会は日本の比叡山と同じく、天下の秀才たちが集まった場所だった。当時の宣教師にしても、選《え》りすぐりの宗教エリートである。その知恵を使えば、本地垂迹をキリスト教に当てはめることなど朝飯前《あさめしまえ》であったろう。

こんなことを書くと、真面目《まじめ》なキリスト教徒の中には「瀆神《とくしん》だ」と言って怒る人もあるかもしれない。しかし、それを言うのなら、昔のキリスト教会のほうがずっと悪質な行為を行なっていたとも言える。これは後で触《ふ》れることになるが、中世のローマ教会はマリア信仰ばかりでなく、秘蹟《ひせき》などという儀式を行なって、信仰なんてなくても秘蹟さえやれば救済されるなどというインチキめいたことをしていたのである。のちにマルティン・ルターが非難した免罪符《めんざいふ》（贖宥状《しょくゆうじょう》）の販売も、その一つである。

秘蹟も免罪符も、ともに聖書に根拠を求めることはできない。後世の創作である。

こういうことが許されて、本地垂迹が駄目《だめ》という理屈は成り立たないだろう。

事実、戦国時代にキリスト教が入ってきて、あれだけ普及できたのもマリア信仰のおかげとも言える。当時の記録などを読むと、このころの日本人のキリシタンたちにとっても、やはりマリアのほうが親しみやすかったようだ。隠《かく》れキリシタンの中には、「マリア観音《かんのん》」の像を拝《おが》んだという例さえある（たとえば、新潟県松之山《まつのやま》町の松陰寺《しょういんじ》にはマリア観音聖母子像が保存されている）。やはり、日本人には一神教は親《した》しみがたいのである。

これだけ生活が西洋化したにもかかわらず、日本におけるキリスト教人口はずっと頭打《あたまう》ち状態であるという。隣《となり》の韓国では五人に一人がキリスト教徒であるのだから、その差は歴然《れきぜん》たるものがある。

無規範である点では、キリスト教ほど日本教と共通した宗教はまずあるまい。それなのに、どうしても普及が進まないのは、この問題が大きく関係しているというわけである。

日本でのイスラム教普及が絶望的にむずかしい理由

さて、ここまで来れば、イスラム教が日本に入ってこなかった理由は明々白々《めいめいはくはく》というものであろう。およそ世界の宗教の中で、イスラム教ぐらい日本教と相性が悪いものはない。

まずイスラム教には、日本人が苦手とする規範（戒律）がある。

しかも、その規範はすべての信徒が守らねばならない。

仏教の場合は、出家者に戒律は厳《きび》しいが、在家信者《ざいけしんじゃ》に対する規制は緩《ゆる》やかだったからよかったが、イスラムではそうはいかない。

さらに、イスラム教ではキリスト教よりもずっと徹底した一神教の立場を貫《つらぬ》いている。コーランが「キリスト教は三神教である」と批判していることはすでに述べた。

何しろ、イスラム教では、マホメットですら人間であって神ではないと、明確に定義しているのだ。

そして、それを口《くち》ではっきりとお祈りのときに唱《とな》えなければいけないのだ。「アッラーの他に神なし。マホメットはその使徒である」と。前にも述べたように、ムスリムたちが、異教徒がイスラム教を「マホメット教」と呼ぶと眉《まゆ》をひそめるのは、このためである。マリア信仰のように、マホメットの母親が信仰の対象になる余地は、まったくのゼロなのである。

これでは、いくら熱心に布教しようとしても、日本人に受け容《い》れられるわけもない。

もし、イスラム教を日本人にも馴染《なじ》みやすくしたければ、いっさいの戒律を廃止したうえに、アッラーの神以外も認める以外にないのである。

いや、こうした運動はすでに日本の中で始まっていると聞く。

従来のイスラム教を「小乗《しょうじょう》イスラム」と批判し、もっと普遍的な「大乗《だいじょう》イスラム」を推進していこうという動きが、それである。

この大乗イスラムは、「形式よりも実質（精神）を重んじ、戒律の末節《まっせつ》にとらわれ」ず、イスラム教、キリスト教、仏教といった「宗派《しゅうは》にとらわれない」ことを特徴とする教説である（安部治夫『イスラム教』現代書館）。

分かりやすく言えば、日本の風土《ふうど》に合わない戒律にこだわるのはやめ、コーランも日本語で読むようにする。また、イスラムだけに凝《こ》り固まらずに、仏教の中にあるよい教えも、キリスト教の精神もどんどん学ぼうということのようである（同書）。

はたして「大乗《だいじょう》イスラム」に明日はあるのか

たしかに、このアプローチ以外に、日本にイスラム教が普及する方法はない。

よくぞ考えたと言いたい。見事なものである。

だが、かりにこの大乗イスラムが成功を収《おさ》め、日本に大乗ムスリムなる信者が増えたとしても、それを諸外国のムスリムたちが自分たちの仲間と認めるだろうか。

これは果てしなく絶望的である。妻帯をし、般若湯《はんにゃとう》という隠語《いんご》で酒を飲み、四《よ》つ足（獣肉）を食う日本の僧侶など、他の仏教圏の仏僧からは僧侶として認めてもらえないのと同じである。

なぜなら、コーランのどこをひっくり返しても、唯一絶対《ゆいいつぜったい》の神が命じた規範を人間が変えてもよいとは書かれていないからである。

イスラム教においては、いくらその規範が日本の風土《ふうど》や時代に合わなくとも、神が命じた以上は守り通さなければならない。勝手に規範を変えたりすれば、それは神への反逆行為と見なされる。

本来のイスラム教理からすれば、これは当然の結論である。

かつて仏教は日本に上陸して、独自の「日本仏教」に変質してしまった。

この日本仏教は仏教の教説を土台にしながらも、まったく仏教とは違う宗教なのである。

韓国や東南アジアなどの仏教寺院に行っても、日本の仏教者は一人前の修行者とは認めてもらえないことがある。前述のごとく、正式の戒律を行なっていないのだから、当然である。

この大乗イスラムも、また同じ道をたどらざるをえない。

かりに、これでムスリムになっても、メッカに巡礼したところで、アラブやイラン、あるいは東南アジアのムスリムたちは、けっして仲間だと思ってはくれないだろう。「イスラム共同体」の中に入り込むことなど不可能なのである。

もし日本にイスラム教が定着するとすれば、それは日本独自の「日本イスラム教」を成立させるしかない。だが、その「日本イスラム教」は、もはや元《もと》のイスラム教とは似ても似つかぬものにならざるをえないのである。

ここに、日本におけるイスラム布教の悲劇があると言っても過言ではない。

第二章

イスラムの「論理」、キリスト教の「病理」

第一節……「一神教」の系譜

――キリストの「愛」とアッラーの「慈悲」を比較する

日本人が気付かないキリスト教の異常性

ユダヤ教、キリスト教、イスラム教は啓典宗教《けいてんしゅうきょう》であり、そのルーツを同じくする。

旧約聖書、ことにトーラーは神が与えた契約《けいやく》であり、重要な教典である。

ところが、同じ啓典宗教でありながら、イスラム教とキリスト教は似ても似つかない宗教ではないか。

そう思っている人は多いだろう。

ことに、今回の同時多発テロは、そういった印象をさらに助長《じょちょう》させた観《かん》がある。

キリスト教は博愛《はくあい》の宗教。

これに対して、イスラムは聖戦《せいせん》を唱《とな》え、暴力を肯定《こうてい》する野蛮《やばん》な宗教。

はたして、この印象は正しいか、それとも誤解なのか。

前章でも述べたとおり、キリスト教は、ユダヤ教にあったすべての律法《りっぽう》を撤廃《てっぱい》した。

この思想を確立したのが、パウロであった。

パウロは「ローマ人への手紙」の中で、次のように明確に律法を否定した。

「しかし、義《ぎ》の律法を追い求めていたイスラエルは、その律法に達しなかった。なぜであるか。信仰によらないで、行《おこな》いによって得られるかのように、追い求めたからである。彼らは、つまずきの石《いし》につまずいたのである」(同九―三一～三二)

行ないによって人は救われるのではない。心のうちにある信仰だけが重要なのである。

この教えゆえにキリスト教は、まことに特異《とくい》な宗教になった。異常と言ってもいい。

ところが、たいていの日本人はこの異常さに気が付かない。

その理由は、本書をここまで読んできた読者にはもうお分かりのはずである。

答えは「日本の仏教も戒律《かいりつ》を廃止してしまっていたから」である。

最澄《さいちょう》による円戒《えんかい》の採用と、天台本覚論《てんだいほんがくろん》によって日本の仏教からは戒律が完全に消え去った。この結果、日本では「形より心」、つまり「戒律よりも信仰」という観念が常識になってしまった。

もちろん、こんな思想は本来の仏教からすれば、途方《とほう》もない逸脱《いつだつ》、異端である。

しかし、その異端的な仏教に慣《な》れ親しんでいるものだから、日本人はキリスト教の異常さに鈍感《どんかん》なのである。

キリスト教がいかに異常きわまりない宗教であるか。

それはヨーロッパのみが近代社会を作り出したという事実に端的《たんてき》に現われている。

近代資本主義も近代デモクラシーも、キリスト教という異常な宗教があったからこそ生まれた。キリスト教の精神なくしては、近代の社会は生まれなかったのである。

が、これはのちの話。まずは、巷間《こうかん》言われているようにキリスト教は「愛の宗教」なのかという問題から、確認していきたい。

イエスの一大独創〝アガペー〟

キリスト教は外面的行動を問題にせず、ただひたすら信仰を求める。

そこで求められている信仰とは、具体的にはいかなるものか。

イエスは律法学者《りつぽうがくしや》から「何が最《もつと》も重要な戒律であるか」と問われて、即座《そくざ》に二つのことを挙《あ》げた（「マルコ福音書」一二―二八～三三）。

すなわち、第一の戒《いまし》めは「心をつくし、精神をつくし、思いをつくし、力をつくして、主《しゆ》なるあなたの神を愛せよ」であり、第二の戒めは「自分を愛するようにあなたの隣《とな》り人《びと》を愛せよ」であると。

これに続けて、イエスはこう断言した。

「これより大事ないましめは、ほかにない」（同）

神と隣人《りんじん》への愛。

イエスは、この両者への愛は無条件でなければならないと言った。

神が人間に対して無条件に無限の愛を注《そそ》ぐように、人間もまた神や隣人に対して無条件に無限の愛を持たなければならない。分かりやすく言えば、見返りを期待してはならないということである。

この愛をキリスト教では「アガペー」と呼ぶ。無償の愛である。

この思想はユダヤ教にもあったものだが、アガペーをあらゆる規範の最上位に置いたことこそがイエスの一大独創であったのだ。

「愛の宗教」の暴虐《ぼうぎやく》と冷血

内面の問題に属《ぞく》するアガペーを規範の最上位に置いたことで、キリスト教はユダヤ教とはまったく違う宗教になった。イエスは外面的行動を律する律法よりも、内心の信仰を問うた。そして、これをさらに一歩進めて律法を完全に廃止したのがパウロであったというわけだ。

この教えがあるがゆえにキリスト教からは、「クリミアの天使」ナイチンゲールや、アウシュビッツでユダヤ人の身代わりとなって刑死（餓死刑）したコルベ神父が現われた。

マザー・テレサがインドでその一生を無償奉仕に捧《ささ》げたのも、イエスの教えを実践《じっせん》したからに他ならない。

仏教でも慈悲《じひ》を説《と》き、善行の実践を勧《すす》めているが、マザー・テレサの献身的な博愛精神には兜《かぶと》を脱《ぬ》がざるをえないだろう。

こうしたアガペーの実例は、まことに異教徒の我々をして感動せしむるものがある。

やはりキリスト教は「愛の宗教」であると、つくづく思ってしまうものだ。

だが、その一方で、歴史を振り返ってみれば、キリスト教徒ぐらい殺戮《さつりく》をほしいままにした連中もいない。これが信仰の心を片鱗《へんりん》でも持った人間のすることかと思いたくもなる。

たとえば、スペイン人のピサロがペルーに渡って何をしたか。彼と彼の一行はインカ帝国を滅《ほろ》ぼし、その財宝を略奪《りゃくだつ》したばかりか、そこに暮らす先住民を無慈悲に殺戮した。また、生き残った女たちをレイプして、純粋な血が残らないようにした。

北米に移住してきたキリスト教徒たちも、ピサロに遅《おく》れじとばかりに先住民を殺しまくった。移民当初は一〇〇万人はいたと推定されている先住民は、一九世紀末にはわずか一万人足らずに減った。また、カリブ海に浮かぶ島々の先住民は、島によっては、一人残らず殺戮されている。

たとえば、ドミニカの南、マルティニーク島（フランス領。大《だい》ナポレオンの妻ジョセフィーヌが一六歳まで過ごした故郷でもある）は、「花の島」と呼ばれる美しい島だが、先住民で生き残れた者は一人もいない。

ハリウッド製の西部劇映画では、先住民たちが白人に襲《おそ》いかかったのでやむなく殺したみたいに描《えが》いてあるが、そんなことは嘘《うそ》っぱちもいいところである。いわゆる「インディアン」と白人の戦いにおいて、つねに卑怯《ひきょう》なことをしたのは白人だったことは、今では史家の一致して認めるところと言ってもよい（猿谷要『西部開拓史』岩波新書・他）。

さらに、アメリカの黒人奴隷《どれい》を見るがよい。

アフリカから、まるで引っこ抜かれるみたいにしてアメリカに連れてこられてきた黒人たちのたどった道は、まさに悲惨《ひさん》の二文字であった。

何しろ、この当時の白人にとっては黒人は単なる商品であって、人間とは思われていなかった。アフリカから北米に渡る奴隷船《どれいせん》の中で病気になったりしようものなら、ただちに不良品として生きたまま海中に投棄された。箱から腐《くさ》ったリンゴを捨てるのと同じ気軽さで、こんなことをしていたのだ。

また、女奴隷が子どもを産めば、母親から奪《うば》い取るようにして奴隷市場で売り払った。しかも、その子どもの父親はたいていが主人である白人であった。彼らは自分の血が半分入った子どもすら商品として扱《あつか》ったのである。

この暴虐《ぼうぎゃく》、この冷血。いったいこれがアガペーを説くキリスト教徒のやることか。さては、不信心な連中め、イエスの教えを忘れはてたに違いない――。

そう思って悲憤慷慨《ひふんこうがい》する読者はきっと多いはずである。

ところが、ところが。

「異教徒は人間であるのか、ないのか」

この皆殺《みなごろ》しの思想もまた、キリスト教から生まれたものであった。

と言ったら、あなたは信じるだろうか。

博愛を説きつつ、無差別に殺戮する。そんな矛盾《むじゅん》した宗教があるわけがないと思うに違いない。

しかし、ピサロたちは植民地人たちをまさにキリスト教徒であるがゆえに、大虐殺《だいぎゃくさつ》を行なった。黒人を虐待《ぎゃくたい》したアメリカの農園主もまたしかり。

その証拠に、大航海《だいこうかい》時代、ローマ法王《ほうおう》のもとには、良心に悩む宣教師からの質問が寄せられている。

彼らの質問は、要するに、こういうことだった。

「異教徒は人間でありましょうか」

人間であるなら、殺すわけにはいかない。何しろイエス様も「汝《なんじ》、殺すなかれ」とおっしゃっている（「マタイ福音書」一九―一八）。だが、もし異教徒が人間でないとすれば――。

どんなに殺そうが、あるいは奴隷にしようが、イエス様は許してくださる。

そこで良心的な宣教師は、この問題を法王猊下《げいか》に問い合わせているわけである。

はたしてローマ法王は、どう答えたか。

その根拠を遡《さかのぼ》っていくと、旧約聖書に行き着くのである。

係争地《けいそうち》となる〝宿命〟を負《お》わされたパレスチナ

旧約聖書の中で、最も有名な物語の一つは「エクソダス」、すなわち「出《しゅつ》エジプト記《き》」であろう。

エジプトの奴隷になってしまった古代イスラエルの民《たみ》を救い出すため、神はモーセという一人の男を選びだした。神は彼をファラオ（古代エジプトの王）のところに遣《つか》わして、イスラエルの民を解放するように交渉させた。

しかし、ファラオはそれを許さなかったので、モーセは神の力を借りてさまざまな奇蹟《きせき》を起こした。それを見てファラオは、いったんはイスラエルの民の解放を許すのだが、心変わりをしてモーセ一行を追撃する軍勢を派遣する。そこでさらに、神は海を二つに割るといった奇蹟を起こして、イスラエルの民を守った。その後、モーセたちはシナイ山の麓《ふもと》にたどりつき、この山の上で神から「十戒《じっかい》」を与えられる……。

ここまでの話は映画や小説などでよくご存じであろう。

しかし、重要なのはここからである。

神にエジプトから救い出され、しかも十戒まで与えられたくらいなのだから、その後は「めでたし、めでたし」になりそうなものだ。

ところが、そうはいかなかった。

エジプトを脱出してから四〇年もの間、イスラエルの民は荒野を流浪《るろう》することになった。その間には、モーセも死んでしまった。

なぜ、彼らはかくも長き間、放浪せざるをえなかったのか。

その理由は、一行がめざした土地がカナン（いわゆるパレスチナの地）であったことにある。

そもそも、カナンとはいかなる土地なのか。

そして、なぜイスラエルの民はカナンに向かったのか。

その理由は、イスラエル人の先祖であるアブラハムに遡《さかのぼ》る。

旧約聖書の「創世記《そうせいき》」に、次のような話が記されている。

かねてから神を篤《あつ》く信じていたアブラムという男のところに、突然、神が現われてこう言った。

「これから言うことをはっきり憶《おぼ》えておきなさい。……君の子孫にわたしはこの地を与える、エジプトの河から大河すなわちユーフラテス河まで」（「創世記」一五）

ずいぶんな大盤振舞《おおばんぶるま》いである。だが、何しろ土地を作ったのは神なのだから、その土地を誰にどう与えようと人間が口出しすべき話ではない。

この神からの啓示《けいじ》を受けてのち、アブラムはアブラハムと改名した。そしてアブラハム直系の子孫たちがイスラエルの民になったというわけである。

このカナンの地は別名「乳《ちち》と蜜《みつ》の流れる地」と呼ばれる。今でこそ、パレスチナは荒野の印象が強いが、この当時はレバノン杉が鬱蒼《うっそう》と茂る森もあり、しかも海に面して交通の便もいい。

だから、エジプトを脱出したイスラエルの民がカナンの地をめざしたのは当然のことである。何しろ神様が直々《じきじき》に下《くだ》さったのだ。定住するとしたらカナンの地しかない。

「息《いき》のあるものは、ことごとく滅ぼした」ヨシュア軍団

だが、このカナンの地には一つだけ難点があった。

というのも、「乳と蜜の流れる地」と呼ばれるくらいの好立地《こうりっち》なのだから、そこが空《あ》き地のわけがない。

事実、すでにカナンの地には多くの異民族が住み着いていた。

後からやってきたイスラエルの民が「ここは我々が神様からもらった土地なのだ」と主張したところで、誰がまともに話を聞いてくれるだろう。先住民たちが彼らのカナン入りを許すはずもなかった。

だからこそ、イスラエルの民は荒野をうろうろと四〇年間も放浪しなければならなかったのである。

さて、この事態をいかにすべきか。

そこで神はモーセの後継者としてヨシュアをリーダーとして選んだ。そして、彼にヨルダン川を渡ってカナンの地に入ることを命じる。

そこでヨシュアたちが行なったことは何か。

先住民の説得か。それとも抗議の座り込みか。

とんでもない。

まずは次のリストを見ていただきたい。

エリコ、アイ、エルサレム、ヘブロン、ヤルムテ、ラキシ、エグロン、ゲゼル、デビル、ゲデ、ホルマ、アラデ、リブナ、アドラム、マッケダ、タップア、ヘペル、アペク、シャロン、マドン、ハゾル
……全部を列挙しようと思ったが、このくらいにしておこう。

これらはみな、ヨシュアとその軍団が滅ぼした都市（国家）の名前である。

イスラエルの民は、カナンにあるこれらの町を占領し、その王を殺し、住民を一人残らず皆殺しにした。

東の方《かた》ヨルダンと、さらにその彼方《かなた》のアルノン河からヘルモンの山に至《いた》るまでの地、さらに全アラバはイスラエルの領土になった。豊かなカナンの大地は、先住民たちの血にまみれたのである。

これは後世の創作でもなければ、誇張《こちょう》でもない。

旧約聖書には、この大戦果が高らかに謳《うた》われている。

「こうしてヨシュアはその地の全部、すなわち、山地、ネゲブ、平地、および山腹《さんぷく》の地と、そのす

べての王たちを撃《う》ち滅ぼして、ひとりも残さず、すべて息《いき》のあるものは、ことごとく滅ぼした」

（「ヨシュア記」一〇―四〇）

大虐殺《だいぎゃくさつ》の首謀者《しゅぼうしゃ》は、なんと神だった！

いったい、なぜイスラエルの民は、かような暴虐《ぼうぎゃく》を行なったのか。

これを知ることが実はキリスト教理解のポイントである。

その答えは聖書の中に明記されている。

「これらの町のすべてのぶんどり物（分捕り物）と家畜とは、イスラエルの人々が戦利品として取ったが、人はみなつるぎ（剣）をもって、滅ぼし尽《つ》くし、息のあるものは、ひとりも残さなかった。……すべて主《しゅ》がモーセに命じられたことで、ヨシュアが行わなかったことは一つもなかった」（同一一―一四〜一五）

しかり。

神がヨシュアに命じたからである。

イスラエルの民は、神の言葉に従《したが》い、住民の大虐殺を行なった。なんと、ホロコーストの首謀者《しゅぼうしゃ》は、他ならぬ神であったのである。

いや、単に神は虐殺計画を立てただけではない。その実行にあたって、その力をヨシュアたちに貸しているのである。

たとえば、エリコ。

ヨシュアたちがヨルダン川を渡って最初に攻略したのが、このエリコの町であった。

ところが、エリコにたどりついてみると、その城門は堅《かた》く閉ざされていて攻《せ》めようがない。

そこで神様の出番である。

ヨシュアに対して、神は一計《いっけい》を授《さず》けた。そのとおりにイスラエル軍が行動すると、奇蹟《きせき》が起きた。神の命じるままにラッパを鳴らし、エリコを取り囲んだイスラエルの民が鬨《とき》の声を上げると、その城門がガラガラと崩れ落ちたのである。

イスラエルの民はどっとエリコの町になだれ込んだ。そこで彼らが行なったのは、言うまでもない、大虐殺である。

「そして町にあるものは、男も、女も、若い者も、老《お》いた者も、また牛、羊、ろばをも、ことごとくつるぎにかけて滅ぼした」(同六—二一)

神はこの後の戦いにおいても、ヨシュアの軍団に力を貸した。

というよりも、神の助けがあったからこそ、彼らはカナンの地を獲得できたようなもの。

そうでなければ、四〇年も流浪の生活を送っていた人々が、裕福な都市国家を征服できるものではない。兵力においても、人数においても先住民のほうが圧倒的に有利だった。わずか三万人のヨシュア軍が勝てたのは、まさに神の配剤《はいざい》(お計《はか》らい)によるものであった。

「異教徒皆殺し」と「博愛の精神」は両立する

カナンの地で行なわれた侵略と大虐殺。これはすべて神の計画と援助のもとに行なわれた。

このことは何を意味するのか。

その答えは明々白々《めいめいはくはく》である。

すなわち、「異教徒の虐殺は正義なり」ということだ。

イスラエルの民はアブラハムの子孫であって、しかもシナイ山において神から「十戒《じっかい》」を与えられている。彼らは神からカナンの地を約束された人々である。

これに対して、カナンの先住民たちは。

彼らはイスラエルの民が信じている神をちっとも恐れなかった。イスラエルの民が「カナンは神から与えられたものだ」と主張しても鼻にもひっかけなかった。

よって、こんな連中は殺されて当然だし、その財産を奪《うば》われて当然である。

これが旧約聖書の示《しめ》す論理である。

大航海時代に行なわれた大虐殺や、奴隷への虐待はすべてこの論理の延長線上にある。

たしかにキリスト教は、神と隣人への愛を説く宗教である。

だが、その隣人とはあくまでも同信《どうしん》の人間に限る。

神は異教徒に対してまで博愛を説いたわけではない。神を信じない異教徒は、もはや人間ではない。

その実例は旧約聖書の中に示されているではないか。

異教徒を殺そうが焼こうが、それは博愛の精神とちっとも矛盾《むじゅん》しないというわけなのである。

パレスチナ問題は、なぜ解決しないのか

ところで、ここで付言しておけば、第二次大戦からこのかた、少しも収《おさ》まるどころか、かえって紛《ふん》糾《きゅう》するばかりのパレスチナ問題も、旧約聖書のこの部分（ヨシュア記）を読んでいないと、本質が分からない。

ご承知のとおり、第二次大戦の後、イギリスやアメリカの後押《あとお》しを受けて、世界に離散《りさん》していたユダヤ人たちは、ふたたびカナンの地に戻《もど》ってきた。そうして生まれたのが現在のイスラエルである。

このイスラエル建国の結果、とばっちりを受けたのがパレスチナ人であった。彼らは住むところを追われることになり、ここにパレスチナ問題が勃発《ぼっぱつ》し、数次にわたって中東戦争が行なわれたという話は、すでにご承知のとおりである。

この間、何度も和平協議が行なわれてきたわけだが、イスラエルとパレスチナの溝《みぞ》は深く、いっこうに解決の糸口《いとぐち》は見えてこない。

見えてこないのは当然のことである。

パレスチナ人にしてみれば、イスラエル人をそう簡単には信じられない。

何しろイスラエルの連中は、かつてパレスチナに住んでいた先住民族を皆殺しにしたという「前科持《ぜんか》ち」である。口先ではうまいことを言ってはいるが、隙《すき》あらば、前回と同様、パレスチナ人を皆殺しにしてやろうと手ぐすね引いて待っているに違いない。そんな奴らの言うことなど、うかうか信じてたらエラい目に遭《あ》うぞ。

こう疑っているわけだ。

これに対しては、イスラエルもなかなか反論しづらい。

それは昔《むかし》の話、しかも真実かどうかも怪《あや》しい話ではないか、などとは口が裂《さ》けても言えない。

というのも、ヨシュアとその軍団がやってきたことを「伝説」として片づけたら、イスラエル建国の大義《たいぎ》までを否定することになるからである。

改めて言うまでもないが、ユダヤ人がイスラエルという国を作ったのも、そこが空《あ》き地だったからではない。ここが、たいへんむずかしいところである。

本を正《ただ》せば、祖先アブラハムに対して神が与えた「約束の地」だからである。でなければ、わざわざパレスチナ人を追い出してまで国を作ろうとは思わない。アメリカのネバダ州あたりを譲《ゆず》ってもらえば、こんな面倒はなかったはずだ。

だからこそ、パレスチナ人の持っている不信感に対して、「そんな昔のことは水に流して」などと、日本流に言うわけにはいかない。水に流してしまえば、イスラエルの大義も〝流れて〟しまうのである。イスラエルとパレスチナの間に横たわる溝は、日本人の想像を絶するほどに根深い。「腹を割って話せば、分かりあえる」などと日本人は安直《あんちょく》に考えているが、何しろ話は紀元前に遡《さかのぼ》るのだから、そう簡単には解決するわけもないのである。

さて、宗教の心得がある人の中には、ここまでの説明について、反論をお持ちの方もあるだろう。

つまり、旧約聖書に示されているヨシュアとその軍団の殺戮《さつりく》は、すべて古代イスラエルの民に関する説話である。したがってユダヤ教とは関係があっても、直接、キリスト教とはつながらないのではないかという反駁《はんばく》も成り立つわけである。

たしかに、旧約聖書の「旧約」とは「古い契約」という意味であって、これはキリスト教がイエスの死と蘇《よみがえ》りによって神との間に〝新しい契約〟が結びなおされたとするからだ。

すでに述べた「ただ信仰のみ」という教理は、まさに新しい契約に基《もと》づくものである。

ユダヤ教のように外的規範を守らなくても、信仰さえあれば神は救ってくださる。これが新契約の要点である。だからこそ、イエスの言行録である「福音書《ふくいんしょ》」やパウロの手紙などが収められた書は「新約聖書」と呼ばれることになった。

ここまでは事実である。

だが、たしかに契約の中身は変わったが、肝心《かんじん》の神はどうか。

旧約の神と新約の神、言い換えるならばユダヤ教の奉《ほう》じる神とキリスト教の奉じる神は、違うのか、同じなのか。

ここが問題である。

その答えを先に書けば、この両者の奉じる神はまったく同じ神であって、しかもその性格はいささかも変わっていないと言うべきか。

つまり、キリストの死によって変わったのは契約の中身だけであって、神様が心を入れ替えたというわけではない。こう考えるしかないのである。

よって、旧約聖書で示された「異教徒は殺してもよい」という神様の方針は、キリスト教においても有効である。

イエスが十字架にかけられて殺されたのを見て、天上の神のほうが心を入れ替え、「これからは異教徒とも仲良くしなければいかんなあ」と思ったに違いないなどと考えるのは浅《あさ》はかというもの。

そもそも神は唯一《ゆいいつ》絶対であって万能の存在である。

その神がどうして地上界のできごとごときに惑《まど》わされて反省することがあろうか。そんなことでは、とうてい神様など務《つと》まるはずもないというものだ。

旧約聖書の最高の解説書『古代ユダヤ教』

ユダヤ教、キリスト教、イスラム教はすべて一神教《いっしんきょう》である。これらの宗教はどれも、人格を持った唯一神《ゆいいっしん》を信仰している。

このことは誰でも知っている、いわば常識のようなものだ。

しかし、知っているのと、理解しているのとでは、天と地ほどの違いがある。

そもそも一神教とは何か。その要諦《ようたい》を理解している人は、はなはだ少ない。

しかし、それも無理もない話である。長い長い宗教の歴史において、唯一の人格神を信仰するアイデアというのは、まことに特異《とくい》なものであり、他に類例《るいれい》を持たない。

というより、古代イスラエルの人々がいなければ、唯一の人格神などという考えは絶対に現われなかった。そのくらい、唯一神信仰というのは異常なものなのである。

そのことを喝破《かっぱ》したのが、かのマックス・ウェーバーだ。

ウェーバーは旧約聖書や関連する文書を徹底的に研究して、いかにして古代イスラエルの民が唯一神というアイデアに達したかを明らかにし、それを『古代ユダヤ教』（岩波文庫）という大部《たいぶ》の著書にまとめた。

この『古代ユダヤ教』こそ、旧約聖書を読む場合の最高の解説書であり、いまだにこれを凌《しの》ぐ書物は現われていない。

そう著者に証言してくれたのは、日本における旧約聖書研究の第一人者、関根正雄《せきねまさお》氏だった。

ウェーバーが同書を書いたのは、今から八〇年も前のことである。以来、旧約聖書研究は欧米圏を中心に熱心に行なわれ、その成果も多数挙がっている。日進月歩と言ってもいい。

しかし、本質的な論考に関しては、いまだウェーバーを凌ぐものはない。古代イスラエル人による「唯一神の発見」も空前《くうぜん》の大業績だが、ウェーバーの宗教研究も空前なのである。

そこで、以後の解説はもっぱらこのウェーバーの『古代ユダヤ教』に従《したが》っていきたいと思う。

「苦難をも、もたらす神」の大発明

古代イスラエル人の「発見」した唯一絶対の神とは、いかなる神か。それをワン・フレーズで記しなさい。

という問題があったとしたら、どう書くのが正解か。

「ただ一人しかいない神様」なんて書いても零点《れいてん》である。それは単に唯一神を言い換えただけのこと。何の答えにもなっていない。

模範解答の一つは以下のとおり。

「苦難をも、もたらす神」

これならウェーバー大先生も合格点をくれるはずである。

日本人にかぎらず、およそありとあらゆる民族において、神というのは普通、幸福をもたらす存在である。

たとえば、大漁豊作《たいりょうほうさく》で今年も飢《う》える心配がない。

これはすべて神様のおかげ。

神様がいるから、我々は守られ、幸せに生きていける。

だからこそ、神様をお祀《まつ》りしなければ。

逆に、何か不幸があったら、この不幸を取り除いてくださるのも神様である。神様にすがれば不幸は解決し、また幸せが訪れる。

かくのごとく、神とは人間に優《やさ》しいし、まことに心が広い。これがまあ、人類一般の感覚であろう。

ところが、古代イスラエル人はそうは考えない。

苦難はすべて神からの授《さず》かりもの、災《わざわ》いはすべて神のお計《はか》らいである。

もちろん、その一方で神は幸福も与えてはくださる。だが、人の世は幸福よりも苦難のほうが多いと相場《そうば》が決まっている。古代イスラエル人にとっても、それは例外ではない。

だから、彼らの神様はけっして優しくもなければ、ありがたくもない。むしろ、不幸をも与える恐るべき神なのである。

しかも、この神様ときたら、儒教の崇《あが》める「天《てん》」や仏教の「法《ダルマ》」のような抽象的な存在ではない。人格を持った神、つまり人格神である。

しかも、その人格ときたら、途方《とほう》もなく狭量《きょうりょう》で、理不尽《りふじん》なことおびただしい。ちょっとでも気にさわることがあれば、たちまち人間に苦しみを与える。

だからこそ、彼らイスラエルの民は神を一所懸命信仰した。

これ以上、不幸にならないためには何よりもまず神を崇めなければならない。神の言いつけに従わなくてはならない。

もし、神を怒らせてしまったら、我々はもっと不幸になる。いや、下手をすれば絶滅させられてしまうかもしれない。

まさに古代イスラエル人は神の観念を一八〇度逆転させた。

心優しい神から、理不尽な神へ。

この「逆転の発想」なくして一神教は生まれなかったというのが、ウェーバー大先生あっての大発見なのである。

アブラハムへの、途方もなく理不尽な命令

古代イスラエル人が信じた神が、いかに理不尽で、いかに恐ろしい神であったか。その実例は旧約聖書の中に掃《は》いて捨てるほどある。

たとえば、歴代の預言者を見るがよい。

アブラハムに始まる預言者たちの中で、神の言いつけに従って幸福になれた者はどれだけいるか。むしろ、不幸になった預言者のほうが圧倒的多数である。いや、全預言者が不幸になった。

モーセは神の命令に従って、奴隷になっていたイスラエルの人々を救い出した。しかし、彼はそれで豊かになったわけでもなければ、幸せになったわけでもない。流浪《るろう》の旅の途中であえなく死んでしまう。

神はちっとも、これといったご褒美《ほうび》など与えてはくださらなかった。

カナンの地を与えられたアブラハムはどうだったか。

彼に対して、神は恐るべき命令を発した。

「君の子、君の愛する独子《ひとりご》、イサクを連《つ》れてモリヤの地に赴《おもむ》き、そこでイサクをわたし（神）が君に示《しめ》す一つの山の上で燔祭《はんさい》として捧《ささ》げなさい」（「創世記」二二―二）

つまり、子羊の代わりに我が子を火で焼いて、神への生贄《いけにえ》にしろというわけだ。

これに対して、アブラハムはどうしたか。

神に反問《はんもん》することなく、イサクに薪《たきぎ》を背負わせ、自分は火と刀を持ってモリヤの地に向かった。アブラハムは神を信仰することに篤《あつ》かったから、けっして神に反抗しなかったのである。

モリヤの地に向かう途中、無邪気にイサクが尋《たず》ねた。

「お父さん、火と薪の用意はあるのに、捧げものの子羊はどこにいるの?」

すると父アブラハムはこう答えた。

「神ご自身が燔祭《はんさい》の子羊を用意なさるのだろうよ」

このときのアブラハムの胸中《きょうちゅう》は、いかばかりか。涙《なみだ》なしには語れない。さぞや、苦悶《くもん》に満《み》ちていたことであろう。

だが、アブラハムは神に逆らうわけにはいかないのである。

結局、このときは直前になって神から中止命令が出たのでイサクは救われるのだが、神がアブラハムにあえて試練を与えた事実に変わりはない。

神は最《もっと》も信仰深い人にさえ、苦しみをもたらす。その人を試《ため》すのである。

ヨブはなぜ不幸に苦しまなければならなかったか

しかしアブラハムの苦しみも、ヨブに比《くら》べれば、まだ軽いと言える。

「ウツの地にヨブという名の人がいた。その人は全《まった》くかつ直《なお》く、神を畏《おそ》れ、悪を遠ざけた」(「ヨブ記」一―一)

つまりヨブは、非《ひ》の打ちどころがない、模範的な信者であった。

ところが、このヨブに対して神がなさしめたのは、まさに不幸の連続。

まず最初にヨブが所有していた羊やラクダ、牛、ロバが暴漢によって虐殺された。この結果、彼は無《む》一文《いちもん》になったのだが、これはすべて神の計《はか》らいであった。

次に彼の息子や娘たちが集まって食事をしていたら、突風が吹いて家が潰《つぶ》れてしまった。この結果、彼は子どもたちを全員失った。これもまた神が計らったことである。

しかし、これで不幸が終わったわけではない。災《わざわ》いはついにヨブの体に降りかかった。彼の体中に腫《は》れ物ができて、彼を悩ましたのである。もちろん、これも神が彼に与えた不幸である。

模範的な信者でありながら、なぜ神は彼にこのような災いを与えたのか。

その理由が理解できるかどうかが聖書理解の分かれ目であると言ってもよい。

なぜ、ヨブはここまで不幸にならなければならないのだろう。

ひょっとして、ヨブは自分でも気が付かないうちに罪を犯《おか》したのでは……。だから、神が罰を与えたのではないか。あるいは、子どもたちに罪を犯した者があったから、こんな不幸が起きたのではないか。

これらの解釈は、いずれも間違いである。

なぜなら、こうした解釈はいずれも因果律《いんがりつ》を基底《きてい》に据《す》えているからである。

すでに述べたように、仏教では因果律を前提にする。

つまり、苦しみにはかならず、その原因があると考える。だから、原因を探り出すことに成功し、その原因をなくすことができれば、苦しみを取り除くことができる。

これが釈迦《しゃか》の悟りであった。

だが、ヨブ記はこの因果応報《いんがおうほう》の考え方を徹底的に否定する。

この世の苦しみは、因果律によって生まれるのではない。

全能の神がそうと決めたから、苦しみや災いが来るだけのこと。

その証拠に、ヨブのような正しい人（義人《ぎじん》）であっても、神は災いを与えたではないか。

神は因果律に縛《しば》られない。神は万能であって、いかなる決断を下《くだ》すこともできるし、いかなる悪をなすこともできる。

全知全能の神は、「因果律」をも超越する

仏教においては、釈迦ですら因果律を変えることはできないとされた。「法前仏後《ほうぜんぶつご》」なのであるから、因果律という法《ダルマ》はすべてを超越するのである。

ところが、古代イスラエルの宗教では「神前法後《しんぜんほうご》」であって、神は因果律をも無視できる。いや、そもそも「善因楽果《ぜんいんらくか》、悪因苦果《あくいんくか》」といった因果律は、神には関係のない話なのだ。

だから、善人のところに不幸がやってきても不思議はないし、悪人が幸福になっても不思議はない。しかし、だからと言って神を恨《うら》みに思ったりするのも間違いである。神がなしたもうたことは、どんなに理不尽であろうと「神の御業《みわざ》」として黙って受け容《い》れなければならない。

これこそが、ヨブ記の伝えたかったことである。

事実、ヨブ記の最後において、神との対話を通じて、ヨブはそのことを悟るのである。自分は今まで「なぜ私のような者に神様は苦しみを与えるのか」と考えていましたが、そんな疑問を持つこと自体が間違いでした。神様は何をなさっても自由だし、私ども人間にはそれを批判する資格もないことがよく分かりました……。

「わたしにわかりました、
あなたは何事でもおできになる方、
どんな策《さく》をも実行できる方であることが」（同四二―二）

ヨブがようやく悟ったので、神は彼に対してふたたび財産を与え、子どもを与え、彼を一四〇歳まで生き長らえさせたとヨブ記には記されている。

苦難が連続する日常から生まれた信仰

いやはや、何ともイスラエルの神ときたら、やっかいなことこのうえない。

どんな真面目《まじめ》な信者であろうと、神様は平気で不幸を与える。それでいて、文句を言うなというのだから無茶苦茶な話だ。

こんなわがまま勝手な神様を拝《おが》むなんて、よほど古代イスラエルの人々は物好きかマゾヒストに違いない。

おそらく、読者の中にはきっとそう思う方がおられるであろう。

しかし、古代イスラエルの人たちにとっては、このような神でなければ信仰を持つことができなかった。

なぜなら、古代イスラエルの人たちにとっては、苦難こそが彼らの日常であったからだ。

ウェーバーは彼らを指して「賤民《せんみん》」(Pariavolk)と表現した。その言葉の示すとおり、古代イスラエルの人々は、つねに外部の人々から虐《しいた》げられ、不幸な境遇にあった。

すでに述べたとおり、アブラハムの子孫であるイスラエルの民はエジプト人の奴隷となり、四三〇年にわたって苦しめられた。

そのエジプトを脱出したのちも、荒野を四〇年間も流浪《るろう》しなければならなかった。

ヨシュアとその軍勢は、大虐殺の末《すえ》にカナンの地を取り戻し、そこにイスラエル王国を作るわけだが、その幸福な状況は長くは続かなかった。古代イスラエル王国は周辺民族からの攻撃を受け、ついには消滅し、住民たちはバビロンの幽囚《ゆうしゅう》（紀元前六世紀、バビロニア人によってエルサレムの住民が捕らえられ、バビロニアに移住させられた）となってしまうのである。

こうした苦難の中で、イスラエルの人々が「なぜ、我々ばかりがこのような目に遭《あ》わなければならないのか」と考えたのは当然すぎるほど、当然のことである。

さて、そこで彼らはどういう結論を出したのか。

普通の人なら「これは拝んでいる神様のほうが力不足《ちからぶそく》なのだ」と考える。

たとえばエジプト人を見よ。彼らは富《と》み栄《さか》えているではないか。我らもああいうふうになりたいものだ。よし、それではエジプト人の祀《まつ》っている神様に乗り換えようではないか。そうしたら御利益《ごりやく》を授《さず》かって、こんな境遇から脱出できるに違いない。

まあ、世間にはこう思う人のほうが多いだろう。

ユダヤ教における救済とは何か

ところが、古代イスラエルの人々はそんな安直《あんちょく》な道を選ばなかった。

というのも、もしエジプトの神様を拝んだりしたら、イスラエルの民そのものがエジプト文明に吸収・同化されてしまうからである。これは民族としてのアイデンティティを失《うしな》ってしまう自滅の道である。

そこで彼らはエジプトの神々とはまったく違う信仰を作り上げた。

それが先ほどから述べている「苦難をも与える神」の創造である。

すなわち、彼らが置かれている苦難は、けっして因果律によってもたらされているのではない。イスラエルの民《たみ》自身のせいで、不幸が起きているのではないのだ。この苦難は、そもそも我々が「選ばれた民」であるがゆえに、わざわざ神が与えたものである……。

イスラエルの人々は自《みずか》らの苦難に意味を与え、民族的アイデンティティを強化することに成功したのである。その確信は彼らが苦労すればするほど強固になっていった。こうしてついに生まれてきたのがユダヤ教というわけである。

ゆえに、ユダヤ教は他に類例《るいれい》のないものになったのである。

ユダヤ教は、儒教《じゅきょう》と同じ集団救済の宗教である。

儒教では、正しい礼が行なわれ、善政《ぜんせい》が行なわれることで万民《ばんみん》は幸福になれると考える。いわゆる鼓《こ》腹撃壌《ふくげきじょう》の（太平の）世の中である。

これに対して、ユダヤ教の考える救済像は、儒教とはいささか違う。

ユダヤ教においては、救済は因果律とは関係なく、ある日、突然にやってくる。その日を決めるのは神である。

このとき、それまで苦労を強《し》いられてきたユダヤ人はこれまでの「賤民《せんみん》」的状況から解放され、一挙に世界の支配者となる。一発逆転の大革命である。フランス革命からロシア革命に至《いた》る革命思想の原点は、まさにここにあると言ってもいい。

ただし、この救済は無条件で与えられるわけではない。

救済を受けるには、大きな条件が一つある。

それが規範（律法）の実践である。神が与えた律法をきちんと守っていけば、ユダヤ人はいつの日か世界の主《あるじ》となれるだろう。だが、もしそれを破ることがあれば……。

その答えはすでに旧約聖書に書かれている。

神が皆殺しをしたのは異教徒に限らない。我々の神は相手かまわず皆殺しにする恐るべき神である。

ソドムを見よ。ゴモラを見よ。彼らは神を軽んじ、堕落《だらく》したがゆえに神の劫火《ごうか》によって滅ぼされたではないか。

古代イスラエル王国を見よ。一時は「ソロモンの栄華《えいが》」とまで讃《たた》えられた王国が、なぜ滅んだか。ソロモン王が教えを軽んじ、異国の神を拝んだからではなかったか。

いくら「選ばれし民」であろうと神は容赦《ようしゃ》しない。民族ごと、神に抹殺《まっさつ》されてしまっても文句は言えない。そんなことにならないよう、せいぜい律法を守って「その日」を待てというわけである。

なぜイエスは「悔《く》い改《あらた》めよ」と叫んだか

イエスはユダヤ教の律法を否定し、そこから新しい宗教を作り上げた。それがキリスト教である。

だが、そのキリスト教で信じられている神のイメージは、ユダヤ教の信じる神とまったく変わらない。

イエスにとっての神も、たちまちにして人々を滅ぼす、すさまじい力を持っている存在だった。（M・ウェーバー『プロテスタンティズムの倫理と資本主義の精神』岩波文庫。二一一ページ参照）

そのことを象徴的に示しているのが、最後《さいご》の審判《しんぱん》の教えである。

イエスは「神の国は近い」と言った。

このことは後で述べるつもりだが、イエスの言う「神の国」とは天国のことではない。この地上に突《とつ》如《じょ》として現われる、神が支配する神聖なる国家である。

ユダヤ教では、救済はユダヤ人にのみ与えられる。神はいつか、ユダヤ人をこの世の支配者にする。

これに対して、イエスの説く教えはユダヤ人に限らない。イエスの言葉に耳を傾《かたむ》け、正しい信仰を得た者なら救済が与えられ、永遠の生命を与えられる。神の国に入ることができる。

しかし、その国に入れる人間はとても限られている。

それを決めるのが最後の審判である。

そして、その最後の審判はもう間近《まぢか》に迫《せま》っている。

イエスは人々にこう言って警告した。

「時は満《み》ちた、神の国は近づいた。悔《く》い改《あらた》めて福音《ふくいん》を信ぜよ」(「マルコ福音書」一―一五)

なぜ、これほどまでにイエスが必死になって「悔い改めよ」と説いたのかといえば、もし、彼の伝える教えを信じなければ、神によって滅亡させられてしまうからである。

もし、神の国に入ることができなければ、その人はどうなるか。

神によって滅ぼされてしまう。

「しかし、あなたがたに言う。さばきの日には、ソドムの地の方《ほう》がおまえよりは耐《た》えやすいであろう」(「マタイ福音書」一一―二四)

ソドムの町は神によって焼き尽《つ》くされ、その住民は皆殺しにされた。それよりも、ひどい運命が待っている。最後の審判に不合格になれば、神様は人間に永遠の死を与える。

そうならないためには、イエスの教えを聞いて悔い改めなければならない。

だが、残された時間はあまりにも少ない。仏教のように何兆年先に救いが訪《おとず》れるというノンビリした話ではないのである。

イエスは「最後の審判は私がガリラヤ湖を一回《ひとまわ》りしてくるぐらいの時間で到来《とうらい》してくるだろう」と言い残しているほどだ。

だからこそ、彼はどんな困難や妨害《ぼうがい》があろうとも、福音（good news ＝よい知らせ）を伝えようとした。より多くの人が福音を聞けば、それだけ助かる人も増えるからである。イエスにとって、神の国の出現と、それに伴《ともな》う人類の滅亡は現実のものだったのである。

イエスにおいても神は「滅ぼす者」であって、けっして慈悲深い存在ではないのだ。

「アッラー」になって神の性格は一変した

ユダヤ教やキリスト教における「神」とは、人類に対して容赦《ようしゃ》なき力を振《ふ》るう神である。神の怒りに触れれば、たとえ神を崇《あが》めていようともたちまちに殺されてしまう。ましてや異教徒はなおさらのこと。

神にとって異教徒は「隣人《りんじん》」ではない。

彼らは皆殺しにしても、奴隷にしてもかまわない。財産はすべて没収《ぼっしゅう》するがよい。

これが神がヨシュアに与えた指令である。

だからこそ、大航海時代のキリスト教徒たちは歴史上、類《るい》を見ないほどの虐殺や略奪を各地で行なって平然《へいぜん》としておれた。アフリカの黒人は人間ではないのだから、奴隷にしても殺しても良心《りょうしん》は痛まなかった。

この当時の白人は何もキリスト教精神を持たなかったわけではない。むしろ、聖書に忠実であったと解釈することもできるのである。

唯一神アッラーの99の美質

創始	保護	気高い	中心
引き下げ	約束	権限	撮知
生を与える	計算	慈費	許容
死なせる	崇高	慈聴	勝利
生命ある	尊大	慈視	慈恵
立っている	監視	支配	慈給
存在する	給与	公平	ゆるし
永存	幅広い	慈現	なさけ
唯一	深識	予告	王の王
第一	慈愛	夢想	崇高にして尊大
永久	慈視	偉大	公正
全能	慈送	慈許	集会
能力を与える	証言	感謝	富貴
先進	正義	崇高	富貴にさせる
後進	徐証	慈愛	反対
創始	力	慈悲	危害
最後	充実	所有	有益
可視	責任	聖	光
内面(内蔵)	感謝	平和	静寂
継続	価値	信頼	ユニーク
高める	創始	覇権	残留
真実	全知	権能	遺与
慈悲	操持	威大(偉大)	先導
復讐	広大	巨大	忍耐
莫大	柔軟	創造	

原典では異なるアラビア語だが、適切な日本語がないために、同じ訳になったものがある。本来コーランは、アラビア語で読み書きするものとされ、外国語に翻訳されたコーランは正式にはコーランと呼ばれない。

(佐々木良昭『日本人が知らなかったイスラム教』青春出版社)

ところが、この恐るべき神は「アッラー」と名前が変わったとたんに、その性格までも一変してしまうのである。

ユダヤ教の神（ヤハウェ）と、キリスト教の神、そしてイスラムのアッラーは名前こそ違うが、同じ神である。このことはコーランの中にも明示されている。マホメットに啓示《けいじ》を与えたアッラーは、かつてアブラハムの前に現われたし、イエスを預言者として派遣した。そう書いてある。

だが、その人格ときたら、かつての恐ろしさの面影《おもかげ》はどこにもない。これが同じ神であろうかと思うくらいである。

前にイスラム教の「六信《ろくしん》」を紹介した。

ムスリムたるもの、以下の六つのことを信じなければならない。

神（アッラー）、天使（マラク）、啓典《けいてん》（キターブ）、預言者《よげんしゃ》（ナビー）、来世《らいせ》（アーキラット）、天命（カダル）。

この六つの中で最《もっと》も重要なのがアッラーであることは言うまでもない。

だが、アッラーを信じるとは、具体的にはどういうことなのか。

この点に関して、イスラム教に抜《ぬ》かりはない。

まず「アッラーの他に神がない」ことから始まって、アッラーは天地創造の絶対神であることを信じる。

アッラーは「全知全能《ぜんちぜんのう》 omnipotent」であり、どこにでもおられ（遍在《へんざい》 omnipresent）、天地とその間にあるすべてのものを作り、支配している。

唯一絶対の神なのだから、これは当然のことなのだが、この他にも信じなければならない重要なことがある。

アッラーの持っている九九の美質。これらをみな信じることが求められる。これらの性質についていちいち解説をしていく暇《ひま》はないので、別表に掲《かか》げる。ご興味のある方、お時間のある方はそちらをじっくり読んでいただき、アッラーの金甌無欠《きんおうむけつ》たること（完全にして欠点がないこと）を実感していただきたい。

さて、これら九九の美質の中で、最も重要なものは何か。

それが問題である。

その答えはコーラン劈頭《へきとう》を見ただけでも、ただちに分かるというものだ。

「讃《たた》えあれ、アッラー、万世《よろずよ》の主／慈悲ふかく慈愛あまねき御神《おんかみ》／審《さば》きの日の主宰者《しゅさいしゃ》」（「コーラン」一―一～三）

イスラム流「聖書の読み方」

「慈悲ふかく慈愛あまねきアッラーの御名《みな》において……」（コーランの冒頭）

イスラム教の神は、ユダヤ教やキリスト教の神とは大違い。けっして怒《いか》りにまかせて人類を滅亡させたり、あるいは信者を試《ため》したりするようなことはない。その慈悲は海よりも深く、山よりも高い。

信者が少々の過《あやま》ちを犯したぐらいでは、アッラーの神は怒ったりはしない。改悛《かいしゅん》の情《じょう》しだいでは、優《やさ》しく許してくださるであろう。

いったい、なぜこんなに性格が変わったのか。

神様も、人格ならぬ神格修養道場にお通《かよ》いなさったのか。

そう思えてくるほどだが、イスラム教はこの点について、次のように述べている。

すなわち、ユダヤ教やキリスト教の信者たちは「神は恐ろしい存在」と考えているが、それがそもそもの誤解である。

なぜなら、もし、神がほんとうに心の狭《せま》い、慈悲心のない存在であったとしたら、今ごろユダヤの民は皆殺しに遭《あ》って、地球上に存在していなくても不思議はない。

何しろ、かつてイスラエル王国が存在したとき、その王たるソロモン（ダビデ王の息子）は信仰心を忘れて、他の神様を祀《まつ》った。

これは十戒《じっかい》冒頭の「我の他、何ものをも神とすべからず」という戒《いまし》めを破ったことに他ならない。神を信じる者にとって、これぐらい重大な罪はない。

ところが、イスラエル王国はソドムやゴモラのように焼き尽《つ》くされたりはしなかった。たしかに国は分裂し、滅んだが、民は殺されなかった。

つまり、お前たちは知らないだけで、神はずっと昔《むかし》から慈悲深くおられたのだ……。

なるほど、こう説明されれば納得《なっとく》がいく。

旧約聖書を読んでいるだけでは、なぜ歴代のイスラエルの民があれだけ瀆神的《とくしんてき》なことを行ないつづけておりながら、神が彼らを滅ぼさなかったかの説明ができないが、「慈悲ふかく、慈愛あまねきアッラー」だと思えば、すべて合理的に説明が付くのである。

悪魔とは何か

イスラム教は、ユダヤ教、キリスト教の後に生まれたものだから当然だ、と言ってしまえばそれまでだが、こと教理の整合性《せいごうせい》、合理性に関しては、イスラム教は他の二宗教に比《くら》べて一段も二段も上である。

マホメットはただの人間であって神性《しんせい》はないというのも、その一つだが、たとえば、「悪魔」（サタン）の扱《あつか》い方を見ても、それが分かる。

聖書の中には、いたるところに悪魔が登場する。

最《もっと》も有名なところでは、イエスの前に現われた悪魔がある。

預言者《よげんしゃ》ヨハネによって洗礼を受けたイエスが荒野にいると、そこに悪魔がやってきてイエスに対して、さまざまな誘惑《ゆうわく》をしかける。

「神の子なら、この石ころに〝パンになれ〟と命令したらどうです？」

すると、イエスは、

「〝パンがなくとも人は生きられる〟と書いてある」

と言って悪魔の誘惑を拒否した。

すると今度は悪魔が、イエスを高いところに連れて行き、世界中の国々を見せて言った。

「この世界の全支配権と栄華《えいが》をあげましょう」

そこでイエスはふたたび、

「主《しゅ》なる神を崇《あが》め、主にのみ奉仕せよと聖書に書いてある」

と言って拒否した。

この後も悪魔はあらんかぎりの誘惑をしたが、最後までイエスが拒《こば》みつづけたので、悪魔は引き下がった。

これが「ルカ福音書」が伝える、イエスと悪魔のやりとりである。読者の皆さんもどこかで聞いたことがあるであろう。

かくのごとく、聖書のあちこちには悪魔が登場するわけだが、ユダヤ教やキリスト教では、この悪魔の位置づけがひじょうに曖昧《あいまい》である。

なぜなら、「この世を支配するのは唯一《ゆいいつ》の人格神である」とする一神教《いっしんきょう》の教義からすれば、悪魔は本来不要な存在であるはずだ。

というのも、この世のことはすべて神が定めるのなら、この世の悪もまた神が起こしたものでなければならないからだ。

つまり、一神教において悪魔は本来、無用《むよう》の存在なのである。

すでに述べたように、神は人間を滅ぼす。これくらい人間にとっての悪はないわけだが、それをなすのは悪魔ではなく、神なのである。一神教の神なのだから、これが当然だ。

ところが、それでいて聖書の中には、神への敵対者としての悪魔が登場するのだ。これは矛盾《むじゅん》していないだろうか。

福音書が伝えるイエスの言動の中にも、「敵対者としての悪魔」がしばしばコメントされている。

イエスは伝道の途中、しばしば奇蹟《きせき》を起こすのだが、そのたびに彼は「これは悪魔の力を借りたのではない」と釈明をしている。

もし、本当に神が万能であり、万物の創造者であるとしたら、悪魔もまた神が作ったものであるはずだ。だとしたら、「神の子」であるイエスにしてみたら、悪魔は自分の子分《こぶん》みたいなものではないか。

「ええ、私が悪魔に命令を下《くだ》して、ちょいと奇蹟を起こさせたんです」

と答えたほうが、道理に合っている。なのに、イエスは悪魔との関連を徹底的に否定する。ここが不可解なところである。

これに対して、イスラム教では悪魔の定義は、ひじょうに明快である。イスラム教の悪魔とは、本来、天使であったものが何らかの罪によって神に罰せられた結果、生まれたものだとされる。

つまり、悪魔は神が作ったものだということがはっきりしている。悪魔とは神様から罰せられた存在なのだから、近寄ってはいけないというわけだ。

天使の話が出たので補足しておけば、ユダヤ教でもキリスト教でも「天使とは何者か」という説明がはっきりしない。

聖書の中には「神は天使を作った」という記述すらない。〝なんだか知らないが、昔《むかし》からいる〟のが天使なのである。

いや、もう少し正確に言えば、実は昔は聖書の中にも「天使とは」という記述もあった。しかし、それを宗教改革のときにルターが「外典《がいてん》」（異端的な書）として追放してしまったので、現行の聖書では、天使を根拠付けることができなくなったのである。そこで、さまざまな傍証《ぼうしょう》から「おそらく神の召使《めしつか》いなのだろう」と推定するに止《とど》まっているのである。

この点も、イスラム教は抜《ぬ》かりない。イスラム教では天使は「神に仕える清浄《せいじょう》な霊《れい》」であり、六信《ろくしん》の二番目に天使（マラク）を信じよと教えているわけである。

異教徒にも慈悲深いアッラー

同じ聖書をベースにしながらも、イスラム教の教えるところはユダヤ教やキリスト教とはまったく違う。その違いの中でも、特筆大書《とくひつたいしょ》すべきは「慈悲深いアッラー」という点にある。この違いは決定的である。

たとえば、それは異教徒に対する扱《あつか》い方にも現われている。

イスラム教においては、人間を「異教徒である」という理由だけで殺したりはしない。また、異教徒に対して、イスラム教への改宗《かいしゅう》を強制したりもしない。

なぜか。

「宗教に強制なし」

と、コーランに謳《うた》ってあるからである（二―二五七）。慈悲深いアッラーは、異教徒に対しても慈悲を垂《た》れるのである。

前章で述べたように、かつてイスラム教は全世界爆発的に広まった。いや、今でもその信者を世界一のスピードでどんどん増やしている。

しかし、そのプロセスにおいて、イスラム教徒はキリスト教徒のような異教徒虐殺をしなかったし、強制的改宗をしなかった。

ことにユダヤ教やキリスト教の信者に対しては、同じ「啓典《けいてん》の民《たみ》」であるという理由から、特に寛大《かんだい》であった。

これは歴史的事実である。

そんな例はいくらでも挙げられるが、とりあえず、ほんの一例を紹介しておこう。

一四五三年五月二九日、ビザンティン帝国（東ローマ帝国）の首都にして、ギリシャ正教《せいきょう》の総本山《そうほんざん》があるコンスタンティノープル（現イスタンブール）は、イスラム教徒の手に落ちた。以後、コンスタンティノープルはオスマン帝国の首都となり、スルタン（イスラム王朝の君主の称号）のメフメット二世が支配するところとなった。

この知らせを聞いたヨーロッパ人のショックたるや、いかばかり。

何しろ四分五裂《しぶんごれつ》した中世ヨーロッパにおいて、唯一《ゆいいつ》、往年《おうねん》の「ローマらしさ」を保《たも》ってきたのが、このコンスタンティノープルであったからである。

その「世界の中心」を奪《うば》われたのだ。「いよいよ、この世は闇《やみ》になった」とヨーロッパ人が天を仰《あお》いだのも無理はない。

ところが、ところが。

オスマン帝国は征服後も、ギリシャ正教の存続を許したし、また領内のキリスト教徒の信仰も許した。条件付きであったが、教会の自治権も認められたので、コンスタンティノープルの正教会は「世界の中心」でありつづけることが可能になったのである。

コプト教は、なぜ生き残れたのか

さらに時代を遡《さかのぼ》れば、コプト教の例が挙げられる。

前に三位一体《さんみいったい》の話を述べたことを憶《おぼ》えておられるだろう。「父と子と聖霊《せいれい》」は一体であるという教義を確立するまでに、キリスト教はたいへんな苦労をした。ことに、「神の子」とされるイエスの扱いについて、「イエスは完全な人であると同時に、完全な神である」という教義（ニケア信条《しんじょう》、カルケドン信条）を徹底するために二度の公会議《こうかいぎ》を開いたほどであった。

こうしたキリスト教会の決定に反抗したので、徹底的に迫害されたのがエジプトに興《おこ》ったコプト教会であった。

というのも、コプト教では「イエスは神であると同時に人であるが」が、「イエスにおいては神性《しんせい》が人性《じんせい》を圧倒《あっとう》している」と説いたからである。

こうした考えを「単性論《たんせいろん》」とも言うのだが、見ても分かるようにコプト教だって「イエスは人間ではない」とまでは言っていない。

同時期に異端《いたん》とされたアリウス派のように「イエスは無限に神に近いが、神ではない」と、イエスの神性を否定したのであれば、非難されるのもしかたがないが、部外者から見れば、イエスの神性は認めているコプト教の主張はニケア信条とほとんど同じである。

ところが、そこがキリスト教の偏狭《へんきょう》なところだ。

五世紀に開かれたカルケドン公会議《こうかいぎ》をきっかけに、コプト教は孤立することになった。コプト教はローマ・カトリックからもいじめられ、ギリシャ正教からもいじめられた。コプトの主教《しゅきょう》は大本山《だいほんざん》のエジプト教会から追放された。

このコプト教会の苦境を救ったのが、他ならぬイスラム教なのである。

というのも、六四二年にアレキサンドリアがイスラム軍に征服されたからである。

イスラム教の教義から考えると、コプト教の単性論ほど異端的な考えはない。

何度も繰り返すように、コーランは「イエスは人間である」と断言している。

イエスはなるほど神の言葉を聞いた預言者《よげんしゃ》ではあった。だが、それだけのことであって、イエスを神であると考えるキリスト教徒の主張は笑止千万《しょうしせんばん》であるというのが、イスラム教なのだ。

これに対して、コプト教は「イエスはほとんど神に他ならない」とまで言っているのだから、本来なら、イスラムからすれば、絶対に容認《ようにん》しがたい教義である。

ところが、イスラムの主権者は「宗教は強制することはできない」として、コプト教のアレキサンドリア帰還《きかん》を許したのである。

現在でもエジプトを中心にコプト教の信者は多く、アラブ世界では最も勢力の大きな教会なのだが、もしイスラム教徒がアレキサンドリアを支配しなければ、今ごろ、コプト教は歴史文献の片隅《かたすみ》だけにしか残っていなかったかもしれない。

コプト教を救ったのは、他ならぬ、異教徒にも寛容なイスラム教なのである。

隠《かく》れムスリムを〝徹底駆除《てっていくじょ》〟したスペイン

このイスラムの寛容さに対して、キリスト教徒のほうはどう応《こた》えたのか。

「我らはやはり同じ啓典《けいてん》の民《たみ》だ」と言って連帯を深めたか。

答えはもちろん「否《いな》」である。

このイスラムの寛容さに対して、キリスト教はまさに恩を仇《あだ》で返したようなものである。

その最《さい》たる例は、かの十字軍《じゅうじぐん》である。

十字軍は聖地イスラエルをイスラム教徒の支配から奪還《だっかん》するために行なわれた。

だが、そこで実際に行なわれたことと言えば、強盗《ごうとう》、強姦《ごうかん》、略奪《りゃくだつ》などは軽い手慰《てなぐさ》み、殺戮《さつりく》に次ぐ殺戮である。

キリスト教徒から見れば、異教徒は根絶《ねだ》やしにしなければ気がすまない。異教徒なんて人間ではないのだから、何をどうしようと勝手であるという理屈である。

ちなみに、十字軍の一行はイスラエルに向かう前に、ヨーロッパ各地でユダヤ人を殺しまくったと言われている。十字軍にとっては「行きがけの駄賃《だちん》」ということか。

要するに十字軍とは、宗教に名を借りた「ならず者《もの》集団」だったと理解したほうが、ずっと実態に近いのである。

この十字軍の暴虐に対して、イスラム教徒のほうはどう対応したか。

当時のイスラム圏はヨーロッパよりずっと文明度も高いから、このならず者集団に対して、きわめて紳士的な対応をした。

その代表がサラディンの名前で有名なサッラーフ・アッディーンだ。彼はアイユーブ朝《ちょう》（エジプトからシリアにかけた地域を支配した王朝。一一六九〜一二五〇年）の君主だった人物だが、武人《ぶじん》としても優《すぐ》れていて、十字軍相手に猛戦して数々の武功を挙げた。その戦いぶりは正々堂々としていて、ヨーロッパ人でさえ驚嘆《きょうたん》したぐらいだったし、また捕虜の扱《あつか》いもひじょうに公正で、キリスト教徒のようにすぐに処刑したりしなかった。

十字軍のことは説明しだせばキリがないので、もう一つだけ例を挙げたい。

それはアウトダフェ（宗教裁判）のことである。

読者は宗教裁判と言うと、異端審問《いたんしんもん》inquisitionを連想するだろう。異端審問官が異端者を探しだし、魔女裁判にかけては焚刑《ふんけい》（火あぶりの刑）に処す。その残酷な光景はあまりにも有名だ。

だが、その異端審問の何百倍も恐ろしいのが異教への追及である。

異教者探しが最《もっと》もさかんに行なわれたのが、スペインである。

イベリア半島は近世になるまで、長らくイスラム教徒の支配する地域であった。このイベリア半島を取り戻すべく、キリスト教諸国が「国土回復運動」（レコンキスタ）を行なってきたことは読者もご承知のとおりである。

その努力のかいあって、ようやくスペインはイスラム支配から回復したわけだが、キリスト教圏になった後も、この地には多くのイスラム教徒が残留《ざんりゅう》していた。

このムスリムたちは何とかキリスト教徒のふりをしようとしたのだが、しょせん、それは無理な話だった。

前にも述べたように、隠《かく》れキリシタンは可能だが、隠れムスリムであることはほとんど不可能な話である。

何しろ、ムスリムにはコーランで定められたさまざまな行動規範がある。メッカに向かって礼拝しているところを見つかれば、ただちにばれてしまう。

そこでスペインのキリスト教徒たちは、隠れムスリムを捕まえてはどんどん処刑していった。

その処刑の残酷なこと。

拷問台《ごうもんだい》に縛《しば》られ、燃えさかる薪《たきぎ》の山に連れて行かれ、生きたまま焼かれる。アッラーの名を唱《とな》えつつ死んでいったムスリムは数知れないのである。

「コーランか、剣か」は、とんだ大ウソ、大誤解

何度も繰り返すが、イスラム教においては「信仰の自由」が最初から確保されていた。

ヨーロッパで信仰の自由が生まれるには、宗教戦争という体験を必要とした。長きにわたったカトリックとプロテスタントの戦争で、たくさんの血が流されたのをきっかけに信仰の自由という概念《がいねん》が生

まれてくるのだが、それが確立するには、なお長い時間が必要だった。

ところがイスラムでは、最初から信仰を他人に強制してはならないとされていた。

あくまでもイスラム教は平和的に布教を行なうのである。

ところが、こうした実態とは裏腹《うらはら》にイスラムに関する誤《あやま》ったイメージが欧米はもとより、日本でも根強い。

その最《さい》たる例が「コーランか、剣か」。

イスラム教徒は剣とコーランをひっさげて、全世界を荒らし回った。被征服者に剣を突きつけて、「コーランを信じなければ殺す」と脅《おど》かした。

これは有名な話だが、考えてみるとこんなナンセンスもない。

イスラム教徒はコーランと剣を両手に携《たずさ》えていた。

もし、これが真実だとすれば、どちらの手に剣を持ち、どちらの手にコーランを持っていたのか。これを考えなければならない。

イスラム教徒にとっては左手は「不浄《ふじょう》の手」なのだから、コーランを左手に持つわけにはいかない。

とすると、右手にコーラン、左手に剣ということか。

しかし、これで戦争をするのは、ちょっとむずかしくはないか。

それともイスラムの戦士はみな左利《き》きになるべく訓練されるのだろうか。それだったら、話は分かるが、本当にそうなのか。これは確認してみる必要がありそうだ。

まあ、これは半分冗談だが、ことほどさように「コーランか、剣か」というのは信用できない話なのである。おそらくキリスト教徒がプロパガンダとして作ったものに違いない。

現実のイスラム教は、キリスト教やユダヤ教といった啓典宗教《けいてんしゅうきょう》以外に対しても、ひじょうに寛容《かんよう》である。

その証拠に中国のイスラム教徒の中には、儒教《じゅきょう》を研究して大学者になった人さえいる。信仰さえちゃんとしていれば、別に儒教の研究をしても差《さ》し支《つか》えない。このセンスをヨーロッパ人が持てるようになったのは近代に入ってからだが、それよりずっと前からイスラムは儒教の学者を産み出していたのである。

イスラムは断じて偶像崇拝《ぐうぞうすうはい》を許さない

前にも述べたように、イスラム教は当初からどんどんその影響を周辺諸国に及《およ》ぼし、ついには世界中に広がるようになった。

その過程で、各地にイスラム教国が作られたわけだが、そこに住む人たちに改宗《かいしゅう》を迫《せま》ったりはしなかった。もちろん布教はするものの、それだけのことである。

ただし、イスラム教に改宗しなかった場合、市民としての権利には制限を受けたし、余計に税金を納《おさ》めなければならないという義務が生じたりした。しかし、これをもって、異教徒への弾圧とするのは言いすぎだろう。

イスラム世界においては、規範《きはん》イコール法《ほう》であり、社会生活においてもイスラム法が適用される。しかし、異教徒にはそのイスラム法がそのまま適用できないのだから、イスラム教徒と同じ扱《あつか》いをすることができない。したがって、権利や義務の面に関して差別が生じるのはやむをえないと言える。

また、イスラム教徒の場合、五行《ごぎょう》に基《もと》づく喜捨《きしゃ》の義務がある。これが税金の役割を果たしているわけだが、非イスラム教徒にはその義務はないのだから、何らかの形でより多く税金を払わせないと、これは逆差別になってしまう。

というわけで、イスラム教政権下の異教徒が弾圧されていたとは、にわかに断定できないのである。

ただ、一つだけ、イスラム教徒が異教徒に対して「これだけは譲《ゆず》れない」とする問題がある。偶像崇拝《ぐうぞうすうはい》である。

アッラーの神はたしかに慈悲深い神ではあるが、ただ一つ、これだけは許さないというのが偶像を刻《きざ》んで拝《おが》むという行為である。

これは啓典宗教すべてに共通するタブーである。

モーセに対して、神は十戒《じっかい》を与えたが、その中で神は「いかなる像も造《つく》ってはならない」と命じた。猫や牛などの像を刻んで拝むのは、エジプト人などが行なう習慣である。そもそも神は万物《ばんぶつ》を作った存在であるのに、神の被造物《ひぞうぶつ》の一つにすぎない像を拝むなど、途方もない瀆神行為《とくしんこうい》である。

だから、古代イスラエル王国において、イスラエル人たちは偶像を刻まず、その代わりにモーセの十戒を刻んだ石を運んだ箱（契約の箱、聖櫃《せいひつ》とも）を神殿において、それを拝んだ。

イスラム教徒もまた、絶対に偶像を刻まない。イスラムの聖地であるカーバ神殿（メッカ）に安置されているのは聖《せい》なる黒石《こくせき》である。

ちなみに、コーランによれば、カーバ神殿を造ったのはアブラハムとその息子イシュマエルだとされる。

アブラハムに神は、その息子イサクの直系の子孫に「約束の地」カナンを与えたわけだが、実はこの啓示《けいじ》のとき、まだイサクは生まれておらず、庶子《しょし》（正妻ではない女から生まれた子）のイシュマエルしかいなかった。

そこで神にアブラハムが「どちらの子でしょうか」と尋《たず》ねたら、「これから生まれてくるイサクである」と答えたとある。

これでは、あまりにもイシュマエルがかわいそうだと思ってしまうが、その代わり神はイシュマエルにも祝福を与えてくださった。このイシュマエルの子孫がアラブ人になったというのが、イスラム教の考えである。

タリバン政権はなぜバーミヤンの石仏《せきぶつ》を破壊したか

啓典宗教においては偶像崇拝は許されない行為なのだが、このタブーを守っていないのが、キリスト教である。

キリスト教ではイエス像はもとより、マリア像までも作ってそれを拝んでいる。これはもちろん偶像崇拝に他ならない。この一事《いちじ》を以《もっ》てしても、キリスト教がいかに聖書を軽《かろ》んじているかが分かるというものだ。

このことを痛憤《つうふん》したのが、宗教改革者のカルヴァンである。

カルヴァンは「聖書に戻《もど》れ」とばかりに、各地にあるイエス像やマリア像を打ち砕《くだ》いた。カルヴァンの行為は過激に見えるが、実は彼の言《い》い分《ぶん》のほうが筋が通っていて、イエス像を拝むほうがおかしいのである。

しかし、こうしたカルヴァンの偶像破壊運動も、いつの間にか尻《しり》すぼみになってしまった。キリスト教はイスラム教と比《くら》べると、こういう点が実にいい加減《かげん》である。

さて、それはさておき、イスラム教では絶対に偶像崇拝を許さない。これに関してはアッラーの神も妥協《だきょう》しない。何しろ、神の像はもとより、モハメットの図像を作ったりするのさえ禁じるのである。だから、異教徒にもその信仰は許しても、偶像は破壊する。この点だけは徹底する。

同時多発テロが起きる数ヶ月前、アフガンのタリバン政権が世界の注目を集めたことを憶《おぼ》えておられるだろう。

彼らはバーミヤン石仏《せきぶつ》をこともあろうにミサイルで攻撃して破壊した。

この行為を見て、欧米をはじめとして日本でもタリバンに対する非難が起きた。

たしかに、バーミヤンの石仏は文化財として見たとき、その価値は何ものにも代えがたいものなのだろう。

だが、それを見て「イスラム教徒は心が狭《せま》い」とか「他宗教に対して不寛容《ふかんよう》だ」と考えるのは、やや早計《そうけい》に過《す》ぎる。

彼らはけっして仏教を敵視して、そういう行為を行なっているのではない。かつてスイスのカルヴァンが行なったと同様、神の教えに基《もと》づいて偶像を破壊しているだけのことにすぎないのである。

イスラム教徒から見れば、仏像のような「ただの石くれ」を拝んで、ありがたがっているのはよほど精神がどうかしている。そうしたものを拝まなくても、立派に信仰を持つことは可能ではないかという反問《はんもん》が返ってくるに相違ない。そもそも仏教とは、悟《さと》りを求めるものであり、仏像を拝む教えではないのではないかと。

あなたなら、これに対してどう返答するか。よくお考えいただきたい。

その答えをきちんと用意せずに「だからタリバンは」などと感情的に非難していたのでは、いつまで経ってもイスラムという宗教を理解することはできないし、また「イスラムとの交流」なども、ほんとうはできるはずがないのである。

「戦争の家」を「イスラムの家」に変える義務

イスラム教徒は「聖戦《せいせん》」を旗印《はたじるし》に、周囲に戦争をしかけていく好戦的な人々である。こうしたイメージがいかに事実とかけ離れたものであるか。

そのことは、ここまでお読みいただいた読者にはよくお分かりいただけたかと思う。

たしかにコーランには「聖戦」（ジハード）という語が出てくる。

コーランは「イスラム教徒にとって、その教えを広めるための戦争（ジハード）は義務である」と説く。

イスラム教では、イスラム教の主権が確立された地域を「イスラムの家」（ダール・ル・イスラーム）と呼び、それが確立されていない地域を「戦争の家」（ダール・ル・ハブル）と呼ぶ。イスラム教徒は「戦争の家」を「イスラムの家」に変える努力をしなければならない。それが聖戦の義務である。

こう聞くと、たしかに恐ろしげにも聞こえる。

しかし、これを聞いて恐怖を感じるのは、我々の頭に欧米流、すなわちキリスト教流の「侵略」イメージが作られているからに他ならない。

かつてキリスト教徒が世界中で行なった侵略と同じことを、イスラム教徒がするのではないかと考えてしまう。そこが誤解の始まりである。

すでに見てきたように、歴史上、イスラム教が他宗教を弾圧したり、あるいは改宗《かいしゅう》を迫《せま》ったことはない。たとえイスラム教の主権が確立し、そこが「イスラムの家」になっても、そこで異教徒の虐殺が行なわれることはないのである。

あくまでもジハードとは宗教広布《こうふ》のための運動であり、ヨーロッパの侵略とは意味を異《こと》にする。イスラム教とはキリスト教などと比べものにならないほど、平和的宗教なのである。

このことはぜひとも頭に入れていただきたい。

と書くと、おそらく読者のほとんどは即座に反論するであろう。

「では、なぜそんな平和的なイスラム教徒が自爆テロのような常軌《じょうき》を逸《いっ》したことを行なうのか。これでもアッラーは慈悲深い神と言えるのか」と。

たしかに、その反論はもっともなことと言える。

だが、イスラムの教えにおいて、「宗教の寛容」と「自爆テロ」とはちっとも矛盾しない。

アッラーは慈悲深きがゆえに、他宗教への寛容と同時に、ジハードにおける殉教《じゅんきょう》をも勧《すす》めるのである。

この複雑な関係を理解するには、イスラム教の教えをさらにもっと掘《ほ》り下げていく必要がある。

そこで次節では、イスラムにおける「救済」とは何かを述べていくことにしたい。

キリスト教における救済と、イスラム教における救済。

この二つを対比させていくことで、読者にもイスラム教徒が行なっているテロのほんとうの意味が理解できるはずである。

第二節……………予定説と宿命論
——イスラムにおける「救済」とは何か

イスラエル人を皆殺しにしようとした神《ヤハウエ》

「これぞアッラー、唯一《ゆいいつ》なる神、
もろ人《びと》の依《よ》りまつるアッラーぞ。
子もなく親もなく、
ならぶ者なき御神《おんかみ》ぞ」（『コーラン』一一二—一～四）

今でこそ我々は、ユダヤ教、キリスト教、イスラム教が唯一の神を崇拝することを、何の疑いも驚きもなく受け容《い》れているが、古代イスラエル人がたどりついた一神教信仰ぐらい奇妙なものはない。

何しろ、この神は幸福を与える代わりに、もっぱら苦難を与えるのである。

しかも、その心は狭《せま》く、何か気にくわないことがあれば、すぐに怒り出して人間を滅《ほろ》ぼそうとする。

その最《さい》たる例が、シナイ山で危《あや》うくイスラエルの民《たみ》が皆殺しになりそうになったエピソードである（拙著『数学嫌いな人のための数学』東洋経済新報社・一四ページ参照）。

すでに述べたとおり、モーセたちイスラエル人の一行は神の命令に従《したが》って命からがらエジプトから脱出する。神の助けもあってエジプト軍の追撃もふりきり、ようやくたどりついたのがシナイ山という山の麓《ふもと》であった。エジプト脱出から三ヶ月目のことである。

シナイの荒野で彼らはキャンプを張るのだが、そこで事件は起きた。

モーセが神から呼び出されてシナイ山に登り、キャンプを留守《るす》にしている間に、イスラエルの民が律法を破って偶像崇拝を行なったのである。

彼らが作ったのは、犢《こうし》の像であった。

このことを知った神は怒り狂った。そしてモーセに対して「このような頑民《がんみん》どもは皆殺しにしてくれる」と告《つ》げた。

そこでモーセは必死になって、神を止めようとする。

「ヤハウェよ、そのようなことをすれば、エジプト人たちが悪意を以《もっ》て誹《そし》るでしょう。『イスラエルの神は、自分の民を皆殺しにするためにわざわざ彼らをエジプトから脱出させ、荒野に導《みちび》いたのだ』と」

このモーセの言葉を聞いて、ヤハウェはイスラエル人の抹殺《まっさつ》をようやく思い止《とど》まったと、聖書は記す。

ヤハウェによる「イスラエル民族大虐殺《ホロコースト》」!!

神は自《みずか》らの民《たみ》を怒りにまかせて皆殺しにしようとしたのである。

「人格神」の心理分析を行なったユング

さて、このシナイのエピソードには、他の宗教では見ることのできない、古代イスラエル人独特の宗教感覚が反映されている。

実は、これがユダヤ教、キリスト教、そしてイスラム教という啓典宗教《けいてんしゅうきょう》を理解するための重大なカギになるのである。

まず第一に注目すべきは、ここに現われている神は、紛《まぎ》れもなく人格を持っているという事実である。

ヤハウェは、古代エジプト人が信じた太陽神や儒教《じゅきょう》の「天《てん》」のように、自然界を抽象化《ちゅうしょうか》して作られた存在ではない。

我々、人間と同じように人格を持っているのである。

しかも、その人格たるや、けっして釈迦《しゃか》のように円満《えんまん》にして温厚《おんこう》とは言いがたい。何か気にくわないことが起きれば、すぐ怒るのである。怒るだけならまだしも、すぐに人間を皆殺しにしてしまおうとする。

こんなにやっかいな神様はいない。

ことにヤハウェの神が癇《かん》にさわるのは、自分がエジプトの神様より劣《おと》っているのではないかと思われることのようだ。

シナイの荒野で、イスラエル人たちを皆殺しにしようと思ったのも、それが原因だった。というのも、動物の像を作って拝《おが》むというのはエジプトの習慣だからである。

また、ヤハウェがモーセの説得に応じたというのも、「そんなことをすれば、エジプト人から笑われますよ」と指摘されたからだ。

ヤハウェは神なのだから、エジプト人が何を言おうと気にする必要もないはずなのに、彼らの評判が気になるのである。

いや「さすがに神だけあって、人間よりもその感情の起伏《きふく》は激しい」と見るべきか。

かつてカール・ユング（スイスの精神分析学者）は、聖書に現われたヤハウェの言行を精神分析し、『ヨブへの手紙』という本を書いたぐらいだ。

まあ、神様の心中を忖度《そんたく》するのは不遜《ふそん》だから、この問題はこれでやめておくが、とにかくヤハウェは人間と同じように感情もあれば、個性もあるというわけである。

世界史を変えた一神教崇拝

シナイにおける、ヤハウェによる「ホロコースト未遂《みすい》事件」。

これを読み解くことが、古代イスラエル人の抱《いだ》いた信仰の特殊性を知るための好個《こうこ》の手がかりとなる。

一つは、ヤハウェは人格神であるという事実。

これについては、もうお分かりいただけたであろう。

では、もう一つの手がかりとは何か。

そのことに気が付く人は、相当な比較宗教学センスを持っていると言えるだろう。一所懸命勉強すれば、いっぱしの宗教学者になれるかもしれない。そのくらい重大なことなのである。

正解を記そう。

このエピソードで重要なのは、神の怒りに対して、モーセがどう対応したかという点である。

モーセは神に対して、徹底的に合理的な対応をした。

すなわち、言葉でもって神に語りかけた。

生贄《いけにえ》を捧《ささ》げたり、あるいは呪文《じゅもん》を唱《とな》えたりするといった非合理的な対応をしなかった。

この合理性こそが、古代イスラエルの宗教をして特徴づけるものであるとしたのが、かのマックス・ウェーバーであった。

古代イスラエルの信仰は、たしかに奇妙奇天烈《きてれつ》きわまりない。

だが、単に奇妙だといえば、どの宗教だって奇妙である。

仏教などはその典型で、釈迦の教説は宗教というよりも、むしろ哲学の領域にかぎりなく近いと言ってもよい。また、儒教も政治によって天下を救済するというのだから、これもまた宗教学的に見たら、ひじょうに興味深い存在である。

だが、数ある宗教の中で、なぜマックス・ウェーバーが古代イスラエルの宗教に注目したかといえば、その圧倒的な影響力である。

改めて言うまでもないが、古代イスラエル人の信仰はやがてユダヤ教として成立し、それがキリスト教を産み出し、イスラム教を産み出した。

この一神教は、西においては強大なキリスト教文明を作り出し、また東においては広大なイスラム文化圏を成立させたのである。

仏教も儒教も、この影響力の大きさの前にはさすがに影が薄《うす》くなるというものではないか。

「宗教の合理化」こそが、すべての謎《なぞ》を解くカギ

すでに述べたように、この当時の西アジア世界でイスラエル人の存在といえば、砂漠の砂粒《すなつぶ》ほどに小さい。ウェーバーはそれを「賤民《せんみん》」という言葉を使って表わした。

もし、タイム・マシーンが発明され、この時代に戻《もど》ることができたら、エジプト人やバビロニア人にイスラエル人のことについて聞いてみるがよい。

「イスラエル人？　そんな連中いたのかね」

「ああ、あの貧乏たらしい集団か」

といった返事が返ってくるに相違ない。

当時のイスラエル人なんて、その程度の存在にすぎない。

その彼らがヨーロッパと西アジアの歴史を根底から変えるほどの影響力を与えるだなんて、当時の人々に言っても信じてはもらえまい。もらえるはずがない。きっと、「夢でも見ているに違いない」とか言われて、追い払われるのが関《せき》の山《やま》であろう。

事実、カナンの地に戻《もど》ったイスラエル人は、そこで自分たちの王国を作ることに成功はした。だが、その栄華《えいが》が続いたのはほんの束《つか》の間《ま》で、たちまち古代イスラエル王国は周辺からの侵略を受け、崩壊してしまった。そして、その住民たちはバビロニアの捕虜《ほりょ》になり、解放されてからは散《ち》り散《ぢ》りばらばら、つまり離散（ディアスポラ）になった。

本来なら、古代のイスラエル人に関する記録など、膨大《ぼうだい》な史料の中に埋《う》もれてしまって誰も振り返らなかったであろう。せいぜい歴史書の補注《ほちゅう》に、申《もう》し訳《わけ》程度に書かれて終わりだったに相違ない。

ところが、その西アジアの「賤民」たるイスラエル人が世界史を完全に変えてしまった。

その理由は何か。

他の宗教と、古代イスラエルの宗教の決定的な違いはどこにあるのか。

それを徹底的に追究した結論として、マックス・ウェーバーが提示した答えが「宗教の合理化」なのである。

古代エジプトにも一神教の時代があった

宗教のことに関心のある方ならすでにご承知のことだろうが、一神教という信仰形態は何も古代イスラエルの独創ではない。

その証拠に、古代エジプトでも一時期、「唯一絶対《ゆいいつぜったい》の神」を信じた時代があった。

エジプト第十八王朝のアテン信仰がそれである。

読者もよくご存じのように、古代エジプトでは多数の神々が拝《おが》まれていた。ホルス、ラー、オシリス、イシス……。数え上げていけばキリがない。

これらは太陽などの自然現象の象徴であったり、あるいは動物の神などであったのだが、エジプトにも「八百万《やおよろず》の神」がおわしたのである。

ところが、こうした多神教信仰を根底から変えたのが、第十八王朝の十代目の王、イクナートンであった。

彼は紀元前一四世紀、太陽神アテンのみを崇拝し、それ以外の神を禁じるという宗教改革を断行した。アテンは万物《ばんぶつ》の創造者であり、宇宙秩序の維持者だとされた。これは紛《まぎ》れもない一神教である。

ちなみに、イクナートンによる宗教改革は失敗に終わった。王の権力をもってしても、多神教から一神教への転換は容易に進まなかったのである。

アテン信仰を廃止して多神教に復《ふく》したのが、かのツタンカーメン（イクナートンの次の次の王）である。ツタンカーメンは、死して黄金のマスクを残したことで有名だが、生前にも立派な業績があるのだ。

このエジプトの例でも分かるように、そもそも一神教というのは、いきなり出てくるものではない。最初は多神教であったのが、一つの神様が特別に尊崇《そんすう》されるようになり、それと同時に、他の神様が整理されていくという形で作られていく。

これは古代イスラエルの宗教も例外ではない。

『古代ユダヤ教』を著《あら》わしたマックス・ウェーバーも、最初のころはイスラエルの民がさまざまな神様を拝んでいたことを旧約聖書の記述の中から指摘している。それがやがて整理され、ついにヤハウェのみを神とする一神教に成長していったというわけだ。

呪術《じゅじゅつ》と宗教の境界線はどこにあるか

言うまでもないことだが、当時の世界においてエジプトといえば、地中海世界を圧《あっ》する存在であった。これに比《くら》べれば、イスラエルの民などは吹けば飛ぶような存在である。事実、彼らはモーセが現われるまで、エジプト人に奴隷として使われていた。

ところが、こと、のちの歴史に与える影響は、エジプトよりもイスラエルのほうが、ずっと大きかった。

その理由が「宗教の合理化」なのである。

すなわち、古代イスラエル人は単に「苦難をも与える人格神」という独特な神を崇拝しただけでなく、その信仰を合理化という砥石《といし》で磨《みが》きあげた。

この二つの要素が、がっちり組み合わさったからこそ、彼らの宗教は世界中を変える力を持つに至《いた》ったというのが、ウェーバーの洞察《どうさつ》なのである。

では、その宗教の合理化とは何か。

それは具体的には「呪術《じゅじゅつ》からの脱却《だっきゃく》」という形で現われた。

宗教と呪術は、切っても切れない関係にある。これは洋の東西を問わない。

と書くと、読者はブードゥー教の黒魔術《くろまじゅつ》だとか、あるいは伝奇小説に出てくる妖術師《ようじゅつし》を連想するだろう。

藁人形《わらにんぎょう》に五寸釘《ごすんくぎ》を打って人を呪《のろ》い殺すだとか、あるいは魔法の薬をこしらえて、それを美しき姫様に飲ませて眠《ねむ》らせる。はたまた火を焚《た》いて、雨乞《あまご》いをするというのもある。

たしかにこれらは典型的な呪術である。

だが、宗教学から見たとき、呪術の範囲はもっと広い。

たとえば、あなたが神社に行って、手を合わせて神様にお祈りする。

「どうか大学受験に合格しますように」

「なにとぞ私の病気がよくなりますように」

これもすべて呪術の一種であると書いたら、きっとあなたは驚くに違いない。

神様に願い事をするのが呪術だって！

そんなことを言ったら、宗教なんて全部、呪術になってしまう。困ったときに神様におすがりするのが宗教ではないか。

そう思う人は多いであろう。

だが、そう考えるのは、あなたが「宗教とは何か」を熟知していない証拠。

キリスト教やイスラム教はもちろんのこと、仏教や儒教でも呪術は本来厳禁《げんきん》である。神様、仏様に何かをお願いするなんて認めていない。そうした呪術から訣別《けつべつ》したからこそ、これら諸宗《しょしゅう》はみな世界宗教になれた。

逆に言えば、神様、仏様にすがれば願い事がかなうなんて宗教は、宗教として高級ではない。そう断定してもいいくらいなのだ。

なぜ、神の名を唱《とな》えてはいけないのか

「まっとうな宗教」は呪術を嫌う。

このことを日本人は、ほとんどと言っていいほど知らない。そのくらい日本人は、どっぷりと呪術的世界に漬《つ》かっているのである。

これでは、イスラム教を理解するなんて、とうてい無理な話だ。このままでは千年経っても万年経っても、イスラム世界とコミュニケーションすることなどできっこない。いや、儒教や仏教、キリスト教を理解するのだって覚束《おぼつか》ない。

そこで呪術とは何かについて、述べておきたいと思う。

本書の中でもすでに何度か触れたことだが、イスラエルの民を率《ひき》いてエジプトから脱出してきたモーセは、シナイ山において神から律法《りっぽう》を与えられた。この律法の基本中の基本が、かの「十戒《じっかい》」である。

①あなたには、わたしをおいてほかに神があってはならない
②あなたはいかなる像も造ってはならない
③あなたの神、主《しゅ》の名をみだりに唱《とな》えてはならない
④安息日《あんそくび》を心に留《とど》め、これを聖別《せいべつ》せよ
⑤あなたの父母を敬《うやま》え
⑥殺してはならない
⑦姦淫《かんいん》してはならない
⑧盗《ぬす》んではならない

⑨偽証《ぎしょう》してはならない
⑩隣人《りんじん》の家を欲《ほっ》してはならない

この十戒は日本人にとっても馴染《なじ》み深いものであるが、この十ヶ条の中で日本人がピンと来ないものが一つある。

それは「あなたの神、主の名をみだりに唱えてはならない」という戒《いまし》めである。

なぜ、神様の名前を言ってはいけないのか。これがそれほど重要なことなのか。

その理由を知っている日本人はどれだけいるだろう。

しかし、この項目は他の九つの戒めと変わらぬくらい重要なものであって、けっして形式的なものではない。

その証拠に、今でもまっとうなクリスチャンなら、「オー、ゴッドOh, God」とか、「ガッデムGod damn it（こんちくしょう）」なんて口にしない。軽々《かるがる》しく神の名を口に出すのは、人を殺したり、偽証するのと同じくらい不信心《ふしんじん》な行ないなのである。

モーセと神の対話

神の名をみだりに口の端《は》に乗せるな。

なぜ、神はわざわざこんなことを命じたのか。

これを理解すれば、呪術の意味も分かってくる。

古代イスラエルの神にとって、自分の名前を唱えられるのがどれだけ嫌《いや》なことであったか。

それを示す好例が、モーセと神ヤハウェとの対話の中にある。

すでに述べたように、エジプトで奴隷にされたイスラエルの民を救うため、ヤハウェはモーセに対して命令を下《くだ》した。行って、彼らを救えというわけである。

するとモーセはそこで尋《たず》ねる。

「もし、私が彼ら（イスラエルの民）のところに行き、自分は神から遣《つか》わされた者であると言っても誰も信じてくれないかもしれません。もし、彼らが『その神様の名前は何と言うのか』と尋ねたら、どう答えればよろしいのでしょうか」

なぜ、このような質問をモーセがしたのかと言えば、モーセに対しても神は自分の名前を明かさなかったからである。

はじめてモーセの前に姿を現わしたとき、神はこう名乗っただけであった。

「私は君の先祖の神、アブラハムの神、イサクの神、ヤコブの神である」

断わっておくが、ヤハウェという名前は人間が勝手に付けた呼び名ではない。神自身がそう名乗っているのである。

だが、その名前を神はモーセに対しても教えない。そこで困《こま》って、モーセが質問したというわけである。

この質問に、神はこう答えた。

「私は『あらんとしてある者』である」

イスラエルの民が名前を尋ねたら、そう答えておけというのである。

聖書には書かれてはいないが、おそらくモーセはこのとき、ムッとした顔をしたに違いない。

「あらんとしてある者」なんて言って、誰が信用してくれるだろう。少なくとも自分には教えてくれてもいいだろう。水くさい神様だ……とか何とか。

そこでようやく神は、自分の本名を明かすことにした。

「イスラエルの子らにこう言いなさい、『あなた方の先祖の神、アブラハムの神、イサクの神、ヤコブの神、ヤハウェがわたしをあなた方のもとに遣わされた。これが永遠《とこしえ》にわたしの名であり、これが代々わたしの呼び名である』」（「出エジプト記」三—一五）

呪術の本質は「神を操《あやつ》ること」

このモーセとの対話にかぎらず、古代イスラエルの神はなかなか自分の名前を明かそうとしない。

たとえば、アブラハムの子孫のヤコブに対してもそうだった。

ヤコブというのは、イスラエル民族の直接の先祖とされる男なのだが、この人物のところにある夜、神が現われて彼と格闘をする。

結局、ヤコブは神を負かしてしまうのだが、このとき彼が神に「どうかあなたの名前を教えてくださ い」と尋《たず》ねるのである。

すると神は、

「なぜわたしの名前を知りたいのだ」

と言ったきり、本当の名前を教えなかったとある（「創世記」三二）。

なぜ、神はモーセにもヤコブにも、自分の名前を教えなかったのか。

また、なぜ神は十戒の中で「あなたの神、主《しゅ》の名をみだりに唱《とな》えてはならない」と命令したのか。

それは呪術《じゅじゅつ》につながるからだ。

マックス・ウェーバーは当時のエジプトにおいて、「もしもひとが神の名を知って正しく呼ぶなら神が従《したが》うという信仰」（『古代ユダヤ教』内田芳明訳）があったことを指摘している。

つまり、神の本名（この場合、ヤハウェ）を呼び、そこで願い事をする。そうすれば、神は人間の願いをかなえてくれるというわけだ。

呪術の本質は、神をして人間に従わせるということにある。

その目的をかなえるために、神の名前を呼ぶ、あるいは火を焚《た》く、生贄《いけにえ》を差し出す、呪文を唱えるなどの方法が古来〝開発〟されてきた。

こうした呪術を知っている人のことを、普通は呪術者とか魔術師と呼ぶわけだが、実は古代宗教の神《しん》官《かん》というのも、みな呪術者のようなものである。

神官たちは「自分は神の僕《しもべ》である」なんて、しおらしい顔をしているが、本当はそんなものではない。彼らが普通の人々、いや、場合によっては王や貴族よりも威張《いば》っていられるのは、自由自在に神を操《あやつ》る方法を知っているからである。

もし、神官ににらまれたら、たちまちに殺されてしまうかもしれない。そこまでいかずとも、何かの罰《ばち》が当たるかもしれない。そう恐れるからである。

もちろん、この場合、殺人を犯したり、あるいは罰を当てたりするのは、神官自身ではない。神官に操られた神や霊が代わりにやってくれるのである。

神官は単に神と交流、会話をするのではない。彼らは神を操ることのできる存在なのである。

なぜ仏教は堕落《だらく》したのか

こうした呪術は古代エジプトだけにあったわけでは、もちろんない。

「宗教のあるところ、かならず呪術あり」と言ったほうがいいくらいだ。

人間というのはわがままだから、どうにかして自分の都合のいいように物事を動かしたがる。だからこそ、呪術がはびこり、大きな力を持つようになるというわけだ。

そこで、心ある宗教者ならこうした呪術を何とか追放しようと試みる。

たとえば仏教においてもそうである。

仏教は本来「法前仏後《ほうぜんぶつご》」の構造を持つのだから、釈迦《しゃか》といえども、この世の法則を動かすことはできない。

したがって、仏を操る呪術が出てくる余地はないのだが、その代わりに神通力《じんつうりき》は存在する。

仏教ではそれを「五神通《ごじんつう》」と呼ぶ。五神通とは、

◆天眼《てんがん》……肉眼では見えないものを見る力、千里眼《せんりがん》
◆天耳《てんに》……あらゆることを聞く力
◆他心智《たしんち》……他人の心を見通す力、テレパシー
◆神作智《しんさくち》……思いのままに移動し、何にでも変身できる力
◆宿命通《しゆくめいつう》……自分や他人の過去世《かこぜ》が何かを知り、未来を見通す力

という五つの神通力《じんつうりき》を指す。

こうした神通力は釈迦自身も持っていたのだが、釈迦はけっして神通力の開発を奨励《しようれい》しなかった。

というのも、神通力は修行を深めていけば、自然に備《そな》わるものであって、それを目的に修行するのは本末転倒《ほんまつてんとう》になるからである。神通力ほしさに修行するなど、外道《げどう》の行なうことであるというのが仏教のスタンスであった。

「であった」と過去形でなぜ書いたかといえば、こうした釈迦の精神は仏教の普及とともに失《うしな》われていったからである。

ことに決定的だったのは大乗《だいじょう》仏教の成立である。

すでに述べてきたように、仏教は本来、修行によって救済を得るというのがその本旨《ほんし》であった。だから、悟りを得ようとすれば、いきおい出家をしてサンガに入ることが求められたわけである。

だが、仏教が広がるにつれて、多数の在家信者《ざいけしんじゃ》が生まれてくると、そうは言っていられなくなった。出家しなくても、悟りを得る方法はないのかという要求が高まったのである。

そこで生まれたのが大乗仏教であったわけだが、仏教の大衆化は否応《いやおう》なく呪術の発達を促《うなが》した。護摩《ごま》を焚《た》き、あるいは呪《じゅ》を唱《とな》えることで仏《ほとけ》や菩薩《ぼさつ》を動かし、自分の願いをかなえようとする方法が開発されるに至《いた》ったのである。

また、仏教を各地に普及させるため、超能力も積極的に使われるようになった。中国で仏教が広まったきっかけも、インドから来た浮図《ふと》（仏教僧）が驚くべき超能力を使ったからに他ならない。

神が名乗るのをためらった理由

放《ほう》っておけば宗教にはかならず呪術的要素が侵入しようとする。

これは「怪力乱神《かいりきらんしん》を語らず」（「論語」述而《じゅつじ》第七）と述べた孔子《こうし》の儒教においても同じであった。

儒教は本来、集団救済の宗教であって個人を対象にしないのだから、呪術の出番などありえない。そのことは、すでに紹介した顔回《がんかい》の例を見ても明らかである。

孔子は、弟子で徳行《とっこう》の士《し》、伯牛《はくぎゅう》が癩病《らいびょう》（ハンセン病のこと。当時は不治とされた）にかかっても、天に祈って伯牛の病気を治してもらおうなどとはいっさいしなかった。運命だねえ、こんな人でもこんな病気にかかろうとは、と言っただけであった（『論語』雍也《ようや》第六）。

儒教においては、正しい政治を行なう以外に救済を得る道はない。正しい政治が行なわれれば、天下は平《たい》らかになり、万民《ばんみん》幸福に暮らしていくことができる。呪術に頼《たよ》っても、何の解決にもならないのである。

ところが、その儒教も時代を経《へ》るにしたがって呪術的要素が混入しだした。

これを称して「讖緯説《しんいせつ》」と呼ぶ。

讖緯説は後漢《ごかん》の時代に大いに流行するのだが、この讖緯説を唱える儒者たちは孔子を神格化し、予言をしばしば行なった。すなわち天の神秘を解明し、その知識を応用すれば、おのれの欲《ほっ》するとおりに世の中が動くという呪術的思想である。

ちなみに、この讖緯説の影響も受けて生まれたのが陰陽道《おんみょうどう》である。今、日本で陰陽道は、マンガや小説、映画の題材になって人気を集めているようだが、このような教えは本来、孔子が堅《かた》く禁じたことであったのだ。

本来、呪術など許されるはずもない仏教や儒教までもが堕落したことでも分かるように、人間というのは神仏、あるいは自然現象をも思いのままに動かして、自分の欲望をかなえさせたいと願うものなのである。

宗教は、ウェーバーによれば、やがて「呪術の園《その》」になる宿命を持っている。悲しいかな、これが人間の本性《ほんしょう》なのである。

ところが、こうした呪術への傾斜《けいしゃ》を断固《だんこ》として拒《こば》んだ宗教があった。

それが古代イスラエル人の宗教である。

マックス・ウェーバーの研究によれば、古代イスラエル人も当初は、エジプト人と同じように呪術によって神を操《あやつ》るという信仰を持っていた。

ところが、時代を経《へ》るにしたがって、彼らは自分たちの信仰から徹底的に呪術的要素を除去《じょきょ》し、信仰の合理化を図《はか》るようになった。

すなわち、神を呪文《じゅもん》で操ることなどは絶対に許されない。いや、そもそも神とは絶対にして万能の力を持った存在なのだから、その神を人間が操れるわけがない、と考えるようになったのである。

モーセに対して、神がヤハウェという名前を教えるのをためらったのも、そのためであった。

すなわち、イスラエルの民がヤハウェの名前を知れば、エジプト人のように名前を呼ぶことで神を操ろうとするのではないかと警戒したというわけだ。

困ったときの〝神頼《かみだの》み〟は認めない

「あなたの神、主《しゅ》の名をみだりに唱《とな》えてはならない」という律法《りっぽう》の意味も、ここまで来れば、もうお分かりであろう。

なぜ、神の名を唱えてはいけないのか。

人が神の名を唱えるのは、何かの願い事をするためである。

「ヤハウェよ、どうか私を幸せにしてください」とか何とか。

日本人なら、神社や寺でしょっちゅうやっていることである。

しかし、古代イスラエルの宗教では、こんなことは絶対に許されない。

なぜか。

神に願いをすること自体、本来、許されざる非合理的な行動であるからだ。

人間が神に何かのお願いをする。その願いをもし、神が聞き容《い》れたとしたらどうなる。

それは結果として、人間が神を操っていることに等《ひと》しいではないか。

ヤハウェは万能にして絶対の神である。その神が人間ごときに動かされるなんて理屈に合わない。神学的に見て非合理である。

古代イスラエルの民は自分たちの信仰を徹底的に合理化することによって、呪術的要素を追放した。

かつての「イスラエルにはあらゆる種類の魔術師が存在した」(『古代ユダヤ教』内田芳明訳)。ところが、時代を経るにしたがって呪術的要素は姿を消していった。

普通の宗教とは逆方向に向かったのである。

パレスチナの「賤民《せんみん》」にすぎなかった古代イスラエル人の宗教が、なぜ世界史を完全に変えてしまったのか。

その答えは、まさしくここにある。

彼らイスラエルの民は、自分たちの宗教を徹底的に合理化しようとした。そして、非合理的な呪術をそこから追放した。

この合理性ゆえに古代イスラエル人の宗教は世界史を変えることになったというのが、マックス・

ウェーバーの指摘なのである。

奇蹟と呪術、この似て非《ひ》なる両者の決定的な違い

古代イスラエルの民は、ヤハウェへの信仰を合理化していくことで呪術を追放した。

その代わりに現われた概念《がいねん》が「奇蹟《きせき》」である。

また、イスラエルの宗教では呪術を操る魔術師や神官《しんかん》の必要もなくなった。

その代わりに現われたのが、「預言者《よげんしゃ》」である。

奇蹟と預言者――この二つは、キリスト教やイスラム教においても重要な意味を持つ。啓典宗教《けいてんしゅうきょう》を本当に理解しようと思えば、奇蹟と預言者の問題を避《さ》けて通ることができない。

読者もよくご承知のように、イエスはさまざまな奇蹟を行なった。病人を治したり、あるいは盲人《もうじん》の目を見えるようにしたりしている。

そのイエスに対して「あれは悪魔の力を借りているのではないか」という疑いの目が向けられ、それを彼が必死になって否定したということは、すでに述べた。

なぜ、イエスが躍起《やっき》になって否定したかといえば、要するに呪術師ではないかと思われたからである。

だからこそ、イエスは「これは呪術なのではなくて、奇蹟なのだ」と主張したのである。

奇蹟と呪術の違いは何か。

この二つは、表面だけを見ていたら区別が付かない。

今でも東南アジアなどに行けば呪術医がいて「神霊手術」を行なったり、歩けない人を歩かせたりしているらしい。彼らのやっていることは、イエスの行なった奇蹟と変わりがないように思うかもしれな

い。

だが、この二つには決定的な違いがある。

呪術医の場合、もし病気が治ったら「これは自分の功績だ」と主張する。

しかし啓典宗教の預言者は、そうは言わない。「奇蹟は神の力によるものである」と説明する。

神は天地の間にあるものをすべて創造した。その中には、この世の法則も含まれる。

リンゴが地面に落ちるのも、すべて神様が定めたこと。だから、この法則を人間の力で変えることは不可能である。

しかし、神様なら、この法則を一時的に変更することもできる。そうやって起きるのが、奇蹟であるというのが啓典宗教の説明である。

インチキ宗教は、ここで見分けられる

呪術と奇蹟を分ける、もう一つ重要な要素は「倫理性」である。

すなわち、呪術には倫理がないが、奇蹟には倫理がある。この点も重要である。

奇蹟は神が行なうことであるから、そこにはかならず神の意志が存在している。したがって、奇蹟にはかならず倫理的な説明が付けられる。

たとえば、古代イスラエル人がエジプトを脱出する際、神は嫌《いや》がるファラオに警告を発するため、イナゴの大発生を起こしたり、あるいは疫病《えきびょう》を流行《はや》らせた。そこでファラオは恐《おそ》れ入《い》って、イスラエル人を解放したと「出《しゅつ》エジプト記《き》」に書かれている。

大量のイナゴが食物を食い尽《つ》くしたり、あるいは流行病で人間がバタバタ倒れるというのは、エジプ

ト人から見れば大変な迷惑であろう。呪術師のしわざだと言われてもしかたがない。

だが、イスラエルの民から見れば、これらの災厄《さいやく》は「神意」によって起こされたものである。何もエジプト人が憎《にく》くて、神が起こしているのではない。

どうしてもファラオがイスラエル人を解放しないので、やむをえず行なったことだという倫理的な説明が付くわけである。

しかるに最近の新興宗教の教祖たちが行なっている「奇蹟」はどうか。

わが宗教の神様を拝《おが》んだら、あら不思議、ジャンボ宝くじが当たって三億円が手に入った。これは奇蹟であるとか。

あるいは、亭主《ていしゅ》の浮気《うわき》に困っていた女房《にょうぼう》が献金《けんきん》したら、たちまちその浮気相手の女が病気になってしまった。これはまさしく神の起こしたもうた奇蹟であるとか。

こんなものが奇蹟であるはずがない。

なぜなら、そこには倫理的な説明が付けられないからである。

神がわざわざその男に宝くじの当たり券をつかませたのはなぜか。その理由を倫理的に説明せよと言っても、これは無理であろう。

また、浮気する夫も悪いが、だからといって相手を呪《のろ》うのが倫理的に正しい結論だと言えるだろうか。もし本当に神がおられるのなら、そのような小手先《こてさき》の対応ではなく、もっと根本的な解決策を採《と》ったはずではないか。

最近の新興宗教には奇蹟を売り物にするところが多いが、ほんとうの奇蹟とはそんな簡単に、人間に都合よく起きるものではない。ましてやカネを払えば、奇蹟を起こすなんて言語道断《ごんごどうだん》である。

理屈では説明できないことが起きただけでは奇蹟とは言えない。その奇蹟がはたして倫理に沿《そ》ったことであるかも重要なのである。

キリスト教会が聖人の認定に時間をかける理由

啓典宗教における奇蹟は、かくのごとし。

呪術と奇蹟は、似ているようで全然違う。

だから、キリスト教では奇蹟の認定に関して、ひじょうに厳密である。

ただ単に、不治の病《やまい》に倒れた人が元気になったからといって、それだけでは奇蹟とは呼ばない。そこに「神の力」が働いたかどうかをも問うのである。

たとえば、体の中に巣《す》くっていたガン組織が消えたからといって、それにはいろいろな可能性が考えられる。

人間には本来、自己治癒《ちゆ》力が備《そな》わっているから、そのおかげでガンが消滅したのかもしれない。だとしたら、それはけっして不思議なことでも何でもない。

あるいは、その人がふだん飲んでいる水の中に未知の成分があって、その効力でガンが消えた可能性だって考えられる。

こうした可能性をすべて検討したうえで、神の力が働き、天地間の法則が一時的に変更されたのだと見なされないかぎり、奇蹟と呼ぶわけにはいかないのである。

もちろん、それと同時にその奇蹟が倫理に沿ったものであるかも重要である。

患者から大金をふんだくって病気を治しているのであれば、それでは奇蹟とは呼ばれない。

そのため、キリスト教の場合、奇蹟の認定にはべらぼうに時間がかかるし、その検証には科学者をはじめ、いろいろな人が関わる。

実際、筆者がヨーロッパのある教会を訪問したとき、その建物の上のほうに、偉《えら》い尼僧が祀《まつ》ってあった。聞くと、彼女は奇蹟を起こして聖女《せいじょ》に列《れっ》せられたのだという。

ここで一言付け加えておけば、キリスト教では、奇蹟を起こすのはもちろん神の力なのだが、それを実行した人は聖人や聖女であると判定される。わざわざ神がその人物を選んで奇蹟を起こさせたのだから、「神の使徒《しと》」であるとして尊《とうと》ばれるのである。

さて、その教会に祀ってあった聖女だが、いつごろの人なのかと聞いたら、もう何百年も前の人物だという。彼女が行ったことが、本当の奇蹟であると判定するのに、それだけの時間が必要であったということなのである。

そこらへんにある新興宗教は、ちょっとでも不思議なことがあれば、「奇蹟だ、奇蹟だ」と言い立てるが、本当に真摯《しんし》な宗教はキリスト教にかぎらず、そんな軽挙妄動《けいきょもうどう》はしないものである。

奇蹟を売り物にする宗教というのは、まず間違いなくインチキだ。このことは読者もよく記憶していただきたい。そんな宗教に引っかかれば、身ぐるみはがされてしまうのがオチである。

マホメットが起こした「最大の奇蹟」とは何か

奇蹟という概念はもちろんイスラム教の中にもある。イスラム教においても、神は絶対にして万能なのだから、呪術の付《つ》け入《い》る隙《すき》はないのである。

ただし、「神の子」であるイエスはさかんに奇蹟を起こしているが、マホメットは生前、瀕死《ひんし》の病人を救ったこともないし、火の中、水の上を歩いたこともない。

そこで周囲のユダヤ教徒やキリスト教徒どもはさかんにマホメットを揶揄《やゆ》した。

「神の声が聞こえるというのなら、奇蹟の一つも起こしてみせたらどうか」と言うわけだ。

これに対して、マホメットは堂々と答えた。

すなわち「コーランこそが最大の奇蹟である」と言ったのである。

大天使ガブリエルが私の前に現われ、神の言葉を伝えてくださった。これ以上の奇蹟があろうか。

「その証拠に……」と彼は言った。

もし、この奇蹟を疑うのであれば、コーランの詩句を超える作品を書いてみるがよい。コーランの文章は神自《みずか》らがお作りになったものであるから、人間ごときに真似《まね》できるわけがない。

この挑戦に対して、アラブの詩人たちはコーラン以上の作品を作ろうとした。しかし、それらはいずれも失敗したと伝えられている。

と書くと、読者の中には「そんなものはイスラム教徒の自画自賛《じがじさん》だろう」と思う人が多いに違いない。

だが、コーランの詩句が人間業《わざ》とは思えぬ出来《でき》であることは、多くの人が証言している。

たとえば、コーランの日本語訳を完成させたイスラム学者の井筒俊彦《いづつとしひこ》氏は、こう記している。

「実は『コーラン』には特殊な文体上の技巧が非常に上手《じょうず》に使用されているのである。この技巧、乃至《ないし》技術は人為的《じんいてき》には仲々真似《なかなかまね》のできるものではない」(岩波文庫『コーラン』上・解説)

イスラム圏のモスクから流れてくるコーランの読誦《どくしょう》が、荘重《そうちょう》にして美しい響《ひび》きを持っていることは素人《しろうと》でもよく分かる。

そもそも、コーランとは「読誦」という意味のアラビア語から生まれた言葉である。このことからも分かるように、コーランはそもそも声に出して朗誦《ろうしょう》されてこそ、本当の美しさが発揮できると言われている。そしてその美しさは、異教徒にも充分伝わるものなのである。

ちなみにここで付言しておけば、読み物としてはコーランはけっして面白いものではない。というのも、アッラーの言葉だけを集めたものだから、そこには聖書のような物語性《ストーリーせい》はないからである。また、その配列順も読み手のために工夫を凝《こ》らしたものではなく、おおむね時間的に新しいものから古いものへと配列してあるだけだ。

したがって、何も予備知識を持たずにコーランを読んでも、早々と挫折《ざせつ》するのは請《う》け合《あ》いである。

もっとも、コーランを編纂《へんさん》したのはマホメットではなく後世の人間なのだから、これはマホメットにも、無論《むろん》アッラーにも責任はないのだが。

預言者エレミヤの悲劇

さて、古代イスラエル人が行なった一神教の合理化は「奇蹟」と同時に「預言者《よげんしゃ》」という概念《がいねん》をもたらした。これもまた他の宗教に類《るい》を見ないものである。

すでに述べたように、多少なりとも呪術的要素が混入している宗教では、神官や祭司といった聖職者が現われる。彼らが大事にされるのは、神を操《あやつ》るための呪術を知っているからである。

しかし、ヤハウェはこのような存在を許さない。

なぜなら、神は絶対にして万能の存在であり、人間なぞが操れるわけなどないからである。

そこで現われたのが預言者であった。

預言者とは何か。

分かりやすく言えば、預言者とは「神のラウド・スピーカー」である。つまり、神の言葉を人々に伝えるために選ばれた人物である。神の道具といったほうがイメージを持ちやすいかもしれない。

この預言者の代表がモーセである。

モーセは最初からイスラエル人を救うといった願望を抱《いだ》いていたわけではない。

神が突然、彼の前に現われて命令したので、そのとおりに従った。そして神の指示に従って話し、神の指示どおりに行動した。そこにはモーセの自由意志は存在しない。つまり、神の道具なのだ。

この預言者像が極限にまで推《お》し進められたのが、預言者エレミヤである。

エレミヤは、古代イスラエル王国が南北に分裂したのちに現われた預言者である。

聖書によれば、このエレミヤは生まれる前から預言者として定められていた。

だが、生前から神に選ばれていたからといって、彼に何かの特権が与えられたり、あるいは幸福や富《とみ》が約束されていたというわけではない。それとは逆に、預言者になったがゆえに、エレミヤは不幸な人生を送らなければならなかった。

というのも、神が彼に与えた使命というのは、イスラエル人に対して警告を与えよというものであったからだ。

すなわち、イスラエルの人々は神を軽《かろ》んじ、神との契約を守らなくなった。そこで神が間もなくイスラエルの民に災《わざわ》いを与えることにしたから、それを警告して回れというわけだ。

これに対して、エレミヤは「まだ私は若くて、どう語っていいのかも分かりません」と答えた。

すると神は「若いから」などというのは理由にならないとピシャリとはねつけて、こう命じたのである。

「すべてわたしがつかわす人へ行き、あなたに命じることをみな語らなければならない」（「エレミヤ書」一―七）

つまり、預言者エレミヤには何の拒否権もないというわけだ。望む望まざるに関係なく、神の命じたとおりに語り、行動せよ。これぞ預言者の預言者たるゆえんである。

そこでエレミヤは神の命じたとおりに行動した。

その結果は、まさにエレミヤにとって苦難の連続であった。

というのも、エレミヤの口から出てくる「神の言葉」はイスラエルの人たちにとっては不愉快《ふゆかい》というか、不吉《ふきつ》このうえない。何しろエレミヤが言うこととときたら、「このままでは、お前らは滅びるであろう」ということだからだ。

「神は私を騙《だま》した！」

かくしてエレミヤは誰からも受け容《い》れられず、まるで犯罪者であるかのように扱《あつか》われることになった。

このひどい境遇に、さしものエレミヤも音《ね》を上げて、神にこうこぼした。

「主《しゅ》よ、あなたがわたしを欺《あざむ》かれたので、わたしはその欺きに従いました。あなたはわたしよりも強いので、わたしを説き伏せられたのです。わたしは一日中、物笑いとなり、人はみなわたしをあざけります。それは、わたしが語り、呼ばわるごとに、『暴虐、滅亡』と叫ぶからです」（同二〇―七～八）

神様に向かって「私は騙《だま》された」と叫ぶエレミヤは、我々から見れば実に気の毒な存在である。

だがいくら文句を言ったところで、彼は神から離れることはできない。神の命令は絶対であり、人間であるエレミヤが異議申し立てをしても、神の意志が最優先である。

かつてヤハウェがシナイ山でイスラエル人を皆殺しにしようとしたとき、モーセはこれに対して抗議した。このときは神は決断を変更し、皆殺しは中止になったわけだが、これもモーセの説得に神が負けたからではない。

神は自分自身で意志を決定する。モーセはその判断材料を提供しただけのことにすぎない。あくまでもイニシアティブは神にある。ここが重要である。

エレミヤと神の場合、いくらエレミヤが異論を唱《とな》えても、神の決断は変わらなかった。

こうなれば、いくら嫌《いや》だろうがエレミヤは神の言いつけに従って行動せざるをえないのである。

かくして神に預言者として選ばれたばっかりに、エレミヤは非業《ひごう》の死を遂《と》げたと言われる。そして、神の警告のとおり、ついにイスラエル人たちの国（ユダ王国）は滅び、彼らはバビロニアの虜囚《りょしゅう》になった。これがエレミヤ書の伝える物語である。

かくて因果律《いんがりつ》は〝挫折《ざせつ》〟した

神は唯一《ゆいいつ》にして絶対《ぜったい》の存在である。

人間はその神の決定に逆らうこともできないし、神の決定を人間が覆《くつがえ》すこともできない。

預言者エレミヤの生涯は、古代イスラエル人が苦難の果てに到達した境地を余《あま》すことなく伝えていると言える。

当初、古代イスラエル人たちは、他の宗教と同様、因果律《いんがりつ》的な思想を抱《いだ》いていた。

その象徴が契約である。

つまり、「神との契約を守れば、救済される。神との契約を破れば、救済されない」という考えである。

契約を守る・守らないによって神の決定が変わるというのだから、これは因果律だ。

しかし、古代イスラエル人たちは徐々に、因果律に対して疑いを持ちはじめた。

というのも、まず第一に、彼ら古代イスラエル人たちはそれまでもけっして神との契約を遵守《じゅんしゅ》してはこなかった。その最《さい》たる例が、シナイ山の一件であることは言うまでもない。

ところが、あれほどひどい契約破りをしても、神は結局、イスラエル人を皆殺しにしなかったではないか。これはちと、おかしくはないか。そう思い出したのである。

また、それとは正反対の角度からの疑問も生まれた。

契約を一所懸命守っても、それで本当に救済されるのだろうかということである。

現代の世の中でも、信仰を持ち、清《きよ》く正しい生活を送っているのに、どういうわけか幸せになれない人は少なくない。読者のまわりにも、きっとそういう例はあるだろう。

これは古代イスラエルでも同じである。そうした人たちを見て、「神との契約を守ったからといって、かならず救済されるとは限らないのではないか」と彼らが思うようになるのは当然すぎるほど当然のことであった。

こうして古代イスラエル人たちの中に、徐々に因果律への疑問が起こってきた。

聖書における、こうした因果律の挫折《ざせつ》（frustration）が最初に示されたのが、先ほど紹介したヨブ記であった。

ヨブ記のテーマは「義人《ぎじん》の苦難」と称される。

義人、すなわち正しい信仰を持ち、正しい生活をしている人であっても、神から苦難を与えられることがありうる。因果律はつねに働くとは限らない。それを示《しめ》したのがヨブ記であったわけである。

だが、そこからさらに一歩、歩を進めたのがエレミヤ書。

何しろ、このエレミヤ書においては、神が自分で選んだ預言者に、ありとあらゆる苦難を与えるのである。

イスラエル人本来の倫理からすれば、神が命じたとおりに行動する人間は善人であり、神の命じたことを守らないのが悪人である。そして、善人に神は幸福を与え、悪人には不幸を与えられてしかるべきである。

なのに、エレミヤは神の命じたとおりに行動して、ますます不幸になっている。しかも、エレミヤが預言者を〝辞職〟しようとしたのに、神はそれすら許されなかった。

エレミヤの物語は、ついに古代イスラエル人たちが、因果律とは対極の考えを持つに至《いた》ったことを示している。

神は因果律を無視するどころではない。因果律とは正反対のことすら行なう。

神の言いつけに従って行動したら、ますます不幸になることだってある。古代イスラエルの宗教は、合理性を徹底的に追求した結果、ついにこの境地に達したのであった。

人間には自由意志がない！

旧約聖書研究で知られる関根正雄《せきねまさお》氏はエレミヤについて、こう述べている。

「エレミヤは預言者の最大なるもの、預言者以上の何者かであった。彼はその全存在、その預言の

内容に於《お》いて、已《すで》に次の時代に一歩脚《あし》を踏《ふ》み入れているのである」（『イスラエル宗教文化史』岩波全書一五七ページ）

関根氏は言う。

エレミヤは「次の時代」に一歩、踏み出した。

「次の時代」とは、言うまでもなくキリスト教のことを指す。

神は苦難をも与えたまう。人間にそれを拒否することは許されない。

エレミヤが身をもって示したこの教義をさらに発展させたのが、他ならぬキリスト教であった。

キリスト教においても、すべての決定権は神に属《ぞく》し、人間はただそれに従うだけの存在であると考えるのだが、プロテスタントに至《いた》っては、そこからさらに一歩進んで、「人間には自由意志がない」とさえ断言する（たとえば、ルターの『奴隷意志論』）。

人間には自由意志がない！

つまり、この世に起きることはすべて神の意志に基《もと》づく。どんな小さなことであっても、そこには神の意志が働いている。

万能にして絶対の神の前には、人間はまったく無力である。人間は神の決定に唯々《いい》諾々《だくだく》と従うだけの、いわばロボットのような存在である（たとえば、アウグスティヌスとペラギウスの論争を思い出せばよい）。

「それではまるで神の支配する全体国家みたいなものではないか」と思ったあなたの感覚は正しい。まさしく、キリスト教の根本論理はそこにあるのだ。

かつてソ連は、すべての経済活動を統制し、さらにはすべての国民の思想や行動を統制しようとした。しかし、その試《こころ》みはついに破綻《はたん》し、ソ連はあえなく崩壊した。このことは読者もよくご承知であろう。

だが、キリスト教の神はソ連共産党の幹部どもとはわけが違う。何しろ、神の力は無限であって、何事をもなしうる力を持っている。神に不可能はないのだから、神の支配は絶対に破綻しないのである。神の目を盗《ぬす》んで、人間が勝手に行動することなどできない。まさに究極の全体主義と言えるだろう。

予定説《よていせつ》が理解できればキリスト神学が分かる

人間には自由意志は存在しない。

この思想が産み出したのが、キリスト教独特の「予定説《よていせつ》」という考え方である。

予定説とは何ぞや。

この予定説が理解できたら、あなたはキリスト教神学の根本《こんぽん》を悟ったと言っても過言ではない。そのくらい重要にして理解困難な教説が予定説なのである。

すでに述べたように、イエス、そしてパウロは律法《りっぽう》を排《はい》して、内面的行動、すなわち信仰のみを問うた。

分かりやすく言えば、「信じる者は救われる」ということである。

しかし、この「信じる者は救われる」という教えと、「神はすべてを決定する」という教えとの間には、ひじょうに深刻な対立、すなわち矛盾《むじゅん》が隠《かく》されている。

なぜか。

「信じる者は救われる」と言う場合、信じるのは人間であって、救うのは神である。

つまり、ここには以下のような因果関係が成り立つと推定される。

信じる（人間）――→救う（神）

しかし、このような因果関係は「神は絶対にして、すべてを決定する」という教説とは相容《あいい》れない。

なぜなら、救う、救わないは神が決めることなのだから、人間が信仰を持つことが神の救済決定に影響を及《およ》ぼすはずがないからである。

神様の行動を人間が左右するというのは、非合理的、つまり呪術《じゅじゅつ》につながる思想である。

となると、救済するかしないかは神が一方的に決定することであって、信仰に関係ないと考えるべきではないか。

つまり、「信じようと信じまいと、救われる人間は救われるし、救われない人間は救われない」ということである。

はてさて、これは困ったことになった。

「こんな神様はとても尊敬できない」と言ったミルトン

人間は信じれば救われるのか。それとも、神が一方的に救済を決定するのか。

この大問題に対して、キリスト教が出した結論が「予定説」である。

すなわち、誰が救済され、誰が救済されないかということは、神が一方的に定めて、それをそのとおり実行する。

つまり、キリスト教はあくまでも「唯一《ゆいいつ》にして絶対《ぜったい》の神」ということを優先した。そして、人間の自由意志を否定したというわけである。

しかし、これは論理的に見て当然の結論とも言える。

なぜなら、神の絶対性を否定してしまえば、キリスト教という宗教は成り立ちえない。

キリスト教は「万能にして絶対の神」を前提にして作られたものなのだから、それを否定するわけにはいかないのである。そもそも万能の神があるからこそ、原罪《げんざい》を持った人間も救われるのである。といっても、キリスト教の信者たちがこの予定説をすんなり理解したかと言えば、もちろん、そうではない。

予定説とは、その名が示すとおり、「すでに救済の決定がなされている」という考えである。

では、具体的にはいつ神が決定を下《くだ》したのかといえば、なんと天地創造の以前であるとされる。

神がその人物の行動をじっくり観察してから結論を下すわけではない。生まれるずっと前から、救済の決定は下っている。だからこそ「予定」説と呼ばれるわけである。

そんなことを聞かされて「はい、そうですか」と素直に頷《うなず》ける人がいたとしたら、そっちのほうが不思議というものである。むしろ反感を持つのが普通というものだろう。

なぜなら、もし神の救済がすでに決定しているとしたら、人間が何をしようと何の意味もないということだからだ。

どんなに善行を積み、神を信じ、隣人を愛しても、神の決定は覆《くつがえ》らない。救われない人はどうやっても救われない。逆に、すでに救われると決まっている人は、どんな不信心《ふしんじん》なことをしようと、悪いことをしようとそれで救済が取り消しになることもない。悪事のやり放題である。

予定説が言っていることを額面《がくめん》どおり受け取れば、そういうことになる。

イギリスの詩人ミルトンが、この予定説を批判して「たとい地獄に堕《お》とされようと、私はこのような神をどうしても尊敬することはできない」と言ったのも、むべなるかなである。

予定説を踏《ふ》みにじったカトリックの秘蹟《ひせき》

では、このミルトンの非難に対して、予定説に立つキリスト教はどう答えたか。

はたして信仰なんてしなくても、救われる人がいるのか。

一所懸命に信仰をしても、救われない人がいるのか。

この大難問に対する答えを最初に提示したのが、新約聖書「ローマ人への手紙」を書いたパウロである。

パウロはこの疑問に対して、こう答える。

「だから、神はそのあわれもうと思う者をあわれみ、かたくなにしようと思う者を、かたくなになさるのである」（「ローマ人への手紙」九―一八）

予定説と「信じる者は救われる」の矛盾《むじゅん》を根本的に解決する方法は、これ以外にない。

つまり、「誰が神を信じ、誰が神を信じないか」もまた、神が決定する。よって、神を信じる人（クリスチャン）はあらかじめ救済が決定しており、そうでない人（異教徒）は救済されないことが最初から決まっているのである。

そのことは「ローマ人への手紙」の冒頭にも現われている。

「ローマにいる、神に愛され、召《め》された聖徒《せいと》一同へ」（同一―七）

ローマにいる信者たちはすでに神に「召された」存在である。つまり、諸君らは救済が確定しているのだと信徒を鼓舞《こぶ》しているわけである。

パウロは「善行を行ない、信仰を持てば救われる」などとは絶対に説かない。そんなことを考えるのは烏滸《おこ》の沙汰《さた》（愚かなこと）である。

なぜなら、そもそも人間が善行を行なえると考えること自体が間違いである。人間は原罪を持った存在なのだから、自分から進んで善行を行なえるはずもない。人間には自由意志はないのである。もし、善行をすることができたとしたら、それは神が導《みちび》いてくださったからに他ならない。諸君が今、キリスト教を信じているのも、みな神様のお計《はか》らいなのだ……。

これこそが予定説の教えなのである。

ところが、この予定説の思想は時代を経《へ》るにしたがって無視されるようになった。キリスト教の本来の立場からすれば、信者に予定説の奥義《おうぎ》を叩《たた》き込むのが教会の役割であるはず。ところが、あろうことか、中世カトリックの僧侶《そうりょ》どもは俗耳《ぞくじ》に馴染《なじ》みがたい予定説を教えることを嫌《いや》がり、それとは正反対のことを行ないだした。

それが秘蹟《ひせき》（Sacrament）と呼ばれる宗教儀礼である。

秘蹟には次の七種がある。

◆洗礼《せんれい》……原罪を洗い清《きよ》め、新たな生命を得るため、頭上《ずじょう》に水を注《そそ》ぐ
◆堅信《けんしん》……洗礼後に行なわれ、聖霊の賜物《たまもの》を授《さず》け、信仰を強める
◆回心《かいしん》……過去の罪や生活を悔《く》い改《あらた》め、神の正しい信仰に心を向ける
◆聖餐《せいさん》……イエスの血肉を象徴する葡萄酒《ぶどうしゅ》とパンを与える
◆叙階《じょかい》……聖職を行なうための権能《けんのう》と恩寵《おんちょう》を与える
◆婚姻《こんいん》……男女が神と契約を結び、終生《しゅうせい》を共《とも》にすることを誓《ちか》う
◆終油《しゅうゆ》……臨終《りんじゅう》に際《さい》し、心の平安を与えるために体に油を塗《ぬ》る

これら七つの秘蹟には、それぞれもっともらしい意義が与えられているが、要するに、これらの儀式をきちんと教会で受けられれば、その人はかならず救済を与えられるというのである。

ウェーバーの大逆説

さて、こうした秘蹟はキリスト教の本義《ほんぎ》からすれば、絶対に許されないことである。

そもそも、教会において僧侶が特別な儀式をすれば、それが神の決定に影響を与えるというのは呪術に他ならない。

何度も繰り返すように、唯一絶対の神を崇拝する啓典宗教《けいてんしゅうきょう》は、こうした呪術的要素を排斥《はいせき》することによって成立した。宗教を徹底的に合理化しようとしたからこそ、その独自性が現われたのである。

ところが中世のカトリック教会は、ものの見事にキリスト教を「呪術の園《その》」に変えてしまったのである。これを堕落《だらく》と言わずして、何と言おう。

いや、実際、当時のカトリック教会にはエクソシスト、つまり悪魔払《ばら》いの祈禱師《きとうし》までがいたほどであった。悪魔を追い払うなんて、まさに呪術そのものではないか。

だが、当時のカトリックの坊主《ぼうず》は、何度も繰り返すが、頭がいい。彼らはよってたかって秘蹟を正当化する理論を作り上げた。

たしかに神は絶対である。だが、教会の聖職者が秘蹟を行なえば、神は例外として認めてくださる。何となれば、教会を作った聖人たちは、厖大《ぼうだい》な徳行《とっこう》を行なって救済財《きゅうさいざい》を教会にため込んだからである。

もちろん、いくらもっともらしい理屈を唱《とな》えたところで、そのような根拠は聖書のどこにも書いていない。

こうした教会の腐敗・堕落を激しく弾劾《だんがい》したのが、ルターやカルヴァンに代表される宗教改革者たちである。

彼らが主張したのは、要するに「聖書に帰れ」ということであった。カトリックの僧侶が言っていることは秘蹟にしても、マリア信仰にしても、聖書に根拠のない話である。そうした要素をすべて捨て去って、イエスやパウロの教えに戻《もど》れというわけだ。

つまり、宗教改革とは、キリスト教の原点回帰運動であったのである。

この運動を契機にして、ようやくキリスト教は本来の姿に戻った。その信仰に合理性が戻ってきたのである。

なかでも、その合理性を徹底的に追求したのが、カルヴァンであった。途中で予定説を引っ込めてしまい、カルヴァンから「日和見《ひよりみ》主義者」と非難されたルターとは違い、カルヴァンは容赦《ようしゃ》なく信者たちに予定説を説いたのである。

ウェーバーはその著書『プロテスタンティズムの倫理と資本主義の精神』において、このカルヴァン派の原点回帰運動に注目した。

それまでの通説では、ヨーロッパに近代資本主義が生まれたのは、「キリスト教離《ばな》れ」のおかげであると説明されていた。宗教の力が弱くなり、教会の支配がゆるんだからこそ、ヨーロッパは近代化したというわけである。

この説に対して、真《ま》っ向《こう》から反対したのがウェーバーである。

彼は「事実はそれと逆で、宗教改革によって世の中が徹底的にキリスト教的になったからこそ、ヨーロッパは近代の扉《とびら》を開けることができた」と主張した。

このウェーバーの一見、逆説的な理論は「宗教の合理化」というキーワードを入れるとすんなり理解できる。

カルヴァンたちがやったのは、中世のキリスト教から呪術的要素を徹底的に追放することにあった。

つまり、彼らはキリスト教に合理性を取り戻したのである。

そして、この合理性の追求がそのまま資本主義の精神へとつながっていく。

なぜなら、近代資本主義は合理的経営なくしては成り立たない。そして、その合理精神の源泉《げんせん》となったのは他ならぬ聖書であったというわけなのだ。

古代パレスチナの荒野に育った合理的宗教は長い時を経《へ》て、ついに近代資本主義を作り出したのである。

コーランを丸暗記するムスリム、聖書知らずのクリスチャン

ところで、ここで付言しておけば、ルターやカルヴァンたちが「聖書に帰れ」と主張したことを先ほど紹介したわけだが、これは考えてみればおかしな話だ。

そもそもクリスチャンにとって聖書は、神から与えられた啓典《けいてん》なのだから、いちいちカルヴァンたちが言わなくても、聖書を普段から読んでいて当然ではないか。聖書を読めば、そこには秘蹟で救済されるなんて書かれていないことに気付きそうなものだ。そうは思わないか。

事実、教会のインチキに気付いたのは、何もルターが最初ではない。

ルターが教会を非難しはじめる一三〇年も前に、イングランドのウィクリフという神学者が同様の批判をしているのである。

それなのに、中世のキリスト教会は何百年にもわたってその権威を維持しつづけたのである。

これはいったい、なぜなのか。

その理由は驚くほど、簡単である。

実は中世のクリスチャンたちは、ほとんどと言っていいほど聖書を読んでいなかった。クリスチャンでありながら、一生、聖書を読んだことのない信者がざらであったのである。

だからこそ、長い間、カトリック教会が聖書に書かれていない秘蹟を行なっていても、そのおかしさに誰も気が付かなかった。こういうわけなのである。

こんなことはイスラム教では考えられない話だ。

イスラム教では、昔から信者にコーランを徹底的に読ませる。

かつて中国の科挙《かきょ》では、受験生は四書五経《ししょごきょう》を丸暗記したものだが、それと同じようにイスラム圏でも教育の基本はコーランであり、イスラム法学者になるほどの逸材《いつざい》ともなれば、成人前にコーランを完全に暗誦し終えている。

すでに本書の中で紹介した『イスラームの法』（東京大学出版会）の序文にも、著者ハッラーフ教授が「町のコーラン学校で聖コーランの暗誦を終えて、一九〇〇年にアズハル大学に入る」という略歴が麗々《れいれい》しく掲《かか》げられている。

断わっておくが、コーランの分量はけっして少なくない。

日本語訳のコーランを例にとれば、その総ページ数は文庫本で九〇〇ページに達する。

前にも述べたように、コーランは「読誦《どくしょう》」という意味のアラビア語から生まれた言葉である。そのことからも分かるようにコーランは一種の詩であって朗誦《ろうしょう》に向いているから、「詩篇《しへん》」以外はすべて散《さん》文《ぶん》の聖書に比《くら》べれば覚えやすいのかもしれない。

だが、それにしてもこれだけの分量を覚えるのは容易なことではない。それを完璧《かんぺき》に暗記してしまう少年が現われるくらいだから、いかにコーラン教育が重視されているかが分かるというものだ。

ユダヤ教でも、これは同じである。ユダヤ人の子弟教育では、やはりトーラー（モーセ五書）を読ませ、暗記させることに重点を置く。

何しろ啓典というのは、神が与えし聖なる書であり、しかも日常生活を律《りつ》するものなのだから、暗記するのは信者として当たり前のことなのである。

ヨーロッパが〝文字なき〟ころ、イスラムは〝学問の園〟だった

ところが、同じ啓典宗教のキリスト教では、その当たり前のことが行なわれていなかった。

なぜ、そんな「あってはならないこと」が許されていたのか。

その理由は大きく言って、二つある。

一つは、中世のヨーロッパではそもそも字が読める人間が圧倒的に少なかった。識字率《しきじりつ》は一〇パーセントとも、わずか二パーセントとも言われているが、聖書を読もうにも字を知らないのではどうにもならない。

ちなみに一一世紀のサラセン諸国では、識字率は一〇〇パーセントに近い。信者なら誰でもコーランを読まなければならないのだから、それは当然のことだとも言えるが、そのころのヨーロッパとイスラム圏とでは、民度《みんど》において圧倒的な差があったのである。

しかも、当時の聖書はギリシャ語かラテン語で書かれたものがあるのみだった。ヨーロッパの各国語

に翻訳されるのは宗教改革になってからの話である。

だから、当時のカトリックの僧侶の中にも、ギリシャ語聖書を読めない人間がざらにいたのだ。いや、聖《せい》ヒエロニムスによるラテン語訳聖書すら読めない僧侶もいた。

そこでもう一度、比較のためにイスラム圏の状況を言えば、イスラムではトーラー（モーセ五書）や福音書はコーランに次ぐ聖典とされていたから、ギリシャ語で書かれた聖書を読める人間はざらにいたし、その研究もさかんに行なわれていた。さらに付け加えれば、イスラム圏ではギリシャ哲学に関する研究も進んでいた。

だから、当時のキリスト教の神学者たちは、異教のサラセン諸国に留学しては、聖書の読解やギリシャ哲学をムスリムの学者から学んでいたわけである。

つまり、キリスト教会にとっては、イスラム圏は大事な恩師なのである。今日のキリスト教神学があるのは、まさにイスラムのおかげと言ってよい。その恩師を十字軍《じゅうじぐん》で襲《おそ》うのだから、ほんとうにキリスト教徒というのは因業《いんごう》な連中だ。

さて、それはさておき、中世のクリスチャンが聖書を読まなかった、もう一つの理由はもちろん教会の側《がわ》にある。

つまり、信者に聖書を読ませたら、教会のインチキさがばれてしまうから、彼らはあえて聖書を遠ざけた。そしてその代わりに、賛美歌をうたい、祈禱書《きとうしょ》を読ませて、お茶を濁《にご》していたというわけである。

予定説と因果律が混在したイスラム教

さて、ここまで古代イスラエルの宗教に起こった「宗教の合理化」、そして、そこから生まれたキリスト教が産み出した「予定説」について述べてきた。

なぜ、このようなことを長々と説明してきたかといえば、これらのことを座標軸《ざひょうじく》に置いて、はじめて、イスラム教における「救済」の意味が立体的に見えてくるからである。

第一章で述べたように、イスラム教はムスリムに「六信《ろくしん》」を求める。

すなわち、神、天使、啓典《けいてん》、預言者《よげんしゃ》、来世《らいせ》、天命の六つを信じろというわけである。

さて、ここで注目したいのは、六信の最後に掲《かか》げられた「天命《カダル》」である。

イスラム教でも、天地の間に起きるすべてのことは神の意志による、例外はないと考える。そのことは何度も何度もコーランの中で強調されている。

「我《われ》ら（アッラー）何事かを欲《ほっ》するときは、ただ一言、これに『在《あ》れ』と言いさえすれば、忽《たちま》ちそのとおりになる」（一六―四二）

ヤハウェやキリスト教の神と同じく、アッラーもまた万能であり、何事をも超越している。天地の万《ばん》物《ぶつ》はすべてアッラーの意志によって存在している。

この点を見れば、イスラム教もまた予定説に立脚《りっきゃく》していると考えてしまう。

いや、実際、コーランには予定説をにおわせる記述がそこかしこに出てくる。

「(アッラーは) 御心《みこころ》のままに或《あ》る者は迷いの道に、また御心のままに或る者は正しい道に引き入れ給《たま》う」（一六―九五）

「いと高き神、(人間を) 創《つく》り、ととのえ給い、行末《ゆくすえ》定めて、導《みちび》き給い」（八七―一～三）

これらの記述を見るかぎり、イスラム教においても、人間の運命も救済もすべて神が事前に決定してあって、人間には自由意志がないとしか解釈できない。

ところが、その一方で次のような記述も出てくるから話はやっかいである。

「天にあるものも地にあるものも、すべては挙《あ》げてアッラーのもの。だからこそ、悪いことをした者にはそれ相応の報《むく》いを与え、善《よ》いことをした者には最善の御褒美《ごほうび》を授《さず》け給う」（五三―三二）

ここに述べられているのは、予定説を真《ま》っ向《こう》から否定する論理である。

悪いことをすれば罰が与えられ、いいことをすれば最善のご褒美、すなわち救済を神が授ける。「善因楽果《ぜんいんらくか》、悪因苦果《あくいんくか》」を説く仏教と見まがうほどの因果律ではないか。

また、人間が自《みずか》ら善行を行なえるというのだから、これでは人間に自由意志があることになってしまうではないか。

しかも、これに続けてアッラーはこうまで言い切っているのだ。

「一番重い罪、特に破廉恥罪《はれんちざい》を避《さ》けさえすれば、多少その他の軽い罪を犯《おか》しても……まことに、神様のお赦《ゆる》しは宏大無辺《こうだいむへん》」（五三―三三）

多少の罪なら、お目《め》こぼしもありうる！

まことに「慈悲ふかく慈愛あまねきアッラー」の面目躍如《めんもくやくじょ》と言ったところだが、しかし、これではいったい、予定説はどこに行ったのかと言いたくなる。

宿命論的な「予定説」とは

キリスト教の神は、天地創造の前に、すべての人間の〝救済する、しない〟を決定し、その予定を絶対に変えることがない。カトリックの坊《ぼう》さんがいくら秘蹟《ひせき》を行なって取りなしたところで、神様はいったん作成した〝救済リスト〟を書き換えることはしない。キリスト教の神は実に峻厳《しゅんげん》である。

ところが、アッラーは違う。アッラーは慈悲深きがゆえに、救済リストをすすんで書き換えてくださる、というのである。しかも、多少の罪を犯してもカウントに入れないというのだから。

はてさて、これはいかに解釈すべきか。

イスラム教は予定説なのか、それとも因果律なのか。

実はこれ、昔《むかし》からイスラムの大学者を悩《なや》ましてきた大問題であった。

もし、予定説に重点をおいて解釈すれば、人間の行動はすべて神の決めたもうたこと。パウロの言ったとおり、人間は神の作った操《あやつ》り人形のようなものだから、自由意志で善行ができるはずもない。

ところがアッラーは「お前たちの心がけしだいで」とおっしゃっている。それでは人間には自由意志があることになってしまうではないか。

あちら立てれば、こちらが立たず、こちら立てれば、あちらが立たず。

やれやれ、やっかいなことになった。

何しろ、ともにアッラーの神がおっしゃったこと。人間の判断で一方を採《と》り、一方を捨てるというわけにはいかないのである。

結果、イスラム教は予定説と因果律を同時に抱《かか》え込むことになった。

この複雑な神学的状況をマックス・ウェーバーは次のように表現している。

「イスラム教のばあいは、（中略）宿命論的な予定説であり、したがって地上の生活の運命には関係があっても、来世での救いにはなんら関係するところがない」（大塚久雄訳『プロテスタンティズムの倫理と資本主義の精神』岩波文庫。一七六ページ）

宿命論的な予定説とは何ぞや。

つまり、この世の運命、すなわち人間の宿命（天命）に関しては、すべて神が決定なさる。だが、来世の運命に関しては因果律が成り立つ。つまり、この世でイスラムの規範を守り、善行を行なっていけば、救済される。逆に、不信心で罪深い人生を送っていたら、救済されることはない。

つまり、この世と来世に予定説と因果律を振り分けるというのが、イスラム教の出した結論であったというわけだ。

余談になるが、マックス・ウェーバーは肺炎で、イスラム教研究を書くことなく死んでしまった。筆者にとって、これほど残念なことはない。

『古代ユダヤ教』でユダヤ教を、『プロテスタンティズムの倫理と資本主義の精神』でキリスト教を解明したのち、ウェーバーは、三番目の啓典宗教《けいてんしゅうきょう》であるイスラム教に取りかかるつもりであったのだろうが、ついにそれを果たすことなく終わった。

もし、ウェーバーがイスラム教を語ってくれていたら、それはとてつもなくユニークで、しかも鋭《するど》いものになっていたに相違ない。少なくとも、筆者がこうして『イスラム原論』を書くことはなかったはずである。

しかもほんとうに残念なことは、ウェーバーはその諸論文の中で、イスラムについてほんのわずかしかコメントしていないのだ。嗚呼《ああ》。あの浩瀚《こうかん》な『プロテスタンティズム……』の中でも、右に掲《かか》げた一節が注釈の中にあるのみである。

しかし、その小さな小さなコメントであっても、ウェーバーはかくのごとくイスラム教の本質を見事に衝《つ》いている。まさに天才とは、こういう人のことを言うのである。

信者に不安と苦悩をもたらす予定説

さて、この世の行ないしだいで来世が決まるという因果律の導入は、ユダヤ教、キリスト教と続いた「宗教の合理化」という観点からすれば、一歩後退したと見ることもできるであろう。

だが、その反面において、イスラム教が、キリスト教が信者に与える途方もない緊張感を緩和《かんわ》することに成功したのは事実である。

すでに述べたとおり、キリスト教の予定説において、その人が救われるか否《いな》かは神がすでに決定したことであって、もはや取り返しが付かないことと説明される。だから、どんなにその人が努力をしても、それで救済の決定が変更になるわけではない。

ただ、ほんの少しの望みの綱《つな》は、自分がすでにキリスト教徒になっているという事実である。

パウロが「ローマ人への手紙」で述べているとおり、神はすべての人間の運命を決めているわけだから、その人がキリスト教の信者であるというのも、また神の決定である。

神様がわざわざ自分を正しい信仰に導《みちび》いてくださったからには、やはり自分の名前は救済リストに載《の》っているのではないかという推定が成り立つわけである。

しかし、これはあくまでも人間の勝手な推定であって、ほんとうのことは最後《さいご》の審判《しんぱん》まで分からない。

だから、真面目《まじめ》な信者であればあるほど、不安はいや増していくのである。

神様は人智《じんち》を超えた存在である。人間の尺度《しゃくど》で神様の決定を予測していいものだろうか。

たしかに、自分はキリスト教の信者ではあるが、だからといって、それだけで安心していいとは限らない。神様には神様の理由があって、私をたまたまクリスチャンにしただけのことかもしれない。

ひょっとしたら、私はやはり救済されないのではないか……。

こう考え出せば、きりがない。答えの出しようがないのだから、不安になるばかりである。いても立ってもいられない。

このようなクリスチャンの不安感を如実《にょじつ》に示す例として、マックス・ウェーバーが挙げたのが『天路《てんろ》歴程《れきてい》』(*Pilgrim's Progress*) である。

この作品は、一七世紀イギリスの説教師バニヤンが書いたもので、当時のイギリスで爆発的に読まれた小説なのだが、物語の主人公はある日、自分が「滅亡の町」に住んでいることに気付き、何もかも捨てて巡礼をしなければいけないと考える。しかし、主人公には妻子があって、彼を引き留《と》めようとする。

「が、彼は指で耳をふさぎ、『生命を、永遠の生命を!』と叫びながら野原を駆《か》け去っていく」(大塚久雄訳・前掲書)

はたして自分は救われるのか。それとも「滅亡の町」の住人なのか……。

真面目な信者であればあるほど、その不安は増大し、いても立ってもいられなくなる。これを解消するためには、ただひたすらに神に祈るしか方法はないのだが、だからといって神に祈ったところで、問題が解決するわけもない。

敬虔《けいけん》なクリスチャンにとって、その信仰こそが精神的苦痛の源《みなもと》になるという悲劇が起きるのである。

中世カトリック教会が秘蹟《ひせき》という、聖書にない宗教儀式を採《と》りいれたのは、こうした緊張感を解消するための苦肉《くにく》の策《さく》であったと言えるだろう。

だが、イスラム教は死後の救済に関する因果律の導入によって、この緊張感を根本《こんぽん》から解消することに成功した。

たしかに、神は万能にして絶対である。だが、ヤハウェやキリスト教の神とは違って、アッラーは慈悲深い。よって、『天路歴程』の主人公のように妻子を捨て、稼業《かぎょう》を捨てて野原を駆け回る必要もない。不安におびえることもない。

また、現世を生きるうえでもイスラム教はまことに安心立命《あんじんりゅうめい》を与えてくれる。幸せも不幸もすべてはアッラーの御心《みこころ》のまま（これをアラビア語で「インシャラー」と言う）。くよくよしたって始まらない。すべては天命なのだから。

この宿命論的な予定説があったからこそ、イスラムはあれほど短期間に爆発的に世界に広がることが可能になったと言っても過言ではあるまい。

一方のキリスト教が、マリア信仰や秘蹟という、聖書にない小道具を用意してようやくヨーロッパ世界に広がったのとは、まことに対照的である。

キリスト教には天国も地獄もない

ところで、イスラム教における救済とは具体的にはいかなるものか。それについて述べていきたいと思う。

すでに述べたとおり、集団救済のユダヤ教において、救済とは「ユダヤ人による世界支配」という形で実現されると説く。ある日、神が突然、この世の秩序を逆転なさって、しいたげられ「賤民《せんみん》」として扱《あつか》われていたユダヤ民族をこの世の主人になさるというわけである。これがユダヤ教における救済のあり方であった。

この「ある日、突然にやってくる救済」がキリスト教に入ってきて生まれたのが「最後の審判」である。

ユダヤ教は集団救済であったが、キリスト教は個人救済である。だから最後の審判によって、その人物が救われるか救われないかは、神様のみがお決めになる。その日になるまで分からない。ユダヤ人なら誰もが救われるというユダヤ教とは、この点が大きく違う。

だが、その一方で共通点もある。

というのは、ユダヤ教もキリスト教もともに救済された人間は、天国だとか極楽《ごくらく》だとかに行かないという点である。

ユダヤ教では、救われたユダヤ民族はみな、この世の主人になる。一方のキリスト教ではどうかと言えば、最後の審判ののちに地上に「神の国」が打ち立てられ、そこで永遠の生命を与えられるとされている。

と書くと、びっくりするに違いない。「そんなはずはない。キリスト教では天国があると言っているではないか」と思う読者は多いだろう。

だが聖書を読むかぎり、イエスは天上に天国が存在し、そこで人間が暮らすとは一言も言っていない。

さらに付け加えれば、天国に行くのは人間の魂《たましい》だと思っている人が多いが、それもまた誤解である。

正統的な聖書解釈によれば、一般に「人の死」と思われているものはあくまでも仮《かり》の姿にすぎない。

なぜなら、最後の審判が始まると、神は人間に完全な肉体を与えて蘇《よみがえ》らせてくださるからである。

そして、その完全な肉体を持つ人間に対して最後の審判が行なわれ、そこで救済された人間は「神の国」で永遠の人生を送ることができる。

では、救済されなかった人間はどうなるか。

有罪の判決が下《くだ》った人間は、そこで本当に死ぬ。つまり永遠の死が与えられる。彼らには、もはや復活の可能性はない。

以上が、聖書に書かれた救済のイメージである。そこには霊魂だけが天国に入るという思想もなければ、そもそも天国などという場所もない。あるのは地上に神が作る「神の国」であり、そこで暮らすのは、永遠に死なない肉体を持った人間なのである。

また、罪深い人間が行くという地獄も実在しない。聖書の中には「地獄 hell」という単語が現われるが、それらはいずれも抽象的《ちゆうしようてき》で、いわば「たとえ」として用《もち》いられているのであり、地獄が実在するとは説いていない。

救われない人間は、最後の審判によって永遠の死を与えられて終わりである。罪人は地獄の火に焼かれて永劫《えいごう》に苦しむなどという思想は、聖書の中には存在しない。

ちなみに、仏教においても釈迦《しやか》は死後の世界について本当は何も語らなかった（中村元《はじめ》説）。したがって、本来の仏教にも極楽や地獄は存在しない。

罪を焼き消す「煉獄《れんごく》」を発明したカトリック

ところで、本来、キリスト教になかったはずの天国や地獄という考えは、なぜ生まれたのか。

これはギリシャ思想の「霊肉二元論《れいにくにげんろん》」の影響である。

人間には魂があって、それが人を人たらしめている。肉体はその入れ物であるという考えは、もともとユダヤ教には存在しなかった。いや、そもそも霊魂という概念《がいねん》すらなかった。古代イスラエル人は死後の世界に興味を持たなかったのである。

というのも、死後の世界の問題を持ち出すと、それはどうしても古代エジプトの宗教に似てくるからである。ご承知のとおり、古代エジプト人は死後の世界を信じた。彼らエジプト人が巨大な墓《はか》を作り、死体をミイラにしたのも〝黄泉《よみ》の国〟を信じたからに他ならない。

前にも述べたが、この時代においてエジプトは圧倒的な文化を誇《ほこ》っていた。かたや古代イスラエル人は西アジア世界における「賤民」である。もし、エジプトの宗教にいささかでも似ている宗教を信じたら、たちまち古代イスラエル人はアイデンティティを失《うしな》い、エジプト人に同化されてしまう。

そこで、古代イスラエルの宗教ではあえて死後の世界に触《ふ》れなかったし、霊魂の実在を考えなかったというわけである。

その思想はイエスにも受け継《つ》がれたわけだが、その後、キリスト教がギリシャ文明の後継者たるヘレニズム世界に広がっていくうちに、霊肉二元論が侵入してきた。「人間の肉体は滅《ほろ》んでも、その魂は永遠に生きる」という考えがキリスト教でも信じられるようになったのである。

そこで生まれてきたのが、天国と地獄という思想であったというわけだ。

つまり、人間は死ぬと霊魂が肉体から離れる。その霊魂の行き場として、天国と地獄が考えられた。天国とは、聖人の魂や天使が住むところであり、地獄とは悪人の魂の行くところというわけである。

もちろん、こんな考え方は正統的なキリスト教解釈では絶対に認められないわけだが、時代を経《へ》るにしたがって、カトリック教会は天国・地獄の思想を採《と》りいれたばかりか、さらに「煉獄《れんごく》」などという妙《みょう》ちくりんなものまで作り出した。

もちろん煉獄 purgatory などという単語は、聖書のどこを探しても出てこない。完全なでっち上げなのだが、アイデアとしてはひじょうに秀逸《しゅういつ》である。

というのは、かりに天国と地獄があるとしても、大多数の人間は生前に罪を多少なりとも犯《おか》しているのだから、天国に行けるはずはない。だとすると、真《ま》っ逆《さか》さまに地獄直行ということになってしまう。

しかし、これではあまりにも救いがない。

そこで、天国に入れるほど善人でもないが、地獄に堕《おと》されるほどの極悪人でもない人間の魂を〝収容〟する場所として煉獄が考え出された。

煉獄に入った魂は、そこで業火《ごうか》に焼かれる。しかし、それは単なる罰ではなく、罪を浄化《じょうか》するための火である。この試練を乗り越えると、その魂は天国の門をくぐれるようになるというわけだ。

これは何とも人情の機微《きび》に触れる大発明である。

世の中には「自分は絶対に天国に行ける」などと言える人はほとんどいない。いや、そう思える人がいたとしたら、人格が疑われる。

どんなに敬虔《けいけん》な人間でも振り返れば、いくつか後《うし》ろめたいことがある。しかし、だからといって、素直に地獄に堕《お》ちるほどの度胸はない。そんなときに「煉獄がある」と聞けば安心して往生《おうじょう》できるというものだ。

こういうアイデアを考えるのだから、カトリックの坊主というのはつくづく頭のいい連中なのである。

イスラム教の天国は、美女と美酒の楽園

さて、こうしたユダヤ教やキリスト教の救済に対して、イスラム教ではいかなる救済を説くか。

イスラム教でも最後の審判が行なわれるとする。

すなわちアッラーがすべての人間を蘇《よみがえ》らせ、完全な肉体を与えたうえで、個別に救済の決定をする

のである。

そして、そこで救済された人間は永遠の生命を与えられて、イスラム版「神の国」にあたる天国「緑園《りょくえん》」と呼ばれる場所に入る。

ここまではキリスト教と何ら変わらない。

ところが、この先が全然違うのである。

まず第一に、キリスト教では永遠の生命を与えられて暮らす「神の国」がいかなる場所なのかはさっぱり分からないが、コーランには緑園のようすが具体的に書かれている。

すでに再三述べているように、イエスは「間もなく最後の審判がやってくる。『神の国』に入れる人間はあまりに少ない。悔《く》い改《あらた》めよ」と説いた。

だが、その肝心《かんじん》の神の国がいかなる場所なのかは、聖書を読んでもさっぱり分からない。

現世《げんせ》の権力はすべて滅び、神の支配が行なわれるというのだが、そこで暮らす人間はどんな生活を送るのかは書いていないのである。

永遠の生命を得て、のんびり遊び暮らせるのであればまだいい。だが、永遠に働かなければならないのかもしれない。また、神の国は極寒《ごっかん》で、人間はぶるぶる震《ふる》えて暮らさなければならないかもしれない。心配すればきりがない。

ところがこれに対して、コーランには緑園のさまが実に生き生きと描かれている。

イエスも知らなかった神の国のありさまを、アッラーはムスリムにだけに教えてくださっているというわけだ。

「刺《とげ》なしの灌木《かんぼく》と下から上までぎっしり実のなったタルフの木の間に（住んで）、長々と伸びた木《こ》

蔭《かげ》に、流れてやまぬ水の間に、豊富な果物が絶えることなく、取り放題」（五六―二七～三二）

かつてアダムとイブが暮らしたというエデンの園と同じく、緑園は暮らしやすく、食べ物に困《こま》らない世界である。

しかもこの緑園ではベッドにアッラーが「特に作った処女」が待っている。彼女たちは「愛情こまやかに、年齢も頃合《ころあ》い」である（五六―三五～三六）。しかも、この女たちは何度交《まじ》わっても処女を失《うしな》わないとも書かれている。

なかには、そんな絶世《ぜっせい》の美女がいたら体が持《も》たないと心配する向きもあるだろうが、たとえ九〇歳、一〇〇歳で死んだとしても、最後の審判のときに神から完全な肉体を与えられているのだから、それは杞憂《きゆう》（よけいな心配）というものだ。

ちなみに、このコーランの緑園記述はもっぱら男性向けに書かれていて、どういうわけか女性の暮らしについては書かれていない。

マホメットは女性も差別しなかったから、女性には女性向けの緑園があるのだろう。きっとそこでは女性には、何度交わっても童貞《どうてい》を失わない年頃の少年が待っているのだろうが、そのことは書かれていないのである。

さて、この緑園の記述で注目すべきは、「天界の美酒《びしゅ》」と言うべき酒をいくらでも飲めるという件《くだり》である。どれだけ美味かといえば、いくら飲んでも酔《よ》わないほどだというのがコーランの説明である。

はたして酔わない酒を飲んで愉《たの》しいかという問題はさておき、イスラムで飲酒を禁止する理由の一つはここにある。つまり、せっかく緑園で最上の酒を飲めるのに、どうして地上のまずい酒を飲んで二日酔いになったりする必要があるかというわけだ。

と書くと、きまって質問が出るのだが、日本に来ているイスラム教徒の中には平気で酒を飲んでいる連中がいる。その証拠に、花見のシーズンともなれば、上野公園あたりはムスリムが飛び入りで宴会をしているじゃないかというわけだ。

しかし、それはイスラム教の理解が浅《あさ》いからそう思うだけのこと。

たしかにイスラムの規範では、飲酒は間違いなく罪である。

しかし、その罪にも重い軽いの区別がある。飲酒なんて、偶像崇拝とかに比《くら》べれば微《び》罪《ざい》も微罪。アッラーの神は多少の罪は見逃《みのが》してくださるのだから、酒くらい飲んでも、その後に十分な善行を行なえば、その罪は帳消《ちょうけ》しになるという理屈も成り立つわけである。

アッラーは商売上手!?

第一部で述べているように、イスラム教では日常生活のすみずみまでが規範によって規定されている。ムスリムはその規範に則《のっと》って生活することが求められている。しかも、ラマダン月になれば断食《だんじき》をしなければならない。

このことから我々はつい「イスラム教は禁欲的な宗教である」と考えてしまうわけだが、この緑園の記述が示《しめ》すように、実はイスラム教は欲望を全然否定していない。

何しろ、緑園には妙齢《みょうれい》の美女が侍《はべ》り、しかも飲めど尽《つ》きせぬ酒が用意されているのだ。アッラーの神は、人間にとっていかに欲望が重要なのかをよくご存じなのである。ただ、この世で程度の低い欲望追求をするより、来世で最高度の快楽を味わったほうがいいと言っているにすぎない。

この点において、対極的なのは仏教だ。

仏教では欲望、すなわち煩悩《ぼんのう》とはすべての迷いや苦しみの源泉であって、それを滅却《めっきゃく》することを目的とする。修行者はあらゆる欲望を断《た》ち切らねばならない。飲酒やセックスはもとより、金儲《かねもう》けさえも禁じる。

ところが、アッラーの神はそうではない。

前にも「アッラー九九の特性」という話を述べたが（第一章 第一節「アッラーは『規範』を与えたもうた」参照）、このアッラーの美質の中には、なんと「勘定高《かんじょう》い」（表中では「計算」と示されている）という項目が掲《かか》げられている。つまり、アッラーの神は商売上手の神様でもあるのだ。

その証拠に、コーランの中には次のような言葉さえ出てくる。

「アッラーに素晴《すば》らしい貸付《かしつ》けをする者はいないか。何倍にもしてそれを返却して戴《いただ》けるぞ」（二―二四六）

言葉を換《か》えれば、これは〝天に貯金せよ〟ということである。

神様に投資をする、あるいは貸し付けるという表現は、仏教はもとよりキリスト教やユダヤ教の中にも絶対、出てこない。しかしイスラムは、神《アッラー》のことを商売の論理で語る。善行をせよというのでも「神《アッラー》に貸付けをせよ」と表現し、その善行の応報が与えられることも「後で何倍にもなって返ってくる」という比喩《ひゆ》をするのである。

さらに、アッラーは最後の審判について、こう述べている。

「一人一人の魂が、それぞれ自分の（現世で）獲《え》た稼《かせ》ぎ高《だか》だけきっちり支払って戴き、不正を受けることなど全然ない……」（三―二四）

つまりアッラーの神は、生前に行なった善行を間違いなく計算し、それに見合った報酬《ほうしゅう》、すなわち救済をなすというわけである。

これはイスラムにおける救済が予定説ではなく、因果律に基《もと》づいていることを示す一例だが、善行のことを「稼ぎ高」と表現するなんて、日本人から見れば、「なんと明《あ》け透《す》けなことか」とびっくりしてしまう。

しかし、これは日本語にするなら、〝徳《とく》を積《つ》め〟ということだ。

コーランの中に、こうした商売にまつわる表現が頻出《ひんしゅつ》してくるのは、マホメットが生きていたアラブ地域が商業で栄《さか》え、しかもマホメット自身も商売をしていたからだと説明されているわけだが、いずれにせよ、アッラーは恐ろしく浮世《うきよ》のことに通じた神なのである。

「永遠の苦しみ」が待つイスラムの地獄

さて、コーランが説く緑園像に関して言えば、はたしてそうした場所に行きたいかどうかは意見が分かれるだろう。

美女がいて、酒が飲めても愉《たの》しくないという人も中にはいるかもしれない。また、緑園には冷たい水が潺々《せんせん》と流れるという記述は砂漠に住む民なら「ありがたい」と思うだろうが、北国に暮らす人にとってはちっとも魅力はないだろう。

このあたりはやはりコーランがアラブ地方の人々に向けて書かれたために起きる限界だろう。

だが、緑園については意見が分かれても、救済されなかった人が行くことになる地獄についての件《くだり》は、誰でも戦慄《せんりつ》する。

すでに述べたように、キリスト教では、救済されなかった人には単に「永遠の死」が与えられるだけであるのだが、イスラム教ではそうではない。緑園に入り損《そこ》ねた人たちは、完全な肉体を持ったままで地獄に堕《お》とされる。

そこで待っているのは、すさまじい苦痛である。

彼らは熱湯や烈火《れっか》にあぶられ、さらに大蛇やサソリによって苦しめられる。あまりの高熱のために彼らの体は焦《こ》げ、ついに炭《すみ》のようになるのだが、それで苦しみが終わるわけではない。

何しろ、完全なる肉体なのだから、死ぬことがないのだ。かくして彼らは永遠《とわ》の時間《とき》を苦痛の中で過ごさなければならない（ただし、熱心なイスラム教徒には地獄からの脱出の道はある。しかし、不信者と悪魔は救われない）。

これがイスラムの描《えが》く最後の審判の姿だ。

すべての人間は天国（緑園）か地獄のどちらかに行く。カトリックの坊主《ぼうず》の言うような煉獄《れんごく》みたいな〝中間地帯〟はない。

となれば、いかに「緑園は退屈《たいくつ》そうだ」と思っても、地獄に行くわけにはいかない。何が何でも緑園をめざして、生きている間はせいぜい善行を行ない、信心に励《はげ》まなければならない。こういう結論になるわけなのだ。

イスラムはなぜ「暗殺教団《アサシン》」を産んだのか

ここまでキリスト教とイスラム教の救済を比較してきたわけだが、さて、どちらの宗教の救済像にあなたは親《した》しみを感じるだろうか。

おそらく、ほとんどの人はイスラム教のほうが分かりやすいと感じるだろう。

救うも救わぬも神様が事前に決定しているとするキリスト教の予定説は、子どものころから聖書に慣《な》れ親しんだ欧米人だってなかなか理解できるものではないし、すんなり信じられるものではない。ましてや、日本人においてをや、である。

それに比《くら》べれば、アッラーの救済は分かりやすい。

何しろ、生きている間に努力をすれば、それによって救われる可能性が高まるというのだから、そっちのほうが納得《なっとく》できるというものだ。

しかもアッラーの神は慈悲深いから、多少の罪を犯《おか》したところで許してくださる。つまり、規範は規範で厳然《げんぜん》としていても、そこには救済の可能性が用意されているというわけだ。

さらに言えば、イスラム教の神はけっして欲望を否定しない。たしかに現世《げんせ》では規範はあるものの、来世《らいせ》には飲めや歌えの緑園が待っているというではないか。欲望を徹底的に否定する仏教などとは天と地の違いだし、こんなことはキリスト教の聖職者だって言わない。

こう考えていくと、まことにイスラム教は現実主義的で、しかも信者に甘《あま》い宗教であると言わざるをえない。

ところが、ところが。

そのイスラム教からは昔《むかし》から暗殺者やテロリストを輩出《はいしゅつ》してきた。

何しろ、古くは「暗殺教団」などと呼ばれた集団があったくらいだ。英語の暗殺者（アサシン assassin）の語源になったとされるのがこの教団で、そのメンバーたちは文字どおり「一人一殺《いちにんいっさつ》」でイスラムに敵対する人物を殺したと言われる。

今日《こんにち》における暗殺やテロの話は、今さら述べるまでもない。パレスチナで行なわれている例の自爆テロ、さらにアメリカで行なわれた同時多発テロでも、決行犯は自《みず》らの命を捨て、テロを行なった。
こうした暗殺やテロの歴史と、アッラーの慈悲深い救済像とが、どうして結《むす》びつくのか。クビをひねる読者も多いのではないか。

ところが、それは誤解もいいところ。

実はアッラーの慈悲深い救済にこそ、こうした暗殺者やテロリストの原点があるのだ。

では、いったいなぜ、そうなるのか。次の節で、その論理を明かしたいと思う。

第三節…………「殉教」の世界史

――イスラムのジハードと中国の刺客《しかく》、その相似性《そうじせい》

「イスラムの論理」を知らぬアメリカの愚《ぐ》

ここまで見てきたように、同じ啓典宗教《けいてんしゅうきょう》でありながら、キリスト教とイスラム教とでは、その内部論理をまったく異《こと》にする。

かたや内面的信仰を重んじ、いっさいの外的規範を要求しないキリスト教に対して、イスラム教は「六信五行《ろくしんごぎょう》」に象徴されるように、内面と外面の両方での信仰を要求する。またキリスト教ではいっさいの因果律を排《はい》し、予定説を救済の基本にするが、イスラム教では「アッラーは慈悲ふかい」がゆえに、因果律の要素が加わって独特の「宿命論的予定説」となる。

ことほどさように、キリスト教とイスラム教との間には大きな懸隔《けんかく》（へだたり）が存在する。「両者とも聖書を教典とする『啓典の民《たみ》』なのだから、理解しあえるはずだ」などと考えるのは、途方《とほう》もない勘違《かんちが》いなのだ。

もし、イスラム教徒の行動を理解しようと思えば、彼らの信じるイスラム教がいかなる宗教であり、その内部論理がどのような構造をしているのかを把握《はあく》しないかぎり、絶対に無理というものである。

ところが、二〇〇一年九月一一日の同時多発テロ事件以来、アメリカのブッシュ大統領の発言や行動を見ていると、いささかもそのような努力をした形跡《けいせき》もない。はっきり言えば、不勉強のきわみである。

たとえ、ブッシュ大統領にコーランを読解する能力がないとしても、アメリカには世界でもトップク

ラスのイスラム研究家が何人もいるのだから、そういう学者をホワイトハウスに呼んでレクチャーを受ければよかった。そうすれば、かの同時多発テロへの対応はずいぶん違ったものになったはずである。

だが、現実を見れば、ブッシュ大統領はあくまでもキリスト教的な理解でイスラム世界に対応しようとしているのだから、これは致命的《ちめいてき》と言わざるをえない。

そのことが端《はし》なくも現われているのが、かの同時多発テロ事件の実行犯たちのことを、頭から「狂信者」「ならず者《もの》」扱《あつか》いにしていることである。

いや、これは何もブッシュ政権に限った話ではない。アメリカのマスコミもまた、ビンラディン氏とアルカイダを同様に扱って憚《はばか》らない。

自《みずか》らの命を捨てて旅客機を乗っ取ってビルに突っ込むような人間が、まともな理性の持ち主であるわけがない、というのがアメリカ人の論理なのだ。

したがって、アメリカ人の目から見れば、アルカイダとはイスラム教を狂信し、ゆがんだ妄想《もうそう》に心を奪《うば》われたクレイジーな人間の集団ということになる。

アメリカの常識は、世界の非常識

軍事施設でもないビルにジェット旅客機を体当たりさせ、そこで働く民間人を無差別に殺すという行為は紛《まぎ》れもないテロであり、そこで殺された人たちには何の罪もない。

だが、だからといって、「イスラム・テロリストは狂信者である」と決めつけるのは、いかがなものか。

たしかにアメリカ的スタンダードから見れば、自分の命を捨ててまで政治的目標を達成するというテロは「異常なる犯罪」である。

たとえば、もし、「ケネディを殺したのは誰なのか知らないが、きっと立派な奴に違いない」などとアメリカ人の面前《めんぜん》で言ったら、どう思われるか。

あるいは、リンカーン大統領を暗殺したジョン・ウィルクス・ブースの勇気と実行力を讃《たた》えて、銅像を造るべきだとパーティで主張したら、どうなるか。

まあ、誰もあなたに口を利《き》いてくれなくなるだろう。

アメリカでは、テロや政治的暗殺というのは「許されざる犯罪」であって、そういうことをする人間に同情の余地はないとされる。ましてや、彼らを賛美することなど、絶対にあってはならない。

事実、アメリカの暗殺史を見ても、その実行犯たちは、ブースをはじめ、たいてい精神に異常があったと決めつけられている。少なくとも、その信念は間違っているとされている。自分の命を捨てて、他人を暗殺するなんて常軌《じょうき》を逸《いっ》した行為であるというわけだ。

しかし、その「常識」が世界のどこでも通用すると思ったら大間違いである。

テロや暗殺が異常な精神の産物であるとは限らないし、また地球上の人間すべてがテロや暗殺を憎《にく》むとも限らないのである。むしろ、それとは正反対に、やむにやまれぬテロや暗殺ぐらい純粋で素晴《すば》らしい行為はないとされ、テロリストや暗殺者が尊敬される文化だってあるのである。

ところが、そのことを不幸にしてアメリカ人は知らない。もちろん、ブッシュ大統領もご存じない。無邪気《むじゃき》にも、「アメリカの不幸」に世界中が同情してくれるものだと思っている。そして、誰もが、アメリカが犯人と決めつけた人（ビンラディン氏とアルカイダ・グループ）のことを憎んでいるものと信じて疑わない。

だが、それに同調してくれるのは、せいぜいヨーロッパ人と、アメリカかぶれした日本人くらいのもの。

暗殺イコール悪、テロすなわち悪という図式は、世界共通のものではないということ。

ここのところをきちんと理解しておかないと、今回の事件はいつまで経っても見えてこないのである。

暗殺を肯定《こうてい》した大歴史家

自分の命を犠牲にして暗殺やテロを行なう。

これをアメリカ人やヨーロッパ人は悪であり、異常な行為と考えるわけだが、それとは反対の見方をするのが他ならぬイスラムである。

前節でも述べたとおり、イスラムの歴史はテロや暗殺の歴史でもある。イスラムには過去、無数の暗殺者がいたし、暗殺教団として恐れられた集団さえあった。こうした「伝統」の背景に、テロや暗殺を善《ぜん》であり、正義であると考える思想があることは容易に推察《すいさつ》できるであろう。

だが、そのような思想は何もイスラムの専売特許《せんばいとっきょ》ではない。

実はもう一つ、似たような思想を持つ文化がある。

それは中国である。

さて、そこであなたに質問をしたい。

【質問】テロや暗殺を行なった人間は、余人《よじん》をもって代えがたい、稀有《けう》の人物であるといった趣旨《しゅし》の文章を書き残し、暗殺者を讃《たた》えた歴史上の人物と言えば誰でしょうか。

はてさて、この問題に答えられる人がどれだけいるか。

昔《むかし》の日本人で高等教育を受けた人なら、この程度の問題、たいていは即答できた。

ところが、戦後の歴史教育の質といえば、下がる一方である。大学で歴史専攻の学生をつかまえて質問しても、まず答えられまい。

正解は、中国の司馬遷《しばせん》である。

太史公《たいしこう》、司馬遷。

後世に「最高の史書」と謳《うた》われた『史記《しき》』を書いた大歴史家である。

その司馬遷が「暗殺者賛歌」を書いたと言うと、驚く人があるかもしれない。

しかし、彼はその著『史記』の中に、わざわざ暗殺者を讃えるための章を設《もう》けているのである。

その名を「刺客列伝《しかくれつでん》」と言う。

刺客とは、中国における暗殺者の謂《い》いである。「せきかく」、あるいは「しかく」と訓《よ》む。

司馬遷《しばせん》が「刺客列伝」を丞相伝《じょうしょうでん》の間に置いた〝真意〟

古来、中国では刺客は尊敬の対象であった。一種のヒーローである。犯罪者、異常者扱《あつか》いされるアメリカの暗殺者とは天と地ほどの違いだ。

そのことは『史記』における「刺客列伝」の扱いひとつを見ても分かるというものである。

読者もよくご存じのように『史記』は、いわゆる紀伝体《きでんたい》で書かれた歴史書である。

事件や事故を時系列《じけいれつ》にしたがって記す編年体《へんねんたい》の歴史書とは違い、紀伝体の史書においては、天子《てんし》（皇帝）の伝記である「本紀《ほんぎ》」をまず記し、その後に皇帝に仕《つか》える諸侯《しょこう》を扱う「世家《せいか》」、さらに臣下《しんか》の伝記として「列伝」を掲《かか》げる。この形式を作り出したのが、他ならぬ司馬遷である。

したがって、皇帝以外の一般の人間が史書の中に列伝を立ててもらえること自体、たいへんな栄誉《えいよ》である。

政治に功績を残した名丞相《めいじょうしょう》か、戦場で大功績を挙げた将軍クラスでなければ、普通は列伝にリストアップされない。あの韓非子《かんぴし》や孟子《もうし》でさえ、司馬遷は単独で列伝を立てなかった。

ところが、その司馬遷は、あえて「刺客列伝」なる章《しょう》を作り、そこに六人の暗殺者の生涯を記した。

ちなみに「刺客列伝」は『史記』七〇列伝中、前から二六番目に登場する。早ければ偉《えら》いというわけでもないが、その前後を固《かた》めているのが「呂不韋《りょふい》列伝」と「李斯《りし》列伝」であるのは実に印象的である。呂不韋も李斯も秦《しん》の丞相《じょうしょう》（総理大臣）である。

司馬遷はけっして偶然で、この位置に「刺客列伝」を置いたわけではない。そこには彼なりの意図《いと》があった。

それは彼が「刺客列伝」の巻末に、友人の言葉を借りて次のように記していることからも分かる。

司馬遷は記す。

「ここに掲げた刺客は、ある者はそれに成功し、ある者は成功しなかった。しかし、いずれも一度、志《こころざし》に決めたことを守りとおした。彼らの名は後世《こうせい》に残った。彼らの行為はけっして無意味ではなかったのだ」

司馬遷が二人の丞相の間に「刺客列伝」を置いた理由は、まさにここに言い尽《つ》くされている。

すなわち、暗殺者とは犯罪者ではない。ましてや異常者でもない。

それとは正反対に、刺客とは「後世に名を残すべき存在」であり、その行為は賛美に値《あたい》する。

だからこそ、司馬遷は「刺客列伝」を丞相伝の間に置いたのである。

壮士《そうし》ひとたび去って復《ま》た還《かえ》らず

紛《まぎ》れもなく人類が産んだ最高の史家の一人、司馬遷は、刺客たちの生き方を賛美してやまない。

では、いったい何ゆえに彼らは偉いのか。

その理由を考えるうえで手がかりとなるのは、中国の刺客と欧米の暗殺者との比較である。「刺客列伝」を一度でも読んだことがある人なら、彼ら刺客が欧米の暗殺者とはあまりに違う存在であることに驚かれるに違いない。

欧米の場合、暗殺者は大きく分ければ二つのタイプに分類できる。

一つは、己《おのれ》の政治的信念などを実現するために、あえて自分の命を捨てて「邪魔者」を排除するというタイプ。アメリカ人の言うところの「狂信者《ならずもの》」である。

もう一つは、プロの殺し屋である。

すなわち依頼人と契約を結《むす》び、報酬《ほうしゅう》を受け取って暗殺を実行する。漫画のゴルゴ13、あるいは映画「ジャッカルの日」に出てくる狙撃者《そげきしゃ》のカルロスは、その典型である。

これらプロの殺し屋は金儲《かねもう》けが目的であるのだから、生還《せいかん》することを前提に行動する。どんなに高額な謝礼を積《つ》まれても、自分の命を失《うしな》ってしまったのでは意味がないのだから当然である。

プロとノン・プロ、この違いは大きいが、しかしそれでもこの両者に共通しているのは、その暗殺によって何らかの利益を得るという点である。

プロの場合は暗殺によって報酬を稼《かせ》ぐし、ノン・プロの場合は、邪魔者を排除することで自分の望みが死後にかなうわけだ。

ところが『史記』には、こうした直接的利益を超越して行動する暗殺者がいるのだから驚かされる。

「刺客列伝」に登場する主人公は全部で六人。

曹沫《そうかい》、専諸《せんしょ》、予譲《よじょう》、聶政《じょうせい》、荊軻《けいか》、高漸離《こうぜんり》。

秦王《しんおう》、のちの始皇帝《しこうてい》を暗殺しようとした荊軻と並んで、聶政は昔《むかし》から「刺客の中の刺客」として中国では尊敬されてきた人物である。

この聶政は韓《かん》の大臣をしている俠累《きょうるい》を暗殺した。その結果、彼自身も死んだ。

が、聶政は俠累に何の恨《うら》みもなければ、会ったことすらない。

また、俠累を殺したからといって、彼には何の得もない。そもそも彼は斉《せい》の国の人間であって、韓なんて他国のことである。

では、いったいなぜ彼は自分の命を捨ててまで暗殺を行なったかといえば、厳遂《げんすい》という男に頼《たの》まれたからであった。つまり代理殺人であるわけだ。

ところが、この代理殺人にはいっさい報酬らしきものが存在しない。

そもそも厳遂と彼とはけっして親《した》しくもなければ、厳遂に恩があったわけでもない。ましてやカネを渡されたわけでもない。それなのに彼は自分の命を捨てて、俠累を殺した。

欧米的な暗殺観からすれば、聶政の行動はまさにクレイジーの一語に尽《つ》きる。いや、他の刺客にしても、同じに見えるであろう。

風蕭々《かぜしょうしょう》として易水《えきすい》寒く
壮士《そうし》ひとたび去って復《ま》た還《かえ》らず

燕《えん》の人・荊軻《けいか》が、秦王《しんおう》、のちの始皇帝《しこうてい》を暗殺するために出発したときに遺《のこ》したとされる有名な詩である。

この歌のとおり、荊軻は秦王によって殺される（第二章 第三節内コラム「刺客中の刺客・荊軻」参照）。そして、彼の後を追って刺客となった友人・高漸離《こうぜんり》もまた処刑される。

この荊軻の有名な詩も欧米的感覚からすれば、常軌《じょうき》を逸《いっ》したものである。少しなりとも常識を持った人間なら、生還の努力をするのが当たり前ではないか。それなのに、そのような努力を最初から放棄して死地に赴《おもむ》くなど、正気《しょうき》の沙汰《さた》ではないというわけだ。

ところが、中国では昔から荊軻・聶政といえば、刺客の鑑《かがみ》（拙著『小室直樹の中国原論』徳間書店・四九ページ参照）。司馬遷はこの二人のことを記したくて「刺客列伝」を書いたと言っても過言ではない。

いったい、なぜこのような、欧米人から見れば「クレイジーな暗殺」に中国人は感動するのか。

この理由を解き明かしていけば、おのずからイスラムにおける暗殺やテロの位置も理解できる。イスラム理解の補助線《ほじょせん》として、「刺客列伝」の解読はきわめて重要なのである。

聶政《じょうせい》はいかにして刺客になったのか

さて、そこで聶政《じょうせい》の物語をごくごく簡単に紹介していくことにしよう。

斉《せい》の国で暮らす聶政には過去があった。彼はかつて郷里で人を殺したために、仇《あだ》を避《さ》け、母や姉とひっそりと暮らしていたのである。

その聶政のところにある日、厳遂《げんすい》という男が訪《たず》ねてきた。

厳遂がやってきたのは、無論、韓の大臣をしている俠累《きょうるい》を暗殺してもらうためであった。

かつて韓王の臣下であった厳遂にとって、俠累は不倶戴天《ふぐたいてん》の敵。そもそも彼が斉に亡命《ぼうめい》してきたのも、この大臣のせいであったのだ。

そこで、勇敢な男と評判の聶政に、俠累の暗殺を引き受けてもらおうとしたわけだ。

だが、聶政は厳遂に会おうともしない。何度も厳遂は門前で追い返されるのだが、ある日、ようやく聶政に面会できる。

そこで厳遂は百鎰《いつ》（一鎰は二四両《りょう》）という大金を「あなたのお母さまに」と言って差し出す。もちろん、それを聶政は「そんなものを受け取るいわれはない」と言って断わる。

これに対して、厳遂は「実は私には仇《かたき》があって、それを誰かに討《う》ってもらいたいと思っておりましたら、あなたのお名前を聞きました。それで何とか誼《よしみ》を通じたいと思って、お母上に贈り物をさしあげたのです」と打ち明けた。

聶政は言下《げんか》に断わった。

「そもそも私が、このような暮らしをしているのも、すべては老母を養《やしな》いたいがため。母が健在なうちは、誰にもわが身をゆだねる気などはありません」

ここまで言われたら、厳遂も引き下がるしかない。彼はあくまでも聶政に礼を尽くしながら、その場を立ち去った。

ところが、それから数年して、突如《とつじょ》、聶政は心変わりをする。そして、厳遂の願いを聞こうと考えるのだ。

その直接のきっかけは母親の死であった。

大事にしていた母が死に、三年間の喪《も》が明けたところで聶政はしみじみと悟った。

「考えてみれば、私は一介《いっかい》の庶民だ。というのに、厳遂殿はわざわざ卑《いや》しい身分の私を訪《たず》ねてくださり、礼を尽くしてくださった。考えてみれば、これほど光栄なことはない。あのときは母の孝養を理由に断わったが、今やその母も亡《な》い。あとは、この命を厳遂殿に捧《ささ》げることにしよう」

そこで彼は厳遂のところに赴《おもむ》くのである。

犬死《いぬじに》なのか、名誉の死なのか

いったい、なぜ聶政は心を変えたのか。

その理由を理解することが、中国における刺客を理解するための最大のポイントである。

改めて言うまでもないが、この時点において聶政は厳遂に対して何の義理もなければ、何の借りもない。厳遂が差し出した大金も突き返しているくらいである。

ところが、その厳遂に対して、聶政は自分の命までも捧げようと考える。

しかも、このとき聶政は、自分が殺すべき人間の名前も官職も知らされていないのである。

厳遂は「私には仇《かたき》があります」と言っただけである。ひょっとして、その任務は途方《とほう》もなくむずかしいかもしれないし、生きて帰れないかもしれない。

いや、事実、彼は生きては還《かえ》れなかった。俠累暗殺には成功したものの、多数の側近たちに殺され、あわれ聶政の骸《むくろ》は韓の街にさらされることになった。

こんなこと、〝ゴルゴ13〟だったら絶対にありえない話である。

もし、あなたがこの話を下敷きにしてアクション映画の台本を書き、ハリウッドで売り込もうと思っても、誰も相手にしてくれないだろう。

「誰がこんなことで自分の命を捨てるものか。まったく現実味《み》のない脚本だ」と言われて、玄関払いにされるのがオチである。

いったいなぜ、見ず知らずといっていい厳遂の頼みを聶政は聞く気になったのか。

その答えは、先ほど紹介した司馬遷の言葉の中にある。

もう一度、思い出してほしい。

司馬遷は「刺客列伝」の末尾に、こう記していた。

「ここに掲げた刺客は、ある者はそれに成功し、ある者は成功しなかった。しかし、いずれも一度、志《こころざし》に決めたことを守りとおした。彼らの名は後世《こうせい》に残った。彼らの行為はけっして無意味ではなかったのだ」

司馬遷は、彼ら刺客の死は「無駄死《むだじに》」「犬死《いぬじに》」ではなかったと断言する。

なぜ、そうなのか。

暗殺に成功したからだろうか。

否《いな》。

暗殺に失敗しても、彼らの死は犬死ではない。

そう司馬遷も明言しているではないか。

では、なぜ。

後世に名を残したからである。

聶政が厳遂の依頼《いらい》に応《こた》えようと考えたのも、まさにその理由からであった。

もし、ここで厳遂のために死ぬことができれば、自分の名前は永遠に語り継《つ》がれるだろう。その確信が彼の中にあったからこそ、聶政はあえて刺客になったのである。

「士《し》は己《おのれ》を知る者の為《ため》に死す」

ほとんど面識もないに等《ひと》しい厳遂の頼《たの》みを聞き、代理殺人者となることで、聶政はどうして歴史に名を残せると思ったのか。

この点については補足説明が必要であろう。

中国には古来、「士《し》は己《おのれ》を知る者の為《ため》に死す」ということわざがある。

士とは「国士《こくし》」、すなわち天下第一等の人物のことである。

ここで中国史に詳《くわ》しい読者なら、『三国志《さんごくし》』の「三顧《さんこ》の礼《れい》」を思い出すであろう。

天下の大軍師の力を借りるため、劉備玄徳《りゅうびげんとく》は身分の低い諸葛孔明《しょかつこうめい》の家を三度訪問した。この三顧の礼に感激して、以後、孔明は劉備に仕《つか》えてその生涯を終えた。まさに孔明は、己を知る者につくして死んだのである。

厳遂の聶政に対する態度も、まさに国士に対するそれであった。

聶政の貧しい家に上がっても、厳遂はけっして礼を忘れなかったし、また聶政の母に対しても礼を尽くした。さらに、聶政からけんもほろろの対応をされても、それでも怒らなかった。つまり、厳遂は彼を国士として扱《あつか》ったわけだ。

といっても、このときの厳遂の態度が本心から出たものであるかは大いに疑わしい。

厳遂としては、何が何でも聶政に引き受けてもらいたいという一心《いっしん》から、うわべだけ丁寧《ていねい》な応対をしたとも考えられる。

いや、おそらくそうであろう。

劉備にとっての孔明は余人《よじん》をもって代えがたい人材だが、この時点での聶政の存在は、厳遂にとって〝ただの刺客候補〟にすぎなかったかもしれないのだ。

だが、そんな厳遂の思惑《おもわく》など、聶政には関係ないのである。

厳遂のような貴人《きじん》が、自分のような庶民に対して礼を尽くしてくれた。

これは古来から言う「士は己を知る者の為に死す」という言葉どおりの話ではないか。

とすれば、それに殉《じゅん》じて死ぬことができれば、自分の美挙《びきょ》は「国士のお手本」として語り継《つ》がれていくに相違ない（事実、『史記』に書かれることでそうなった）。

その確信がなければ、聶政は自分の命を捨てようとは思わなかったであろう。

何度も繰り返すが、聶政は厳遂がどんな男であるかも知らない。また、誰が暗殺のターゲットになるのかも分からない。厳遂にとって、聶政はただの「使い捨ての暗殺者」なのかもしれないのである。

しかし、聶政はそれでもかまわないと思った。歴史に名を残せることに比《くら》べれば、そんなことは些事《さじ》（ごく小さなこと）にすぎないからである。

後世に範《はん》を垂《た》れてこそ

「豹《ひょう》は死して皮を留《とど》め、人は死して名を留む」（『新五代史』「王彦章伝」）

中国人は、自分の名前を歴史に刻《きざ》むために死ぬ。

と書くと、おそらく読者の中には猛然と反論する人もあるだろう。

歴史の中に名を残したければ、そんな死に方をするよりもっといい方法がいくらでもある。

一所懸命に努力して、政治家になるなり、軍人になるなりすればよい。あるいは、金儲《かねもう》けに励《はげ》んで、大商人になるという道だってある。

そうやって有名になれば、いくらでも歴史に名を残せるというもの。どうして好きこのんで、他人の仇討《あだう》ちのために代理殺人者になってまでして死ぬ必要があろうか。

しかし、それは大きな勘違《かんちが》いというものである。

聶政が刺客となって壮烈《そうれつ》な死を遂《と》げたのは、何も世間的な名誉心からではない。単に名誉欲のためであれば、なるほど他にも方法があるだろう。

だが、聶政が求《もと》めていたのは単なる名声ではない。

彼が欲《ほっ》していたのは、歴史の中で永遠に語り継がれていくことだった。

男子《だんし》たるもの、かく生きるべし。

その模範を示して歴史に名を刻むことができれば、命なんて何が惜《お》しいだろう。束《つか》の間《ま》のこの世の富《ふう》貴《き》など何になろう。

だからこそ、聶政や荊軻はあえて困難な道を選んだ。生きて還《かえ》ることのない刺客となったのは、まさにそのためだった。

壮士として生き、壮士として死んだ聶政の名前は、永遠に語り継がれるであろう。この名誉に比べれば、一時の栄耀栄華《えいようえいが》など鴻毛《こうもう》よりも軽い（このうえなく軽いこと）というわけだ。

中国人にとっての歴史とは、かくも重い存在なのである。

「歴史教《れきしきょう》」とは何か

死んで歴史に名を残すことができれば、この世の幸福など得られなくてもかまわない。いや、命だって惜しくない。

まさにこの感覚は、宗教に通じるものがある。

キリスト教もイスラム教も、最後《さいご》の審判《しんぱん》ののちに真の救済が訪《おとず》れるとする。そして、その救済を得るためには、現世の幸福などにこだわるなと説《と》く。

カネを持っていても、けっして幸福とは言えない。むしろ金持ちが神の国に入るのは、ラクダが針《はり》の穴《あな》を通るよりむずかしい（マタイ福音書、マルコ福音書）。こうイエスは説いた。

仏教もまたしかり。

仏教における救済は「涅槃《ねはん》」という形で示される。

すべての煩悩《ぼんのう》を断《た》ち切り、苦をもたらす因果律から脱却した境地が涅槃である。その涅槃を得るためには、もちろん現世の幸福なんてどうだっていい。涅槃を求めたければ、すべてを振り捨てて出家せよと釈迦《しゃか》は説く。

中国の「歴史教《れきしきょう》」もまた、キリスト教、イスラム教、仏教などと同じ構造を持っている。

キリスト教やイスラム教では、最後の審判ののちに救われた人間は永遠の生命を与えられるとする。

それと同じように、中国人は歴史の中に名を刻むことで永遠の生命を得る。

聶政はそのためにこそ、自《みずか》らの命を捨てたのである。「刺客列伝」に記された他の五人もまたしかり。

紙幅《しふく》の都合でここでは詳《くわ》しくは紹介しないが、たとえば刺客の一人、予譲《よじょう》は、趙《ちょう》襄子《じょうし》という晋《しん》の大臣を討《う》つために、体中《からだじゅう》に漆《うるし》を塗《ぬ》って「癩者《らいしゃ》」（癩とはハンセン病のこと。当時は不治とされた）を装《よそお》った。

しかし、それだけでは不充分として、炭《すみ》を飲んで声を出なくして、さらにボロボロの服を着て物乞《ものご》いになりすました。

言うまでもなく、相手を油断《ゆだん》させようという計略《けいりやく》である。

彼のこの行動を知った友人たちは、忠告した。

「何も仇《あだ》を討つのに、そこまでしなくてもいいではないか。そもそも、予譲、君は優《すぐ》れた才能の持ち主だ。その能力を生かせば、趙襄子は君を召《め》し抱《かか》えてくれるはず。そうやって彼に近づいてから、殺したほうが楽ではないか」

だが、これに対して予譲は憤然《ふんぜん》と答えた。

「もし、そのようなことをすれば、趙襄子の家来になってしまう。家来が自分の主人を殺したのでは、後世に模範を垂《た》れることにならないではないか！」

中国人は歴史に名前を残すためなら、どんな苦難もいとわない。いや、むしろ好《この》んで苦難の道を歩《あゆ》むべきなのだ。まさに、その姿は、宗教における求道者《ぐどうしゃ》と何ら変わるところがないのである。

刺客とは「歴史教」の殉教者だった

すでに本書で述べてきたように、中国の儒教《じゆきよう》は集団救済の宗教であって、個人の救済を説かない。この世に聖人が現われ、理想的な政治が行なわれることで天下の万民《ばんみん》は救われる。こう考えるのが儒教である。

だからこそ、孔子《こうし》は弟子・伯牛《はくぎゆう》が病《やまい》の床《とこ》に臥《ふ》しても、何もしてやらなかった（第二章 第二節内「神が名乗るのをためらった理由」参照）。儒教は個人の救済を対象にしないのである。

死んで歴史に永遠の名前を残すという思想は、集団救済のみを目的とする儒教を補完《ほかん》するものとして現われたと見ることができるだろう。

親に孝《こう》、君《きみ》に忠《ちゅう》を貫《つらぬ》き、義士《ぎし》として生きぬいてきた人間が死んでも、天《てん》は彼を救ってくれない。が、その代わりに〝歴史〟が彼を個人救済してくれるというわけである。

刺客たちが死地に赴《おもむ》いたのも、その確信が根底にあったからに他ならない。

たとえこの身が切り刻まれ、死骸《しがい》が辱《はずかし》められようともかまうものか。自分たちはかならずや歴史の中で永遠に生きる。

彼らの心中《しんちゅう》には、救済の確信があったのである。

ご承知のとおり、キリスト教の歴史にはたくさんの殉教者《じゅんきょうしゃ》が現われた。ローマの皇帝ネロは彼らを火あぶりにして楽しんだし、また徳川時代にもたくさんのキリシタンが処刑された。しかし、彼らクリスチャンはどんなに苦痛を与えられても、従容《しょうよう》と死に赴いた。

なぜか。

彼らは救済を確信していたからである。

この苦難は神が与えたものであり、この苦しみを乗り越えれば、救済が待っているはずだと思ったからである。

荊軻（第二章 第三節内コラム参照）や聶政、予譲たち刺客と、キリスト教の殉教者たちは、まったく同じ確信を抱《いだ》いて死に臨《のぞ》んだ。彼らはともに救済の確信を持っていた。

中国における刺客とは、言うなれば「歴史教」の殉教者であったというわけだ。


元《げん》の猛威に一人立ち向かった南宋《なんそう》の忠臣・文天祥《ぶんてんしょう》

歴史に名を残すことこそが、個人における救済である。

この考え方は何も古代中国にかぎった話ではない。その後の中国人たちもまた、同じ信念を抱《いだ》いていた。

そのことを如実《にょじつ》に示《しめ》すのが南宋《なんそう》の政治家・文天祥《ぶんてんしょう》のケースである。

中国の諸王朝の中で最《もっと》も繁栄した帝国といえば、宋《そう》である。なにしろ宋の経済力たるや、当時の地球上で最大であり、またその文化も最高潮に達した。

現在、我々が知っている中国物産のほとんどは宋の時代に開発されたと言っても過言ではない。たとえば、中華料理が現在の形になったのも、おおむね宋の時代である。

この時代、中国ではエネルギー革命が起き、高温で燃えるコークスが安価に手に入るようになった。そこで料理においても、強い火力を用《もち》いることが可能になり、今のような中華料理のスタイルが生まれたというわけである。

経済力でも文化力でも宋は歴代王朝の中でも最高度に達したが、唯一の弱点は軍事力にあった。宋の皇帝は文官を重んじすぎた。そのような時代の将軍や兵隊が戦争に強いわけがない。

かくして宋は北方から来た女真族《じょしんぞく》の金《きん》に侵略され、江南《こうなん》の地に逼塞《ひっそく》する（追いやられる）ことになった。これが南宋である。

ところが、それで南宋の苦難は終わったわけではなかった。

というのも、そこに蒙古《もうこ》（元《げん》）軍が襲来したからである。女真族にだって負け込んでいる南宋の軍隊が、世界の大半を席巻《せっけん》したモンゴル人に勝てるわけがない。宋の皇帝・度宗《たくそう》は詔《みことのり》を発《はっ》して、勤王《きんのう》の士を募《つの》ったのだが、応募する者さえほとんど現われなかったというありさまだった。

ところが、そこに例外がいた。

文天祥である。

［コラム］刺客中の刺客・荊軻《けいか》

本文では、中国人のエトス（行動様式）理解の好例として聶政《じょうせい》を挙げたが、刺客中の刺客として有名なのは荊軻である。

荊軻は秦王の嬴政《えいせい》、すなわちのちの始皇帝《しこうてい》を暗殺しようとした。戦国時代末期、「戦国の七雄《しちゆう》」（秦《しん》・楚《そ》・斉《せい》・燕《えん》・韓《かん》・魏《ぎ》・趙《ちょう》）が激しく争っていたが、中でも秦が圧倒的に強くなった。

秦王政は宿敵・趙を滅亡させたのち、燕に狙《ねら》いを定めた。

この事態を憂《うれ》えたのが燕の太子《たいし》であった丹《たん》である。丹はかねてから尊敬していた田光《でんこう》先生に秦王の暗殺を依頼するが、先生は「高齢なので」と辞退し、その代わりに荊軻を紹介した。そして先生自身は暗殺の秘事を守るために自害した。

さて、その荊軻は剣技を得意とする遊説《ゆうぜい》の士《し》で、たまたま燕に滞在していた。

太子丹は荊軻を「士」としての礼をもって迎え、さかんにもてなし、しかるのちに荊軻に秦王の暗殺依頼をする。結局、荊軻はそれを引き受けた。

だが、大国秦の王に会うことは容易ではない。

そこで丹は秦から亡命してきた将軍樊於期《はんおき》の首を、秦王への手みやげにすることにした。

荊軻が将軍に事情を説明すると彼は「憎《にく》き秦王を殺すためなら喜んで」と言って自ら《みずか》自分の首を刎《は》ねた。

いよいよ荊軻は、樊於期の首と、秦に進呈《しんてい》する燕領の地図を持って秦王・嬴政《えいせい》の引見《いんけん》を受けることになった。荊軻は泰然《たいぜん》自若《じじゃく》として、秦王に「これが燕の地図です」と言った。

秦王が巻物を広げると、中から匕首《あいくち》が現われた。王が驚く暇《いとま》もあらばこそ、荊軻は左手で王の袖《そで》をつかむ。右手は電光石火《でんこうせっか》の早業《はやわざ》で匕首を握った。

だが、荊軻が切ってかかるや、秦王は体を引いた。匕首は衣《ころも》の袖を切っただけであった。

逃げる嬴政、追う荊軻。だが、時に利《り》あらず、荊軻は秦王の剣に倒れた。

荊軻は最期《さいご》にこう言ったという。「お前（秦王）を生け捕《ど》りにしようとしたのが、失敗の元だった」と。

この世の栄華《えいが》よりも、「歴史」による救済を選んだ男

だが、奮戦むなしく、文天祥は囚《とら》われの身となって、皇帝フビライの前にひきすえられた。

フビライは彼に言った。

「文天祥、お前は中国人にしては見込みがある」

大人《おとな》しく降伏してフビライに臣下の礼を執《と》れば、お前を丞相《じょうしょう》（首相）にしてやると言うのである。

過去、これだけの厚遇《こうぐう》を受けた捕虜《ほりょ》が世界のどこにいただろう。

二〇世紀の話に置き換えれば、大東亜戦争《だいとうあせんそう》に負けた日本の首相を捕まえて、いさぎよく降伏すればお前をアメリカの大統領にしてやるというようなものだ。

さて、文天祥はこれにどう答えたか。

イエスと答えれば、栄耀栄華《えいようえいが》は思いのまま。何しろ、世界帝国・元《げん》の首相の地位が待っているのである。

ノーと答えれば、即刻その場で殺されても文句は言えない。クビと胴体は離ればなれになり、大地に転《ころ》がるのが関《せき》の山《やま》。

これは誰がどう見ても、イエスと答えるに決まっている。

ところが、忠臣・文天祥はこの申し出を断固《だんこ》拒絶した。

このときの心境を文天祥は詩に託《たく》して、こう述べている。

「人生、古《いにしえ》より誰か死無《な》からん。丹心《たんしん》を留取《るしゅ》して汗青《かんせい》を照《て》らさん」（「零丁洋《れいていよう》の詩」）

丹心とは真心《まごころ》、汗青とは歴史のこと。

すなわち、「人間はいずれ死ぬ。同じ死ぬのなら、忠義の心を留《とど》めて歴史を照らして、後世の模範と

なりたい」というのが彼の覚悟であったわけだ。

我々はここにも中国人の「歴史教」を見ることができる。

彼は現世における幸福より、歴史による救済をこそ望んだのだ。

獄《ごく》にあること三年、彼はついに処刑された。まさに文天祥は、歴史教に殉じた〝中国的殉教者〟であった。

中国の歴史家と聖書の預言者《よげんしゃ》の共通点

ここまで来れば、司馬遷が「刺客列伝」を記した意図《いと》はますます明らかというものだ。歴史こそが個人を救済する。これが中国の歴史教である。つまり、中国における歴史は、一神教《いっしんきょう》における神と似た位置を占《し》めている。

史家は、その歴史の啓示《けいじ》するところを記録する人間である。すなわち、史家とは啓典宗教《けいてんしゅうきょう》における預言者《よげんしゃ》のような役割を与えられているのだ。

だからこそ、司馬遷は刺客の記録を書かねばならなかった。

刺客は歴史に永遠の名を刻《きざ》んだ殉教者である。この英雄たちの事績《じせき》を顕彰《けんしょう》し、その記録を遺《のこ》すのが史家としての司馬遷の義務であったのだ。

先に紹介した文天祥は「正気《せいき》の歌」なる有名な詩を残した。吉田松陰《よしだしょういん》や橋本左内《はしもとさない》ら維新の志士たちはこの詩をこよなく愛唱した。

この詩の中で、文天祥は中国史に現われた代表的人物の名を挙《あ》げていく。

「時《とき》、窮《きゅう》しては節乃《せつすなわ》ち見《あらわ》れ、一々丹青《いちいちたんせい》に垂《た》る」（国家が危機に瀕《ひん》したとき、道義を知る者が現われ、その行

為は歴史に刻まれている）

そう言って彼が挙げていく義士物語の一つに、斉《せい》の太史《たいし》（史官のトップ）の話がある。

斉の大臣・崔杼《さいじょ》は、君主たる荘公《そうこう》が弑《しい》される（殺される）のを放置した。

ときの太史は、この事実をはっきりと、崔杼はその君を殺したと記録に残した。

この行為が崔杼の怒りを買わないわけがない。何しろ、今や崔杼は斉の独裁者なのである。

崔杼はただちにこの太史を殺した。

すると、その後を継《つ》いだ太史の弟がまた「崔杼、その君《くん》を弑《しい》せり」と記した。そこで、また崔杼はこの弟も殺した。

ところが、その弟もまた史官となるや、同様のことを記した。崔杼はまた、その弟も殺す。

真実を正史《せいし》に留《とど》めるために三人の人物が殺されたわけである。

だが、それでもこの史官の一族はけっして筆《ふで》を曲げようとしなかった。

三人の兄弟の後を継いだ四人目の弟も、また崔杼の弑逆《しいぎゃく》を記録したのである。

ことここに至《いた》って、さしもの独裁者・崔杼も「史官とは、かくなる生き物なのか」と諦《あきら》めた。かくして、崔杼の不忠は今も歴史に残っているのである……。

中国における歴史家とは、単なる記録者や好事家《こうずか》（ものずきの人）の謂《い》いではない。歴史の重さを知り、歴史に殉《じゅん》じる覚悟を持って、はじめて彼は史家になれる。そのことを斉の太史一族の物語は教えてくれている。まさに中国における歴史家とは、苦難の道を歩む預言者にそっくりではないか。

「古《いにしえ》をもって鏡《かがみ》となす」中国人

刺客こそ、正史に名を刻むべき人物である。

このような発想は、ヨーロッパやアメリカではかつて生まれたことがない。

たとえば、『プルターク英雄伝』やヘロドトスの『歴史』を繙《ひもと》いてみよ。そこに、はたして暗殺者を讃《たた》えた章《しょう》があるだろうか。

あるいは、ギボンの『ローマ帝国衰亡史《すいぼうし》』を開いてみるといい。そこに、皇帝暗殺者の列伝が載《の》っているだろうか。

さらに、アメリカの歴史学者の書くアメリカ通史《つうし》はどうか。そこにリンカーンの暗殺者ブースの半生《はんせい》が紹介されているであろうか。

もちろん、そんな話が載っているはずもない。

ヨーロッパやアメリカにおいては、暗殺者とはつねに日陰《ひかげ》の存在であり、正史で堂々と記されるような種類の話ではない。ましてや、その行為を褒《ほ》めそやすなど考えられもしない。

たとえば、ローマ史上最《もっと》も有名な暗殺は、ブルータスによるシーザー殺し。だが、そこで主人公となるのはシーザーであって、ブルータスではない。

「ブルータスはあくまでもローマ市民に対して忠義であったので、身を捨てて独裁者シーザーを倒した。その志《こころざし》は天晴《あっぱ》れであった。彼こそ歴史に名を刻むべき人物である」などとは書かないのである。

なぜ、ヨーロッパでは暗殺者は歴史の主人公になりえないのか。

その理由は、中国とヨーロッパの歴史観の違いに由来《ゆらい》する。

すなわち、中国人は歴史を「普遍的《ふへんてき》なもの」、そして「不変《ふへん》のもの」と考える。

一方のヨーロッパ人は歴史を「変転《へんてん》するもの」と考える。

この違いが、暗殺者に対する評価の違いを産んだ。

中国人の歴史観を端的《たんてき》に示《しめ》しているのが、唐《とう》の太宗《たいそう》が語ったという次の言葉だ。

「それ銅をもって鏡《かがみ》となせば、もって衣冠《いかん》を正《ただ》すべし。古《いにしえ》をもって鏡となせば、もって興替《こうたい》を知るべし」（『貞観政要《じょうがんせいよう》』仁賢篇）

古《いにしえ》をもって鏡となす――歴史を学べば、そこに興亡盛衰《こうぼうせいすい》の法則を知ることができる。よって歴史を学ぶことが政治家としての務《つと》めである。

この言葉が示しているのは、「歴史の法則は古今東西《ここんとうざい》を通じて一貫している」ということである。

つまり、過去に起こったことは現代でも起きる。また、未来においても繰り返される。だから、現在を知り、未来を予測するには歴史ほど役に立つものはない。

これが中国人の歴史観なのである。

社会は〝進化《しんか》〟する――マルクスに見るヨーロッパの歴史観

中国人にとって、歴史とは普遍《ふへん》かつ不変《ふへん》のものである。

だからこそ歴史は重要であり、その歴史を記録する史官たちは、命を賭《か》けてでも真実を後世《こうせい》に残す使命があると感じたわけだ。

では、一方のヨーロッパ人は歴史をどう捉《とら》えるか。

中国人とは正反対。彼らは、歴史は発展し、変転《へんてん》するものと考える。

時代は変わり、社会や政治の諸条件は変化するのだから、過去に起きたことがふたたび起きるわけではない。

その代表例は、かのカール・マルクスである。

マルクスの考える歴史とは、さながら階段を昇《のぼ》るがごとく変化していくものであった。

彼によれば、人間の社会は原始共産制、奴隷制、封建制、資本主義、社会主義、共産主義と直線的に進化《しんか》する。そして、その進化に伴《ともな》って歴史や社会の法則もまた変化する。資本主義時代の法則は、社会主義時代には通用しないというわけである。

こうした歴史観の中からは絶対に「古《いにしえ》をもって鏡《かがみ》となす」という思想は生まれてこない。そのことは改めて言うまでもないだろう。

過去と現代、そして現代と未来との間には大きな断絶がある。これでは過去を学んでも、それを現代の行動に生かし、未来の予測に用《もち》いることはできないのである。

ヨーロッパ的歴史観を産み出したもの

時代が変われば、歴史の法則も社会の法則も変わる。

こうしたヨーロッパ人の歴史観を産み出したものは何か。

そこで登場するのが、古代イスラエル人の宗教である。

パレスチナの「賤民《せんみん》」たちの宗教は、単に近代資本主義を産んだだけではない。その思想は歴史観においても、ヨーロッパ人に決定的な影響を与えたのである。

古代イスラエル人の宗教から生まれたユダヤ教は、唯一絶対の人格神を信仰する。

ヤハウェの力は万能にして、限りがない。

この世に起きるすべての出来事は、神があらかじめ定めたとおりに起こる。もちろん、歴史の法則も社会の法則も、万物《ばんぶつ》の造物主《ぞうぶつしゅ》たるヤハウェが作ったもの。

こうした信仰からは「歴史は不変である」という思想は絶対に生まれてこない。

なぜなら、神がひとたびその決定を変更すれば、世の中の秩序はガラガラと崩《くず》れ落ち、新しい秩序に生まれ変わること必定《ひつじょう》だからだ。

その典型は、ユダヤ人の考える集団救済像である。

ユダヤ教においては、救済はある日、神から突然与えられる。神はこの世の秩序を一転させ、そこにユダヤ人を主人とする世界を作り出すであろう。

もし、神がユダヤ人を世界の主人公としたら、それまでの歴史法則はどうなるか。

紙くずみたいに丸められ、ゴミ箱に捨てられてしまうに違いない。救済の前と後では、世の中の秩序がまったく異《こと》なるのだから、過去の経験はまったく役に立たなくなってしまう。新しい時代には、新しい時代の法則があるのだ。

古代ユダヤ人は中国人と同じく歴史を尊重《そんちょう》する。

その証拠が、旧約聖書に記された古代イスラエル人の記録である。彼らは苦難の中、自分たちの先祖の記録を語り継《つ》ぎ、それを旧約聖書という形にまとめあげた。

だが、それは「古《いにしえ》をもって鏡《かがみ》となす」ためではない。

過去において、これだけイスラエルの民は苦難を味わった。

だが、その歴史はいずれ幕を閉じ、新しい時代がやってくる。神が新しい歴史を我《われ》らに与えてくださるのである。

こう信じたからこそ、彼らは過去を記録した。神から与えられた苦難の歴史を記すことは、将来の救済を記すことに他ならないからだ。

ユダヤ人は中国人のように、過去が未来まで永遠に続くなどとは考えていないのだ。

「革命」と「レヴォリューション」の大きな違い

このユダヤ人の歴史観が発展して生まれてきたのが、ヨーロッパの革命思想である。

ユダヤ教の思想を引き継いだキリスト教においても、歴史とは神が作るものであった。

クリスチャンもまた、万能にして唯一絶対《ゆいいつぜったい》の人格神を崇拝する。神がこの世の秩序を作り出すのである。

そして、最後の審判によって、この世には「神の国」が生まれる。その神の国では、かつての「地の国」、つまり王侯や貴族が威張《いば》っていた時代の法則は通用しなくなる。

このイメージが膨《ふく》らんでいった結果、ヨーロッパ人は革命思想を抱《いだ》くようになった。

神による救済を固《かた》く信じ、神の国の到来を確信しているクリスチャンから見れば、この世はすべて「かりそめ」のことにすぎない。

最後の審判がやってくれば、世の中の権威や権力はことごとく吹き飛んでしまう。今、自分たちを縛《しば》っている秩序とやらも、すべて砕《くだ》け散《ち》ってしまうのだ。

とすれば、最後の審判を待たずに社会秩序をひっくり返し、新たな時代を作ったところで、何の問題があるだろう。いや、それでよりよい世の中が生まれるのであれば、神もきっと我々の味方をしてくださるに違いない。

かくしてヨーロッパ人は革命を肯定《こうてい》する思想を抱《いだ》いた。彼らにとって革命とは善《ぜん》である。進歩である。秩序を破壊し、歴史法則を変更することは神の国に一歩近づくことに他ならない。

こうしたヨーロッパの革命思想は、中国における革命とは対極的である。

ヨーロッパにおけるレヴォリューション Revolution は、しばしば革命と訳される。この革命という訳語は、中国の「易姓革命《えきせいかくめい》」という概念《がいねん》から生まれたものなのだが、その実態は全然違う。

ヨーロッパにおけるレヴォリューションは、前代との断絶を意味する。フランス革命がめざしたのは、「旧体制《アンシャン・レジーム》」の破壊であった。ロシア革命のめざしたのは、ツァー（皇帝）独裁体制の転覆《てんぷく》であり、社会主義に基《もと》づく新生ロシアの創造であった。

ヘーゲルが驚嘆《きょうたん》した「持続《じぞく》の帝国」

ところが中国の革命は、それとは正反対である。

なぜ、中国で王朝の交替《こうたい》が起きるのか。

それは体制変革のためではない。それとは逆に、正しい秩序を維持するためにこそ革命は必要であるとされる。

そもそも皇帝が権力を持つのは、なぜか。それは天が彼に天下を統治するための「天命」を与えたからに他ならない。

ところが、往々《おうおう》にして皇帝はその天命を忘《わす》れ、己《おのれ》一人の栄華《えいが》を追い求める。天下の統治という重大な使命を忘れてしまう。つまり、天命から逸脱《いつだつ》してしまうわけである。

革命とは、この逸脱を修整《しゅうせい》するために行なわれる。

もはや、現在の皇帝には正《ただ》しくこの世を統治する資格はない。そこで、新たに天命を与えられた人物が彼に取って代わり、この世の秩序を旧《きゅう》に復《ふく》す。

易姓革命《えきせいかくめい》という語は、皇帝の姓が易《か》わり、天命が革《あらた》まるという意味に他ならない。

そこには時代の断絶や、体制の転覆《てんぷく》などという概念はまったく含《ふく》まれない。

中国人にとっては歴史とは永遠に続くものである。その永遠さを保証するのが、この革命なのである。革命が起きれば、世の中は昔《むかし》と変わらぬ秩序を取り戻す。よって、王朝の交替が起きても、体制はいささかも変わらないというわけである。

こうした中国の歴史を研究して、びっくり仰天《ぎょうてん》したのが哲学者ヘーゲルであった。ヨーロッパ的な歴史観の持ち主だったヘーゲルは、中国の歴史もまたヨーロッパと同様に「進歩」しているものと考えていた。

ところが、どうだろう。

中国の諸王朝は名前こそ違うが、その支配体制も社会も、秦《しん》から清《しん》まで、その本質は変わらずに継承される。革命で旧王朝が倒れても、その後には「同型《アイソモーフィック》」の王朝が成立し、旧《むかし》と変わらぬ政治を行なっているとヘーゲルは見た。そこでヘーゲルが中国を「持続《じぞく》の帝国」Ein Reichder Dauer《アイン・ライヒ・デル・ダウエル》と命名したのは有名な話である。

シーザー暗殺が評価されない理由

直線的に進歩するヨーロッパの歴史。

永遠に変わらぬ中国の歴史。

この歴史観の違いが、暗殺者に対する評価を一八〇度違うものにした。

中国における暗殺者、すなわち刺客《しかく》の行為は高く評価される。

なぜなら、彼らの行為には万古不変《ばんこふへん》の価値があると考えられるからだ。

聶政《じょうせい》は「士《し》は己《おのれ》を知る者の為《ため》に死す」という理想を実現するために死んだ。

その理想は、彼が死んだ後も変わらない。

歴史は不変である以上、倫理道徳もまた不変だからだ。

よって、彼がここで短い生涯を終えたとしても、その行為は無駄にならない。「豈《あ》に妄《もう》ならんや」（司馬遷）である。

後世《こうせい》の人たちは自分の行動をかならずや理解してくれるだろう。自分の死は永遠に義挙《ぎきょ》として賞賛《しょうさん》されるはずである——。

この確信があるからこそ、彼は従容《しょうよう》として死ぬことができた。歴史に殉《じゅん》じることができた。

もし、歴史が移《うつ》り気《ぎ》で、しょっちゅう変わっていくものだとしたら、そんなものに殉じても何の意味もないのである。不変であるがゆえに、歴史には殉じる価値があるのだ。

文天祥《ぶんてんしょう》にしても同じことである。

宋王朝の滅亡はもはや避《さ》けられない。我が主《あるじ》の天命はすでに去った。

そのことは文天祥だって分かっている。

だが、それでもなお忠臣として生きつづけ、死ぬことができれば、自分の行為は時代を超えて評価されるだろう。たとえ天命は革《あらた》まっても、忠義の価値は変わらないからである。

そう考えたからこそ、彼はフビライの誘《さそ》いを断わることができたのである。

これが、もしヨーロッパでの出来事だとしたら、どのような評価を受けるのか。

それは改めて言うまでもない。

文天祥は犬死《いぬじに》をした。

そう書かれて終わりである。

文天祥が忠誠を誓《ちか》った宋王朝は、もはや時代の変化に耐《た》えられなくなっていた。宋が滅亡し、元《げん》が興《おこ》ったのは歴史の必然であった。

しかるに、欧米風に評価させたら、文天祥は旧時代の価値観にしがみつき、変化に抵抗した。この男には時流《じりゆう》が見えていなかったのだ——。

こういう評価になるのは請《う》け合《あ》いである。

その証拠に、ブルータスを見るがよい。

ヨーロッパにおけるブルータスの評価やいかに。

彼はシーザーの行なおうとしたローマ政治改革の意図《いと》が分からなかった。彼は古い秩序にこだわった。だからシーザーを暗殺するという馬鹿《ばか》なことをした。嗚呼《ああ》、何と惜《お》しいことだ。もしシーザーが生きておれば、世界史はもっと変わっていたかもしれないというのに……。

要するに、こういうことだ。

ヨーロッパの歴史家たちが暗殺者を称揚《しょうよう》しないのは、当然のことなのである。

暗殺者たちは、シーザーを殺し、リンカーンを殺し、ケネディを殺した。それは歴史の変化に棹《さお》さす時代錯誤《アナクロニズム》に他ならない。最近の流行語で言えば、暗殺者とは「抵抗勢力」なのである。

そのような連中の行為をどうして褒《ほ》めることができるだろう。

中国とイスラムの意外な共通点

司馬遷《しばせん》の「刺客列伝」は後世に多大の影響を与えた。自《みずか》らの命を捨ててまで、永遠の大義《たいぎ》に身を投じた刺客たちの姿は、演劇や詩の題材としてしばしば取り上げられた。予譲《よじょう》や、荊軻《けいか》、聶政《じょうせい》たちの生き方は中国人をして感動せしめる。

ところが、その感動を欧米人たちは本質的に理解できない。

彼らにとってみれば、暗殺者は社会の進歩を阻《はば》む犯罪者にすぎないからである。

なぜ、わざわざ天下の大歴史家である司馬遷が、このような犯罪者の伝記を『史記』の中に書かねばならなかったのか。その理由は、キリスト教的な歴史観からは導《みちび》き出せないのである。

ところが、その「刺客列伝」に共感を覚えることができる人たちが、中国人の他にもいるのである。

その人たちとは、他ならぬムスリムだ。

敬虔《けいけん》なムスリムなら、予譲や荊軻、聶政たちの心情も覚悟もきっと理解できるに違いない。彼ら刺客が命を賭《と》して使命を果たすその姿に感動できるのが、イスラム教徒なのである。

なぜなら、イスラムの歴史観もまた中国と本質的に同じだからである。

すなわち、イスラム社会においても変化は排《はい》すべきものであり、過去からの連続性をこそ重視する。

過去の延長線上に現在があり、未来もあるというわけである。

たしかに、イスラム教はキリスト教と同じく「最後の審判」の到来を説く。

最後の審判来《き》たりせば、アッラーは緑園《りょくえん》（天国）か地獄《じごく》に人々を送りたまう。そこで待っている生活は、現世《げんせ》とはまったく違う原理に基《もと》づく。

となれば、キリスト教と同様、レヴォリューションの思想が生まれてきそうなもの。

ところが、イスラム教からは絶対にユダヤ教やキリスト教と同じ歴史観は生まれてこないのである。

それはなぜか。

その理由は、マホメットが「最後の預言者《よげんしゃ》」とされることと強く結《むす》びついている。

マホメットを「預言者《よげんしゃ》の打留《うちどめ》」としたことの意義

前にイスラムの六信《ろくしん》五行《ごぎょう》を紹介した。

イスラム教徒なら、六つの実在を信じ、五つの義務を果たすべし。

これがイスラム教の基本の基本である。

その六信の一つに数えられるのが、預言者《よげんしゃ》である。

すなわち、ムスリムならば預言者の実在を信じろというわけだが、では具体的に「預言者を信じる」とはどういうことか。

イスラム教ではアダム、ノア、アブラハム、モーセ、イエス、そしてマホメットの六人を重要な預言者とする。

が、もちろんこの六人はけっして平等ではない。その中には、おのずから序列が存在する。

六人の預言者の中でも、最《もっと》も重要なのは誰か。

もちろんマホメットである。

「(マホメットは)もともとアッラーの使徒《しと》であり、預言者の打留《うちどめ》である」(「コーラン」三三—四〇)からだ。

マホメットこそ神が遣《つか》わされた最後の預言者であり、またコーランも神から与えられた最終啓示《けいじ》である。これ以後、二度と預言者が現われることはない。この事実を信じることが、「預言者を信じる」ということに他ならないのである。

このような考え方は、もとよりユダヤ教やキリスト教には存在しない。

ユダヤ教においては、神は必要に応じて預言者を下《くだ》したまうと考える。したがって、これで最後ということはない。

たとえばエジプトでイスラエル人を救うために神はモーセを預言者にしたし、また古代イスラエル王国が完全に滅びそうになったとき、神はエレミヤを預言者とした。

イエスが現われたときも、ユダヤ教徒たちは当初「彼もまた預言者かもしれない」と思って期待した。ところが案《あん》に相違《そうい》して、イエスは律法を軽視し、律法学者を誹謗《ひぼう》したものだから、ユダヤ教徒は彼を「偽《にせ》預言者」として排撃したわけである。

では、一方のキリスト教はどうか。

新約聖書はコーランとは違って「これ以後、預言者は現われない」とは明言していない。明言していない以上は、イエスの後に預言者が現われる可能性はあるわけである。

モルモン教に現われた「新たな預言者」

キリスト教では新預言者の到来を否定しないと書いた。いつ、どこで預言者が現われても不思議ではない。

「いや、その預言者はすでに現われた」と説くのが、かのモルモン教（正式名・末日聖徒イエス・キリスト教会）である。

モルモン教は一九世紀にアメリカで興《おこ》ったキリスト教の一分派《いちぶんぱ》なのだが、その大きな特徴は聖書の他に「モルモン経《けい》」と呼ばれる啓典《けいてん》を持つ点にある。

モルモン教を創設したジョセフ・スミスによれば、モルモン経は西暦五世紀ごろ、モルモンという預言者によって書かれたものであるそうだ。このモルモン経は長いこと失《うしな》われていたのであるが、一八二三年九月二二日、天使によってジョセフ・スミスに引き渡されたと言うのである。

これを聞いた正統的なキリスト教徒たちは「モルモン教はインチキ宗教だ」とずいぶん差別や迫害をしたのだが、このスミスの主張そのものは聖書の教えと何ら矛盾《むじゅん》しない。

聖書を読む限りにおいては、モルモンという預言者が現われていけないという記述は存在しないし、福音書の後に新しい啓典が神より与えられる可能性も否定できないのである。

モルモン教は正統的キリスト教からは今なお異端視されているが、スミスの死後も着々と発展し、今や日本にもたくさんの宣教師を送り込んでいることはご承知のとおり。日本で活躍する「外人タレント」の中には、モルモン教徒が多いことは読者もよくご存じだろう。

ところで、このモルモン経には面白《おもしろ》い逸話《いつわ》がある。

スミスが発見したという、このモルモン経は不思議なことだが、英語で書かれている。しかも、聖書学者がそれを詳細に研究してみたら、そこに記された聖書の文言《もんごん》が欽定訳《きんていやく》聖書から引用されていることが分かった。

欽定訳聖書と言えば、一七世紀初頭、ときのイギリス国王ジェームズ一世が命じて訳させたもの。別名「キング・ジェームズ・バイブル」は聖書の英語訳中、最《もっと》も格調高いという定評があって、今でもクリスチャンの中には、英訳聖書と言えば欽定訳しか認めない人がいるくらいだ。

はてさて、これは不思議なこともあるものだ。

スミスの主張によれば、モルモン預言者は五世紀の人物であると言うではないか。しかるに彼が記したモルモン経に一七世紀の欽定訳が引用されているとは、これいかに。

反《アンチ》モルモンの人々はこう問《と》い質《ただ》した。

するとスミスはいささかも慌《あわ》てることなく、即座にこう切り返した。

まことに神は万能におわします。将来、どのような聖書ができるかも、神様が定めなさったこと。その数ある英語版聖書の中から、欽定訳が最も優《すぐ》れたものと判断なさったから、それを見通してお使いになったのでありましょう。神に不可能がないことが、また一つ、ここで証明されました……。

この勝負、スミスの圧勝というべきであろう。

「イラン革命」とは何だったのか

さて、イスラム教ではユダヤ教やキリスト教と違って、新しい預言者の出現を許さない。したがって、神が与えし啓典も、コーランをもって打留《うちど》めとする。

このことがイスラムの歴史観を決定づけた。

たしかに、将来において最後の審判はかならずやって来る。そのときには、世の中の秩序すべては変わるだろう。

だが、それまでの間は、社会の原理も法則も変わらない。すべてはコーランの定めたままに動くのが正しいあり方である。こう考えるのが、イスラム教の歴史観である。

よって、イスラム社会はこの点において中国にきわめて近似《きんじ》してこざるをえない。

つまり、世の中が乱《みだ》れてきたら、それは変化の予兆《よちょう》とは考えない。むしろ、コーランとマホメットが示《しめ》す「正しい世の中」から外《はず》れてきたと考えるのである。

したがって、イスラム社会にはヨーロッパ流のレヴォリューションは馴染《なじ》まない。

むしろ、中国と同種の革命こそ、イスラムにふさわしいのである。

そのことは歴史を閲《けみ》すれば、ただちに証明されるであろう。

たとえば、一九七九年二月に起きたイラン革命やいかに。

これはヨーロッパのレヴォリューションであろうか、それとも中国の革命であろうか。

答えはもちろん、後者である。

殉教者たちがパーレビ政権を倒した

イラン革命が起きるまで、イランを支配していたのはパーレビ政権であった。

パーレビの父レザ・カーンは、一九二五年、ロシア革命の波及《はきゅう》を恐れるイギリスの後押しを受けてクーデターでイラン国王の座《ざ》に就《つ》いた人物である。パーレビは、その父の後を継《つ》ぎ、第二次大戦中の一九四一年、二代目国王になった。

イラン革命の起こる直前、そのパーレビへの反感は極度に高まった。

その理由はなぜか。

彼が無能な指導者だったからか。悪政を行なったからか。

それはいずれも浅薄《せんぱく》な見方と言わざるをえない。

たしかに、パーレビは国王として国民を不幸にした。これは事実である。

当時、パーレビ国王のバックにいたのは、アメリカである。

アメリカはパーレビをそそのかして、大量の武器を買わせた。アメリカにとっては、イランを飼《か》い慣《な》らせば、ソ連の南下を防《ふせ》ぐことができる。また、パーレビにとってもアメリカが後《うし》ろ盾《だて》になってくれるのはありがたい。

そこで、両者は手に手をとって、イランの軍拡に熱中した。この時代、イランの武器輸入量は発展途上国の中でもダントツの一位であった。

こうしたパーレビの政策は、国民の生活を直撃した。猛烈なインフレが起きるのに、所得はいっこうに上昇しない。石油で儲《もう》かるのは、欧米のオイルメジャーとパーレビだけである。一握《ひとにぎ》りの人が贅沢《ぜいたく》を享受しているのに、多くの民は飢えている。

しかも、パーレビ体制を批判しようものなら、秘密警察のＳＡＶＡＫ（サヴァク）が飛んでくる。弾《だん》圧《あつ》、拷問《ごうもん》はイランでは当たり前であった。

だが、これが原因でイラン革命が起きたと思ったら大間違い。

この程度のことだったら、何もパーレビの専売特許《せんばいとっきょ》ではない。世界中の独裁者が今でも似たようなことをしている。そのたびに革命が起きるのだったら、今ごろ世界中は革命だらけだ。

イラン革命が起きたのは、パーレビが「絶対にやってはいけないこと」をしたからだ。

それはイスラムの教えを踏《ふ》みにじる西洋化政策、近代化政策であった。パーレビはイスラム社会の伝統を踏みにじる改革を次々と行なったのである。

ムスリムはインフレや秘密警察には我慢《がまん》できても、イスラムの教えが踏みにじられることだけは我慢できない。

コーランの教えは絶対であり、どんな権力者でもそれを改訂《かいてい》することはできない。コーランは最終最後の神の言葉なのである。

ところが、パーレビはコーランをゆがめた。コーランを無視した。

これを見たとき、イランのムスリムたちは命を捨ててもかまわないと考えるようになったのである。

そこで起きたのが、かのイラン革命であったというわけだ。

イラン革命において、イランのムスリムたちは自分たちの身の危険も顧《かえり》みず、パーレビ体制と戦った。

一九七八年九月の「黒い金曜日」という事件では、政府によって数千人のムスリムが殺された。

こうしたアメリカをバックにしたパーレビ政権の徹底した弾圧にもかかわらず、ついにイラン革命が成就《じょうじゅ》したのは、ひとえにムスリムたちの殉教精神があったからに他ならない。

かくして一九七九年、パーレビ政権は崩壊した。

その後に生まれた「イラン・イスラム共和国」は、アッラーの教えに基《もと》づく国家となった。

易姓革命《えきせいかくめい》を奉《ほう》じる中国流に言えば、天命は革《あらた》まり、ふたたび正しい政治が行なわれるようになったというわけである。

なぜ、ムスリムたちは死を恐れないのか

イスラムの教えが踏みにじられたとき、ムスリムは命を捨ててもかまわないと考える。

その姿はまさに中国の刺客《しかく》と瓜二《うりふた》つである。

どこが中国の刺客と似ているのか。

それは両者とも「永遠に変わらぬもの」が存在することを信じるからである。

刺客においては、それは歴史である。中国人にとっての歴史とは、永遠に変わらぬ法則のようなものである。

一方のムスリムにおいては。

言うまでもなく、マホメットの教えであり、コーランである。

コーランのために命を捨てる。その偉業《いぎよう》は永遠に讃《たた》えられるだろう。イスラムの教えは永遠だからだ。

この世にムスリムがいるかぎり、最後の審判の日まで彼の自己犠牲はけっして色あせることはない。

しかも、その確信はコーランによってさらに強化される。

なぜなら、アッラーはコーランで次のように述べているからである。

「アッラーの路《みち》に斃《たお》れた人々のことを死人《しびと》などと言ってはならぬ。否《いな》、彼らは生きている。

ただ汝《なんじ》らにはそれがわからないだけのこと」（二―一四九）

アッラーのための戦い、すなわち聖戦（ジハード）で倒れた者は死んだことにならない。いや、生きているのだ。

このことは何を意味するか。

最後の審判のとき、イスラム教徒はすべて完全な肉体を与えられ、蘇《よみがえ》ることはすでに紹介した。その完全な肉体で、彼らは神の裁《さば》きを受けるのである。

だが、イスラムの教えを守るために死んだ者は、すでに生きて緑園《りょくえん》（天国）に入ることができる。そのことを、このコーランの一節は示唆《しさ》しているのである。

この問題は神学的に見れば、実はいろいろな議論が起きるところなのだが、少なくともジハードで死んだ人は間違いなく緑園に入れる。これについては疑問の余地がない。

イスラム教を守るために死ねば、単に歴史の中で永遠の名を刻《きざ》むだけではない。その人は緑園で、正真正銘《しょうしんしょうめい》、本物の永遠の生命を与えられるのである。

すでに述べたように、本来のイスラム教はけっして侵略的な宗教ではない。その点、キリスト教とは大違いだ。ムスリムは異教徒だからという理由で、相手を排撃《はいげき》したりはしない。

だが、そのイスラム教徒も、ひとたびアッラーの教えが踏みにじられたり、異教徒の側《がわ》から攻撃を受けると命が惜《お》しくなくなる。

敬虔《けいけん》なるムスリムであればあるほど、その人物にとっては現世の幸福も富《とみ》も名誉も関係なくなるのである。その激《はげ》しさは、ことによると荊軻《けいか》や聶政《じょうせい》、予譲《よじょう》を凌《しの》ぐものになる可能性だって大いにあるのだ。

イスラム・テロは「狂気《きょうき》の産物」にあらず

今回の同時多発テロにおいて、その実行犯と目《もく》される人の中には、ヨーロッパで高等教育を受けた若者が多かったと報じられている。

それを見て、日本人もアメリカ人も「なぜ、欧米に留学できるほどの知力を持った人が、このようなテロを行なうのか」とクビをひねるわけだが、それはまったく見当違いの疑問なのである。

高い教養を持っているとか、あるいは家庭環境に恵《めぐ》まれているということと、ジハードとの間には何の関係もない。

むしろ高い知性を持っていて、真剣《しんけん》にコーランを読めば読むほど、その人物はよりジハードに傾斜《けいしゃ》していくのである。

なぜなら、いかにアッラーが慈悲深い神で「善行をすればするほど、緑園《りょくえん》に近くなる」と言われても、本当のところ、最後の審判で彼が救済されるかどうかは分からないからである。

最後の審判において、アッラーは大きな秤《はかり》を用意しているという。その秤に彼の人生を乗せると、善行の多さで秤が上下する。もし善行をたくさん行なっていれば秤は下がり、緑園に行く。だが、もし善行が少なければ、その秤は下がらず、彼は地獄行きとなる。

はたして、自分の順番が来たとき、秤は下がるのか――。

真面目《まじめ》な信徒であればあるほど、その不安は高まるというものであろう。

自分は精一杯《せいいっぱい》、善行を積むように努力してきた。だが人間である以上、やはりその一方で悪いことも行なっているのも事実だ。ひょっとしたら、私の秤は下がらないかもしれない。

こう考えてしまうことであろう。

だが、そこに大きな特例として「ジハード」が用意されているとしたら。

その人は喜《よろこ》んで暗殺者になるかもしれない。テロリストになるかもしれないのである。

しかも、彼の行なう行為は、イスラムの大義《たいぎ》のためである。彼の行為は永遠に語り継《つ》がれ、顕彰《けんしょう》されるであろう。

とすれば、彼が迷うことなくジハードの道に進んだとしても、何の不思議もないのである。

欧米人や日本人は「自爆テロなんて狂気《きょうき》の沙汰《さた》だ」と思いがちだが、これこそとんでもない勘違《かんちが》いなのである。

暗殺者やテロリストが異常な精神の持ち主であるというのは、欧米の社会では「常識」とされる。そのような反社会的な行為をする人間は、まともな神経の持ち主ではない。こう考えられている。

だが、その常識は中国やイスラムの社会には当てはまらない。むしろ、それとは逆の評価が正常なのである。

その証拠に「刺客列伝《しかくれつでん》」を見るがよい。そこに登場する人々には、どこにも狂気の影《かげ》など見あたらない。彼らはみな、ひとかどの教養人であり、常識人なのだ。

イスラムの刺客たちもまたしかり。彼らを無教養で粗野《そや》な人間だと決めつけては、その真実は永遠に理解不能になる。このことは、ぜひ銘記《めいき》されたい。

長い歴史を持つイスラムの過激派たち

世《よ》のマスコミは、テロを行なうイスラム教徒のことをひとくくりに「イスラム過激派」と呼ぶ。過激派と聞くと、いかにも日本赤軍《にほんせきぐん》とかその他のゲリラと同様、近年に生まれてきた運動であるかのように思いがちだ。しかしそれは大きな誤解というものである(もう一つ、「イスラム原理主義」という名称もある。これもまた問題の多い呼び名である。これについては後に詳述する)。

すでに述べてきたことからも分かるように、イスラム教はその本来の教えの中に、いわゆる「過激派」を産み出す土壌《どじょう》を持っている。

マホメットが最終預言者で、コーランこそが最後の啓典《けいてん》である。この考え方を素直《すなお》に受け止めれば、マホメットの生きていた時代が理想であり、その理想を守りつづけるのがムスリムの義務であるということになる。

ところが、現実にはそうはいかない。たとえどんなに抵抗しようとも、社会は変化し、時代は移《うつ》ろっていくからである。

すると、そうした変化に対して、「これはけしからん。マホメットの時代に戻《もど》るべきだ」と考える人が当然現われてくる。そして「正道《せいどう》」に戻すには、どんな手段も許されるはずだと考える人が出てくるようになる。

それがすなわち過激派である。

したがって、イスラム教においては、そのごく初期から過激派が存在した。過激派の歴史は今に始まったのではないのだ。

正統カリフを次々に殺した暗殺者《アサレン》たち

六三二年、マホメットが死ぬとイスラム教は深刻な問題に直面した。

というのも、マホメットには息子《むすこ》がおらず、しかも、マホメットは後継者について何の指示も残していなかったからである。

そこで残された信徒たちは、当時のアラブの伝統に従《したが》って会議で後継者を選定することになった。

こうして選ばれたのが、初代カリフのアブー・バクルであり、その後も同様にウマル、ウスマーンというカリフが選ばれた。カリフはあくまでもイスラム教団のトップにすぎず、王《おう》ではない。

「預言者の代理人」という位置づけである。

ところが、こうしたカリフ選びの方式は長続きしなかった。そこで四代目のカリフとして選ばれたのが、マホメットの従兄弟《いとこ》で娘婿《むすめむこ》にあたるアリーであった。

なぜ、当初のようなカリフ選挙がうまくいかなかったかといえば、そのカリフたちが次々に暗殺されていったからである。

初代カリフのアブー・バクルは天寿を全《まっと》うしたが、その後の二人は暗殺された。また、四代目のアリーもまた暗殺される。

このような暗殺が頻繁《ひんぱん》に起こったのも、やはりイスラム教の教えゆえであったと言える。

というのも、マホメットの死後、イスラム教の支配地域は急拡大して現在のイラク、シリア、エジプトを包含《ほうがん》することになった。まさに燎原《りょうげん》の火のごとく、アッラーの教えは広まったわけだ。

ここまで大きな領土を持つようになれば、どうしたってカリフの権勢《けんせい》は高まり、また彼の懐《ふところ》は潤《うるお》ってくる。

これが純粋なイスラム教徒には許せない。

そもそもマホメットの教えによれば、人間はすべて平等である。豊かな者は貧しき者に喜捨《きしゃ》するのがムスリムの義務である。

ところが、カリフは預言者でもないくせに威張《いば》っている。金持ちだ。マホメットが見たら、何と嘆《なげ》くであろうか。

こう思う人間が出てくるのは当然というものである。

かくして、カリフはどんどん暗殺された。イスラム過激派の元祖《がんそ》は、まさにこの暗殺者たちであったというわけである。

こうした土壌から後年、生まれてきたのが、かの名高い「暗殺教団」である。

前にも触れたとおり、中世のヨーロッパ人が「アサシン」（暗殺者）と呼んで恐れたこの教団は、もともとはイスラム教イスマイール派と呼ばれる一分派《いちぶんぱ》から生まれた集団で、ニザール派と呼ぶのが正しい。

ニザール派は一一世紀くらいに成立したとも言われているが、彼らはイスラムの教えにひじょうに厳格《げんかく》ではあるものの、けっして狂信者の集まりではない。事実、ニザール派の中からは著名《ちょめい》な学者や思想家も生まれている。

ただ、その一方で彼らはイスラムの教えに背《そむ》くムスリム、ことに権力者に対して容赦《ようしゃ》がなかった。彼らは大麻《たいま》（ハッシシと言う。アサシンの名称はこれに由来《ゆらい》する）を使用した奇怪《きかい》な暗殺方法で、そうした人たちを排除していったが、けっして無差別に暗殺を行なっていたのではないのである。

つまり、ニザール派は初期カリフを殺した暗殺者たちの後継者であったというわけである。

このニザール派は同時に、イスラムに敵対する異教徒に対しても激しく抵抗をした。

彼らはカスピ海南西岸の山岳地帯に堅固《けんご》な城塞《じょうさい》を持っていたのだが、モンゴル軍が一三世紀にサラセン帝国を攻略《こうりゃく》した際、まず攻撃の対象となったのが、この城であった。

世界を席巻《せっけん》したモンゴル騎馬軍団にとっても、「暗殺教団」がいかに脅威であったかが分かるというものではないか。

なぜ、イスラムに教義対立は起こりにくいか

ところで、イスラム教の分派の話が出たので、少しこのことについて触れておこう。イスラム教の中に、さまざまな分派があるのは、ご承知のことと思う。なかでも最も有名なのはスンニ派とシーア派だが、この両派が生まれるきっかけとなったのは、先ほど紹介した四代目カリフのアリーの死であった。

要するに、跡目《あとめ》問題である。

預言者マホメットにつながるアリーの子孫がカリフになるべきだと主張したのがシーア派で、これに対してスンニ派はマホメットだけが唯一《ゆいいつ》の預言者なのだから、血筋《ちすじ》などは関係ないとした。突き詰めていけば、カリフの後継者問題が発端《ほったん》なのだ。

ごくごく大ざっぱに言えば、本願寺《ほんがんじ》（浄土真宗）が東と西に分かれたようなものだと理解しておけば、それで充分である。

さすがに分派して一〇〇〇年も経てば、スンニ派とシーア派の間には細《こま》かな点での違いは出てきているが、カトリックとプロテスタントのような教義上の対立は少ないのだ。

これはイスラム教の性質から考えれば、あまりにも当然のこと。

ただ信仰のみを問うキリスト教とは違い、イスラムがイスラムである以上、その教えや外的規範《がいてききはん》はすべてコーランによって確定している。そのイスラム教に教義上の対立など、本質的には起こるはずもないのである。

イスラム法学者だけが「ジハード」を宣告《せんこく》できる

イスラム教は侵略を好《この》まない。宗教の自由を最初から認めている宗教である。

このことと、イスラムのジハード思想とは何ら矛盾《むじゅん》しない。また、イスラムの中から過激派が現われてくるのは、けっして異端的なことではないことが、ここまでの説明で理解いただけたであろう。

イスラムはもとより他宗教に寛容《かんよう》である。ことにキリスト教に対しては、同じ「啓典《けいてん》の民《たみ》」なのだからと、特に寛大であった。

ところが、その寛大なムスリムたちにも絶対に許せないことがある。それは永遠なるアッラーの教えを冒瀆《ぼうとく》し、踏《ふ》みにじる行為である。このとき、敬虔《けいけん》なムスリムはイスラム教を守るためには自分の命を捨ててもかまわないと考えるのである。

こうした彼らの行動様式をさらに強化しているのが、例の「ジハード」の教義である。聖戦に倒れれば、そのままで緑園《りょくえん》に行けるという思想は、彼らをいっそう鼓舞《こぶ》する。

ただし、ここで一言断わっておかねばならないが、その戦いがジハードであるかどうかは、本来、イスラム法によって定めることである。

個々人のムスリムが勝手に「この戦いはジハードだ」などと決めることは許されない。あくまでもイスラム法学者がコーランやスンナなどに照《て》らし合わせたうえで、ジハードの決定を下《くだ》すことが必要とされる。命を投げ出しても、はたして緑園に行けるかどうかは分からないのである。

今の「イスラム過激派」があくまでも少数派に留《とど》まっているのは、結局はそこにある。

彼らは法学者でもないのに、勝手にジハードを宣言し、それを実行している。それがあるから、他のムスリムたちは彼らの行動に与《くみ》しないというわけである。

だが、このことは裏を返せば、途方《とほう》もない事態が起きる可能性をも示唆《しさ》している。

もし、イスラムの法学者たちがこぞって「欧米との戦いはジハードである」と認定したら、どうなるかということだ。そのとき、いったい何が起きるのか。

「そんなことは起こってほしくないし、想像したくもない」と震《ふる》え上がる人が多いだろう。

だが、その可能性は絶無《ぜつむ》とは言えない。

そのくらい、欧米とイスラム社会との対立は根深いものがある。

この両者の間に横たわる溝《みぞ》は、あまりにも広く、深い。そして、その関係はますます悪化していく可能性を秘めている。

次章では、その問題について検討していくことにしたい。

第三章

欧米とイスラム——なぜ、かくも対立するのか

第一節……「十字軍コンプレックス」を解剖する
――現代世界にクサビ刺《さ》す〝一〇〇〇年来の恩讐《おんしゅう》〟

イスラムはなぜアメリカを憎《にく》むのか

二〇〇一年九月一一日に起こったアメリカの同時多発テロ。

この事件は、アメリカをはじめとする西欧諸国に対してイスラム教徒が抱《いだ》く憎悪《ぞうお》の大きさを満天下《まんてんか》に示《しめ》した。

はたして、アメリカ政府が名指《なざ》しするようにビンラディン氏とアルカイダが、この事件の実行犯であるかは、今のところ定《さだ》かではない。

だが、イスラム教徒の中に、あのテロ事件を「快挙」と見る向きがあることは確実だし、また、その後に実行されたアメリカの軍事作戦に対して、各地のイスラム教徒が反米デモを行なったことも事実である。

これらの動きを見て、おそらく多くの読者は慄然《りつぜん》としたに違いない。

なぜ彼らは、かくもアメリカ人を憎《にく》むのか。

アメリカの大使館やペンタゴンを攻撃するならともかく、世界貿易センタービルで働いていた数千の無辜《むこ》の市民を殺すことが、なぜ聖戦とされるのか。その憎悪は、いったいどこから来るのか。

イスラム教徒の中には、確実に反米感情が存在する。

いや、その感情の対象はアメリカだけではない。それは欧米のキリスト教徒全体に対するものであると見るべきであろう。

イスラム教徒の心にある、クリスチャンに対する反感。

その実態を徹底的に検証しないかぎり、今、世界で何が起こっているのか、そして、これから何が起ころうとしているのかは分からない。

単なる反米感情なら、今の日本人の中にだって存在しないわけではない。

だが、そうした日本人の反米感情と、イスラムの反クリスチャン感情とは、けっして同列に並べるわけにはいかない。

日本人の尺度《しやくど》で、彼らイスラムの気持ちを忖度《そんたく》（推《お》し量《はか》る）しては、事態を見誤《みあやま》るばかりか、途方《とほう》もない判断ミスをしてしまう可能性がある。

そもそも、日本人が欧米と本格的に接触したのは、一九世紀半《なか》ば以降のこと（一八五三年に黒船《くろふね》来航。一八五四年に日米和親《わしん》条約締結《ていけつ》）。これに対して、イスラムと欧米の関係はそれよりも七〇〇年以上も昔《むかし》に遡《さかのぼ》る（第一回十字軍は一〇九六～九九年）。この長い歴史の中には、さまざまな因縁《いんねん》があり、それが現在のイスラムと欧米の関係を形作っている。

我々はまず、その歴史を知るところから始めなければならない。

イスラム史を知らずして、世界史を語るなかれ

世界史とは何ぞや。

そりゃ、世界の歴史に決まっている。

と多くの読者は即答するであろう。

だが、大多数の日本人が知っている世界史は「世界の歴史」なんてものではない。

まあ、せいぜいがヨーロッパ史と中国史、それに、やっと二〇〇年のアメリカ史を少々加えたくらいのもの。こんな乱暴なものを文部科学省は「世界史」と称しているのである。

大事なものを一つ、忘《わす》れちゃいませんか。それがイスラムの歴史である。

イスラム世界は三度にわたって、その盛時《せいじ》を迎《むか》えた。

第一は、マホメットの死後、いわゆる「正統《せいとう》四カリフ」時代。

第二は、いわゆるサラセン帝国（アッバース朝《ちょう》）の時代。

そして第三は、オスマン・トルコ帝国、サファビー王朝、ムガール帝国の三国鼎立《ていりつ》時代。さらに付け加えれば、第二期のサラセン帝国と、第三期の三国鼎立時代の間に、ティムール（タメルラン）大帝国の隆盛もある（第三章 第一節内「綺羅星のごとき、イスラムの英雄」たち参照）。

これら三つの時代（第三章 第一節内地図「イスラム王朝、三つの隆盛期」参照）における、イスラムの繁栄たるや。

同時代のヨーロッパなんて、とうてい比《くら》べものにも何にもならない。

たとえば、正統四カリフの時代だけでもご覧《ろう》じろ。

マホメットの現われるまで、中近東の世界ではアラブ人なんて、貧乏な遊牧民族にすぎないと思われていた。

ところが、そのアラブ人がコーランの教えを受けるや否《いな》や、東は中央アジア、西は遠くスペインまで、あっという間に征服しつくした。その版図《はんと》は古代ローマ帝国の領土を軽く凌駕《りょうが》する広さであった。

マホメットは生前、奇蹟《きせき》を行なわなかったが、たしかに彼の教えは世界史に奇蹟を起こしたのである。

いや、これは何も筆者一人の買いかぶりではない。

軍事学の常識からすれば、この時代のアラブ軍のように圧勝《あっしょう》に次ぐ圧勝を収《おさ》めた軍隊には、勝利を収めるそれなりの理由があるはずである。戦術上の革命、新装備・新兵器の登場、組織の改革などなど。

ところが、このアラブの戦いに限って、そうした合理的説明を見いだした学者はいない。いわゆる実証主義では、アラブの急速な拡大は理解できないのだ。

結局のところ、英雄ジンギスカンの出現によって一躍《いちやく》、素朴《そぼく》なモンゴル人に戦士の魂《たましい》が吹き込まれたように、イスラムの教えがアラブの民を一夜にして世界史的英雄に作り替えたと考えるべきなのである。

まさにイスラム教はヘーゲルの言う「世界精神」（Welt Geist）となった。

世界の富と文物、知識が集中したイスラム世界

さて、この急激なイスラム圏拡大の後に登場したのが、いわゆるサラセン帝国である。ちなみに、サラセンとはヨーロッパ人がアラブ人に付けた呼び名であって、正式には、たとえば、アッバース朝《ちょう》などと言う。

このアッバース朝は首都をバグダードに置いた。

そのバグダードには世界中の富《とみ》と知識が集まった。この時代のアラブ人たちは、間違いなくユーラシア大陸で最《もっと》も豊《ゆた》かにして、最も知識に優《すぐ》れた民族であった。

その武力においても、アッバース朝は同時代の唐《とう》と互角《ごかく》あるいはそれ以上に渡《わた》り合った。東の横綱《よこづな》が唐であるとするならば、西の横綱がサラセン帝国であったわけだ。

余談になるが、この唐とサラセン帝国の衝突《しょうとつ》で、中国で作られた紙が西方世界に伝《つた》わったというエ

ピソードは有名だ。

伝承によれば、紙は西暦一〇五年、蔡倫《さいりん》が発明したものとされている。実際にはそれ以前から紙は中国にあったともいうが、その技術は長らく西方に伝わらなかった。そこでアラブ世界やヨーロッパでは羊皮紙《ようひし》やパピルスが使われていたのである。

その製紙技術が西方に伝わったのは、西暦七五一年、高仙芝《こうせんし》の率《ひき》いる唐軍がタラス河畔《かはん》の戦争でイスラム軍に大敗《たいはい》したからであった。このとき、多くの中国人が捕虜《ほりょ》となったのだが、その中に紙漉《かみす》き職人がいたのである。

このとき以来、アラブでは各地に製紙工場が作られることになった。後に述べるサラセン文化も、この紙の伝来《でんらい》なくしては考えられない。また、言うまでもないが、このサラセンを経由《けいゆ》してヨーロッパに紙がもたらされた。

ヨーロッパへの紙の伝来がいかに画期的か。それでやっとキリスト教も拡《ひろ》がったのである。

さて、サラセン帝国がイスラム史における第二のピークとすれば、第三のピークは三大帝国鼎立《ていりつ》時代である。

これぞイスラム史における最も光輝《こうき》ある時代と言っても過言ではない。

オスマン・トルコは東ローマ帝国の首都コンスタンティノープルを我《わ》がものとした。そればかりか、彼らはバルカン半島を占領し、「中欧の花」と謳《うた》われたウィーンを陥落《かんらく》させる一歩手前まで行った。トルコの常備軍イエニチェリの名前を聞いただけで、気の弱いヨーロッパ人は卒倒《そっとう》しかねないほどだった（第三章 第一節内「常勝イエニチェリ軍団の秘密」参照）。そして、その領土は全ヨーロッパを合わせたよりもはるかに大きかったのである。

イスラム王朝、三つの隆盛期

（宮田律『よくわかる「今のイスラム」』集英社）

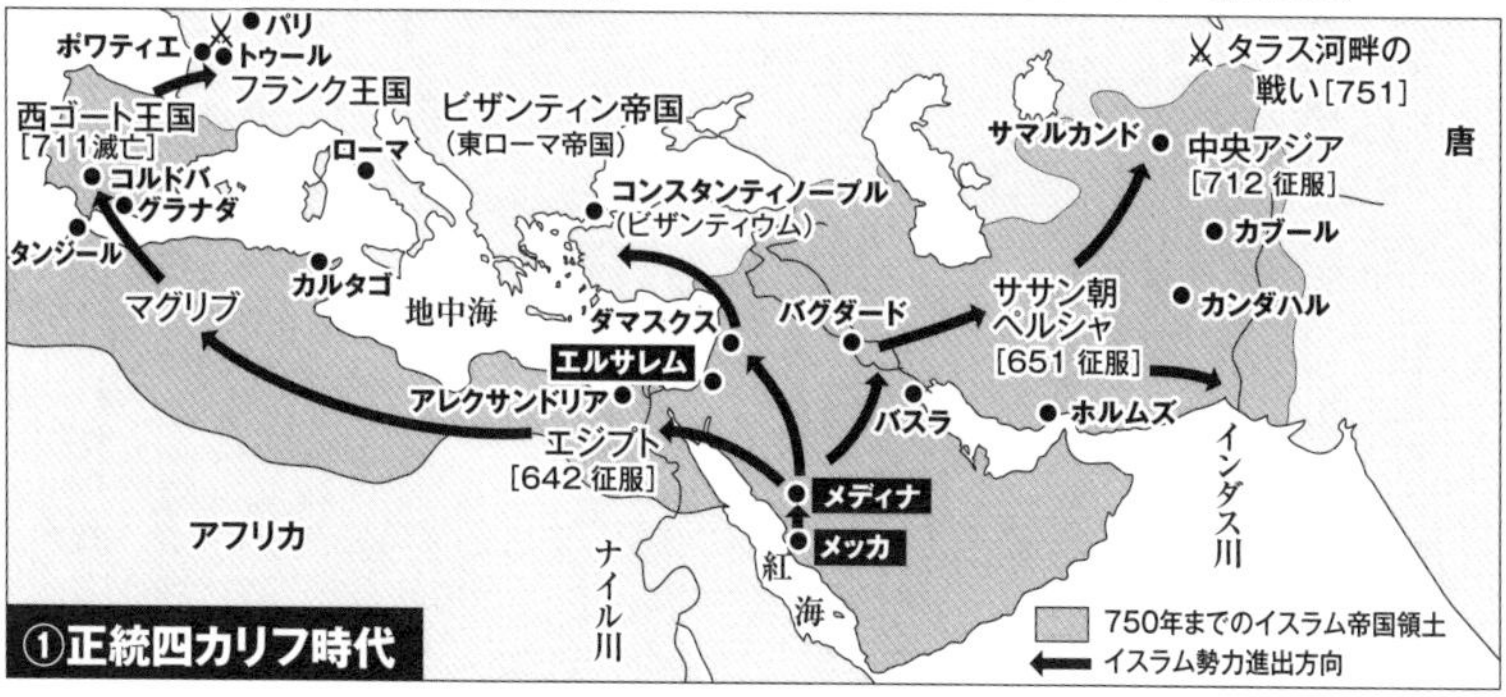

①正統四カリフ時代

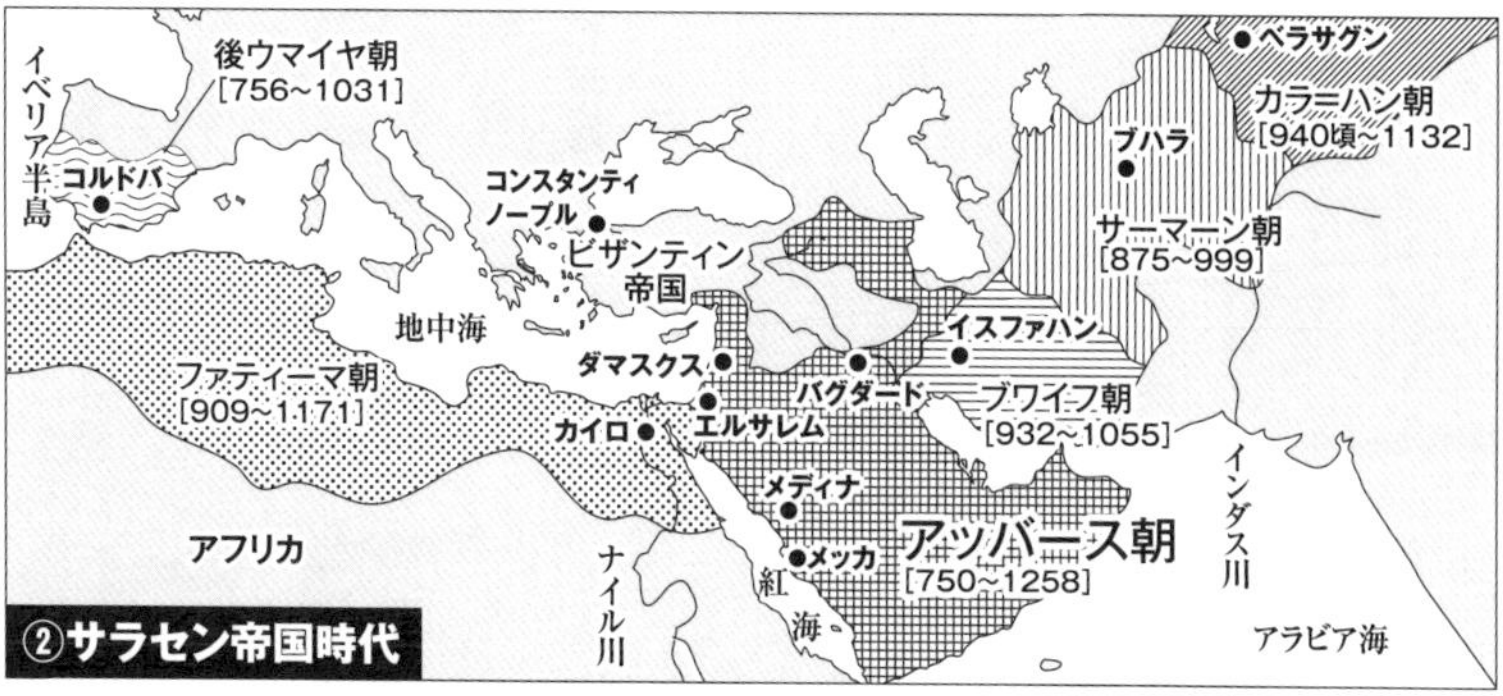

②サラセン帝国時代

③オスマン、サファビー、ムガール三国鼎立時代

かたや、東の方《かた》にはムガール帝国あり。

中央アジアから現われた英雄バーブルはアフガニスタンからインドに入り、寡兵《かへい》をもって（少ない兵で）スルタンの精強な軍隊を打ち破った。彼はわずか一〇年足らずで西部インドを平定し、ここにムガール帝国を打ち立てたのである。

この後、ムガール帝国の発展はさらに続き、ついにはインド亜大陸《あたいりく》全域がその版図《はんと》になった。インドの富は挙げてムスリムの所有するところとなったのである。

綺羅星《きらぼし》のごとき、イスラムの英雄たち

いかがかな、このイスラム史の壮大なること、雄大なること。

これに比肩《ひけん》しうるのは、ジンギスカンの世界征服くらいか。

いや、たしかにジンギスカンはユーラシア大陸の大半を席巻《せっけん》したわけだが、その帝国はあっという間に瓦解《がかい》した。あまりにも繁栄が短すぎたから、とうとうモンゴル人は独自の文明を築《きず》き上げることもできなかった。

これに対して、アッバース朝もオスマン・トルコも、ざっと五世紀は続いた。しかも、その文化的影響力は圧倒的とも言えるものだったのだから、この点に関してはモンゴル人も完敗である。

さらに、中国史との比較で言えば、イスラム史の特徴は分裂割拠《かっきょ》時代をあまり持たないことである。

ご承知のとおり、中国の歴史は統一と割拠の繰り返しである。

たとえば、秦《しん》の後を承《う》けて中国を統一した漢《かん》が滅びると、中国は四世紀にわたる分裂割拠時代（西晋時代を除く）を経験する。それにようやく終止符が打たれて、唐《とう》という統一王朝ができるのだが、その

後はまた五代十国《ごだいじっこく》の割拠になるといった具合である。

ところが、イスラムの場合、このような分裂や割拠時代が少ない。かならず巨大帝国がある。これもひとえに、イスラム教という教えゆえなのだが、この点においてイスラム史はひじょうに独特である。

しかるに、これだけの歴史的事実を日本人も知らないし、アメリカ人も知らない。中国人だっておそらく知らないだろう。

そこがそもそもイスラム教徒には気に入《い》らない話なのである。

イスラムの歴史を多少なりとも知っていたら、ヨーロッパ史なんてスケールがあまりにも小さい。小さすぎる。シャルルマーニュ（カール大帝《たいてい》）なんて、アッバース朝の前では子ども同然である。まして、ムスリムから言わせれば「ナポレオン、何者ぞ」である。

欧米人たちはナポレオンを英雄だのと言っているが、あのコルシカ生まれの小男が支配したのはせいぜいフランス、イタリア、オーストリアぐらいではないか。スペインもロシアもイギリスも征服できなかったくせに大きな口を叩《たた》くんじゃない。

こう切り返されてしまうのがオチというものだ。

イスラムの歴史では、この程度の業績ではけっして英雄とは言われない。

では、ほんとうの英雄とはいかなるものか。

ムスリム出身の英雄中、何と言っても筆頭《ひっとう》に挙げるべきはティムールであろう。

この男はわずか一〇年間で中央アジアの覇権《はけん》を獲得してティムール王朝を建国するや、今度は西アジア、南ロシア、インドに遠征して大帝国を作る。その版図《はんと》は、東は中国の辺境から、西はアナトリア（現トルコ）まで、北は南ロシアの草原地帯から、南はインド北部に至《いた》った。

彼は不幸にして中国（明《みん》）遠征の途上《とじよう》、亡《な》くなるのだが、その圧倒的な強さは遠くヨーロッパにまで轟《とどろ》いて、「タメルラン」（欧州人はティムールをこう呼んだ）といえばジンギスカンよりも有名だったくらいだ。

このティムールは別格としても、イスラムの歴史にはナポレオンをはるかに凌《しの》ぐ英雄は目白押《めじろお》しである。

たとえば、オスマン・トルコの征服王メフメット二世。

一四五三年、二一歳のときにコンスタンティノープルを征服し、東ローマ帝国を滅ぼす。

これを皮切《かわき》りに、セルビアを併合、ボスニアを服属させてバルカン半島の大部分を占領。

さらに、アドリア海の支配権をめぐってベネチアと戦い、ジェノバを黒海《こつかい》から駆逐《くちく》。

さらにさらに、クリミア半島を支配していたクリム・ハーンを臣従《しんじゆう》させた。

これ、たった三〇年の間にメフメットが成《な》し遂《と》げたリストである。

あるいは、ムガール帝国の実質的な建国者アクバル大帝《たいてい》。

彼は前出バーブルの孫にあたる男だが、彼は祖父を凌ぐ天才的軍人で、次々とインドに残る抵抗勢力を打ち破っていった。

たとえば一五七三年のグジャラートの戦いでは、その知らせを聞くや、たった三〇〇〇騎の兵を従《したが》えてただちに出発、九日間で九〇〇キロの遠路を走破。そして、到着後わずか二日間で反乱軍を撃破したというのだから、これはもはやナポレオンの比《ひ》でない。

もちろん、この後もアクバルの活躍は続く。各地の敵を次々と撃破した彼は、一代にしてデカン高原を征服し、西北は中央アジアのバダクシャン高原から、東南はベンガル湾に至るまでの大帝国を作ったというわけだ。

ことほどさように、イスラムの歴史には英雄が目白押しである。

この英雄たちとナポレオンが肩《かた》を並べたければ、まずモスクワを冬将軍《ふゆしようぐん》が来る前に征服し、返《かえ》す刀《かたな》でドーバー海峡を渡《わた》ってイギリス王の首をはねるくらいのことをしてみせなければ、まあ無理というものだ。

イスラム教徒は清潔好き

とまあ、イスラムの歴史には英雄が綺羅星《きらぼし》のごとく連《つら》なっているわけだが、何も彼らイスラム教徒は戦争だけが得意だったわけではない。その一方で、かの『千夜一夜物語《せんやいちやものがたり》』が象徴するように文化においても、ライバルの追随《ついずい》を許さなかった。

すでに述べたように、マホメットによって打ち立てられたイスラム共同体の勢いは、止《と》まるところを知らなかった。

初期の四カリフの後を継《つ》いだウマイヤ朝の版図は、スペインからインダス川流域にまで広がった。この結果、地中海世界の覇権《はけん》は完全にイスラム教徒のものになった。

いわゆるサラセン帝国（アラブ帝国）の成立である。

マホメットの死からウマイヤ朝全盛までの期間は、わずか一世紀半しか要《よう》していない。この事実だけを見ても、当時のイスラム社会が持っていたパワーの大きさが想像できるというものだろう。

このサラセン帝国は、のちに分裂し、バグダードを首都とするアッバース朝、北アフリカの地中海沿岸一帯を支配するファティーマ朝などに分かれるわけだが、だからと言ってイスラム社会の勢いがそれによって失《うしな》われたわけではない。むしろ、事実はそれとは反対である。

ことに、アッバース朝の首都たるバグダードは「世界の都」になった。

米英による経済封鎖《けいざいふうさ》にあえぐ現代のバグダードしか知らない今の読者にとって、この当時のバグダードの繁栄ぶりは想像もできないだろう。

何しろ、この時代の地球において、バグダードはまさに「天国もかくや」と思えるほどの別天地であった。巨費《きょひ》を投じて作られた真円形《しんえんけい》の城壁の中には、多数の商工業者が集まって世界最先端の商品を続々と作り出していた。そして、その商品はバグダードのすぐ横を流れるティグリス川に浮かぶ商船に積み込まれ、中国やヨーロッパ、インドなどへと輸出されていたのである。

この大繁栄の結果、バグダードの住民は一五〇万人を超えたとも言われているが、その中の暮らしはまことに快適であった。貧民や中産階級の暮らしも、諸外国のそれらとは比べものにはならなかった。

そのことは、九世紀末のバグダードに数万もの公衆浴場があったという事実ひとつを見るだけでも明らかというものだ。

一五〇万の人口に対して、数万もの浴場。

とすれば、一軒あたり数十人の計算になるわけだから、それはちょっとオーバーではないか。これはちょっと眉唾《まゆつば》だ——。

と思うのは、イスラムを知らぬがゆえの結論である。

およそこの地球上で、ムスリムほどきれい好きの連中はまずいないだろう（ただし、例外として、日本人もきれい好きである）。というのも、イスラムの規範では一日五度の礼拝をする際に、体を清浄《せいじょう》にしておくべしとされている。「何が清浄で、何が不浄か」についても詳細な規定があるのだが、たとえば、汚《きたな》い手でコーランを触《さわ》るのは御法度《ごはっと》である。ことに、モスクで礼拝を行なう前には清潔でなければならない。

そこでモスクのまわりには公衆浴場が造られるようになり、自然とムスリムには清潔を愛する習慣が定着したというわけだ。

これに対して、近代以前のヨーロッパでは一年のうちに数回しか風呂に入ったことがないという人間は、王族・貴族の中にもゴロゴロいた。いや、ふつうであった。そこで体臭をごまかすために香水《こうすい》が発達したのは読者もご承知のとおりである。

それにしても、ヨーロッパ人の風呂嫌いは、日本人の想像を絶するものがある。

たとえば、エリザベス一世のライバルとして有名な、スコットランド女王のメアリー・ステュワート。この美貌《びぼう》の悲劇の女王は、一生のうち、たった二度しか入浴しなかったと言われている。

日本とは違って、スコットランドの乾《かわ》いた空気と気候は、あまり入浴の必要もなく、彼女の裳裾《もすそ》の下から覗《のぞ》くシュミーズは、煮染《にし》めたような色になっていた。それがあんまり強烈な印象だったので、そこで当時、ベージュ色のことを「ステュワート・カラー」と呼んだとか。また、その息子ジェームズ一世は、生涯に風呂は一回とか。王様の手にキスする臣下《しんか》に同情したくもなるのは人情か。

いやはや、昔日《せきじつ》のアラブ人が「汚《きたな》きこと、クリスチャンのごとし」と言ったわけがよく分かるというものではないか。

「イタリア・ルネッサンス」もイスラムの賜物《たまもの》だった

かくのごとくサラセンは、都市のインフラも整《ととの》い、そこでの生活水準もきわめて高かったわけだが、特筆大書《とくひつたいしょ》すべきは、その文化の高さだ。

アッバース朝のカリフが特にその心血《しんけつ》を注《そそ》いだのが、ギリシャ古典の復興であった。

古典文化の復興と言うと、読者が思い出すのは近代初頭のイタリアのルネッサンスだろうが、実はそれが行なわれる数世紀も前に、サラセンではギリシャ文化の価値を見いだし、その研究に血道《ちみち》を上げていたのである。

ギリシャ、ローマの文明は、ヨーロッパ人の古典である。

日本人も欧米人もこう思い込んでいるが、イスラムの歴史を知る者に言わせれば、それはとんでもない誤解。

たしかに、ヨーロッパ人たちは、ギリシャやローマの文化遺産を「自分たちの祖先のもの」と考え、その復興に相努《あいつと》めた。

このルネッサンス運動が、ヨーロッパ近代につながっていくわけなのだが、ヨーロッパ人が古典復興をできたのも、元《もと》を質《ただ》せば、すべてアラブ人のおかげなのである。アラブ人なかりせば、今ごろプラトンもソクラテスもユークリッドも単に名のみを遺《のこ》す存在になっていたかもしれない。

この事実は前にも少し触れたが、ここで改めて強調しておきたい。

読者もご存じのとおり、ギリシャに起こった古典文化を直接に引き継いだのはローマ帝国であった。あまり知られていないことだが、ローマ帝国の公用語はラテン語ではなく、ギリシャ語だった。ローマの上流階級では、その子弟にギリシャ人の家庭教師を与えて、幼少のころからギリシャ語を叩《たた》き込む。ギリシャ語が読み書きできなければ、まともなインテリとは見なされなかったのである。

したがって、古代ローマではギリシャの古典はさかんに研究されたし、新プラトン学派なども成立することになった。

ところが、西ローマ帝国が滅びたのち、その文化的遺産はゲルマン人ではなく、サラセン帝国によって引き継がれることになった。

なぜかといえば、まず第一に当時のゲルマン人たちは、ギリシャ文化などにあまり価値を感じなかったからである。

彼らはたしかに戦争には強かったが、あまりにも文化程度が低すぎて、その価値を判定できるほどの教養がなかったのだ。

といっても、もちろん当時のゲルマン人だって、昔ほどは野蛮ではない。というのも、すでにそのころにはキリスト教がゲルマン社会に入ってきていたからである。

だが、そのキリスト教もまた、ギリシャの古典に対しては冷淡《れいたん》だった。

「ヨーロッパ文明はヘレニズム（ギリシャ文明）とヘブライズム（ユダヤ教、キリスト教）が出会ったことで生まれた」とはよく言われることだが、これはあくまでも後世《こうせい》の話であって、初期のキリスト教とギリシャ思想との関係は驚くほど薄《うす》いのである。

前にも述べたが、ユダヤ人もキリスト教徒も、ギリシャ流の「霊肉二元論《れいにくにげんろん》」とは無縁だった。福音書《ふくいんしょ》には、人間が死ぬと魂《たましい》が肉体から離れていくなんて書かれてはいない。霊肉二元論がキリスト教で力を持つのは、それから何世紀も後のことである。

一事《いちじ》が万事《ばんじ》で、ローマのカトリック教会にとってはギリシャの古典なんて、いわば、どこ吹く風であった。

西ローマ帝国が滅び、「我、ヨーロッパの精神的支柱とならん」と決意したキリスト教会ではあったが、そこにはギリシャの文化的遺産を守るという発想は生まれにくかったのである。

イスラムの「知恵《ちえ》の館《やかた》」がギリシャの〝遺産〟を守った

ローマ帝国という最大の保護者を失《うしな》ったギリシャ思想を守ったのが、他ならぬアッバース朝のカリフたちだった。

「ギリシャ語は知恵の言葉である」というスローガンの下《もと》、散逸《さんいつ》しかかっていたギリシャ古典の収集、研究がさかんに行なわれたのである。

なかでも熱心だったのは、第五代カリフのアル・ラシードと第七代アル・マームーンであった。ことにマームーンは「知恵《ちえ》の館《やかた》」と呼ばれるギリシャ文化の研究施設を作り、そこでアラビア語への翻訳を組織的に行なった。

こうした熱心な研究活動が行なわれたのは、もちろんマホメットの教えと大いに関係がある。マホメット自身は、直接学問に縁《えん》がなかったが、学問の重要性は知っており、ムスリムたちに学問を大いに奨励《しょうれい》していた。そこで、こういう施設が作られたというわけだ。

アッバース朝の学問研究は驚異的なスピードで行なわれた。ギリシャの医学、哲学、天文学、地理学、数学の書物が「知恵の館」に集められ、アラビア語でアリストテレス、プラトン、プトレマイオス、ユークリッド、アルキメデスが読めるようになった。この結果、アラブにおける学問は最も高度なものとなり、多数の優《すぐ》れた学者が生まれることになった。

インドから入ってきた「零《ゼロ》」の概念《がいねん》などを発展させたのもアラブ人で、代数学《だいすうがく》という表現は彼らによるものである。英語で代数のことをアルジェブラ Algebra と呼ぶが、この言葉はアラブ語をそのまま移したものである。もちろん、現在、我々が用《もち》いているアラビア数字も彼らによって開発された。

さらに天文学も高度の発達をした。

ムスリムの学者たちは実測を通じて、地球は自転《じてん》する球体であることをすでに知っていた。

たとえば、一五世紀、スペインの有名な哲学者・歴史家イブン・ハルドゥーンは、プトレマイオスを引用して「地球は球形である」と述べている。また、一四世紀の自然哲学者コル・オレームは地球回転説を受け容《い》れて、回転運動を計算しているのである（飯塚一郎『大航海時代のイベリア』中公新書）。

このオレームの説に影響を受けて、コペルニクスが地動説《ちどうせつ》を発表したのは一六世紀に入ってからのことである。ヨーロッパ天文学も、イスラムからの恩恵を被《こうむ》っているのだ。

ところで、地動説のような大胆な説が自由に語られるのも、やはりイスラムならではのこと。

イスラム社会ではコーランを否定したりしないかぎり、どんな学問をしてもよかった。コーランには地動説、天動説のどちらも書いていないのだから、観測の結果、地球は丸いと分かっても、それを隠《かく》したりする必要もないわけである。

これに対して、キリスト教会ときたら、聖書、特に福音書《ふくいんしょ》のどこに天動説が書かれているわけでもないのに、ガリレオ・ガリレイを異端審問《いたんしんもん》にかけて処分した。彼に対する処分が解《と》かれたのは二〇世紀に入ってからのことである。この点においても、イスラムのほうが何歩、いや何十歩、何百歩も先を進んでいたのである。

イスラム科学といえば、医学の発達も忘れてはならないだろう。

一〇世紀から一一世紀にかけて活躍したイブン・シーナ（アビセンナ）は、天才的医学者であると同時に優《すぐ》れた哲学者で、その名声は遠くヨーロッパにも轟《とどろ》いた。アラブ医術はあまりにも高度だったので、ヨーロッパ人たちは「これは魔術《まじゅつ》ではないか」とさえ思ったほどだ。

ことほどさように、当時のサラセン文化は、地球上において最高度の文化を誇《ほこ》った。そして、その大《たい》輪《りん》の花が咲《さ》いたのも、彼らがイスラム教を信じ、ギリシャやラテンの文化遺産を守ったからに他ならないのである。

聖書研究でもヨーロッパをはるかに凌ぐ

さらに重要なことを付け加えれば、当時のイスラム学芸は聖書研究においても、クリスチャンを圧倒していた。

というのも、そもそも新約聖書の原典は、ギリシャ語で書かれている。そもそも、初期キリスト教の時代は、すでに述べたように、公用語、教養語はギリシャ語であったのだから、これは当然のことだ。また、旧約聖書のほうも古代ヘレニズム世界で、いわゆる「七十人訳」と呼ばれるギリシャ語聖書が編《あ》まれていて、永《なが》く原典のように扱《あつか》われていた。

ところが、時代を経《へ》るにしたがって、すでに述べたようにヨーロッパではギリシャ語が廃《すた》れていく。教養人と言っても、せいぜいラテン語が読めるだけで、かつてのローマ人のようにギリシャ語を母国語のように駆使《くし》できる人間はいなくなったのである。

この結果、ヨーロッパでは聖書を原典で読む人がめっきり減《へ》ってしまったのである。

これに対して、イスラムではギリシャ語を自由に駆使できる文化人は、掃《は》いて捨てるほどいた。

すでに述べたように、イスラム教における最高の啓典《けいてん》はコーランだが、それ以前の啓示《けいじ》として福音書やトーラーも重視する。また、コーランの中には福音書やトーラーがしばしば引用され、その「最終解釈」が述べられている。

前にも触れたように、コーランとは神が与えた最終最後の啓示であるわけだが、それと同時に、聖書の「最終解釈」についても述べられている。

「楽園追放」をコーランはこう解釈した

その一例を挙げれば、旧約聖書の中に出てくる楽園追放のエピソードをキリスト教では、「これこそが人間の原罪の始まりであり、根拠である」と考える。この原罪あるがゆえに、神の救済を待つしかないというのがパウロの教えであった。

ところが、コーランを下《くだ》したもうたアッラーは、そうしたキリスト教徒の解釈を一笑《いっしょう》に付《ふ》して、こう述べるのである。

たしかにアダムとイブは、サタン（蛇《へび》）のそそのかしに乗せられて、禁断《きんだん》の木の実を食べてしまった。そこで私（アッラー）は彼らを楽園から追放することにした。これは事実である。

「しかし（その後）アーダムは主《しゅ》から（特別の）御言葉《おことば》を頂戴《ちょうだい》し、主は御心《みこころ》を直して彼に向《むか》い給《たも》うた。まことに主はよく思い直し給うお方《かた》。主は限りなく慈悲ぶかいお方。我《われ》ら（アッラー自称）は言った、『さ、もろともにここから堕《お》ちて行け。しかしやがてわし（アッラー）は汝《なんじ》らに導《みちび》き（コーラン）を下《くだ》しつかわすであろう。その時、わしの導きに従《したが》う者は決して恐ろしい目に逢《あ》いはせぬ。悲しみに逢うこともあるまいぞ』」（二―三五～三六）

つまり、たしかにアダムは神の言いつけに逆らったが、それで神は人間を見放したりはしていない。その後、慈悲深いアッラーは考えを変えて、人間を救うことにした。そこでコーランを与えたというわけである。よって、キリスト教徒の考えるような原罪は存在しないというわけだ。

これはまことに驚くべき後日談《ごじつだん》だが、たしかに道理には合っている。

というのも、もし、人間が恐るべき罪を犯《おか》したというのであれば、神はそれっきり人間を放《ほう》っておけばよかったわけで、その後、アブラハムやモーセ、あるいはイエスを通じて、たびたび人間に啓示《けいじ》を与えた理由がよく理解できない。だが、もし神が原罪を与えていないのだと考えれば、これですっきり話が通るというわけだ。

一事《いちじ》が万事《ばんじ》、コーランには「聖書の読み方」についての指示が述べられている。そして、コーランに書かれていることこそが、聖書の最終解釈であると強調されている。

そこで、サラセンの文化人たちも聖書を熱心に読むようになったし、その内容を深く研究する人も現われた。その知識や見識は、この時代のヨーロッパ人を凌いでいたとも言えるだろう。

つまり、この時代、聖書はヨーロッパよりもむしろサラセン帝国で熱心な読者を獲得したというわけだ。これはまことに注目すべき状況と言わざるをえない。

西欧人にとってオリエントは憧《あこが》れの地だった

武力においても、また文化においても、さらに聖書理解においてもイスラムはヨーロッパを圧倒していたわけだが、もう一つ忘れていけないのは、その経済力である。

この当時のヨーロッパときたら、イスラムから見れば、さながら山猿《やまざる》のごとき生活をしていたと言っても過言ではない。

何しろ、当時のキリスト教会といえば、「サクラメント」(秘蹟《ひせき》。第二章 第二節内「予定説を踏みにじったカトリックの秘蹟」参照）がまかり通る世界である。明けても暮れても呪術《じゅじゅつ》まがいのことをしているヨーロッパ人は、イスラム教徒から見れば、まさに猿同然の未開人であった。

実際、アラブ人たちは、ほぼ一〇〇パーセントの識字率《しきじりつ》だったのに、カトリックのほうは、僧侶《そうりょ》にしてもギリシャ語はおろか、ラテン語も読めないのが普通だったのだから、しかたない。

そのヨーロッパ人から見ると、オリエント、つまりイスラムの世界は圧倒的な豊《ゆた》かさを誇《ほこ》る別天地であった。

東方からもたらされる珍品《ちんぴん》はどれをとっても、ヨーロッパの技術では作れないものばかり。ダマスカスから送られてくる美しい織物や金属細工は、ガラス製品や紙などとともに珍重《ちんちょう》された。さらにアラブ商人たちは、インドなどから高価な香辛料《こうしんりょう》ももたらした。エトセトラ、エトセトラ……。

何しろ、イスラムには一〇〇〇年にわたる繁栄の歴史がある。長い年月をかけて、イスラムのカリフやスルタンたちは本物の贅沢《ぜいたく》を追求しつづけてきたのだ。ヨーロッパ人がイスラムの文物《ぶんぶつ》を目の色変えて買いあさったのは当然のことである。

これに対して、ヨーロッパで贅沢と言えるようなものが行なわれたのは、せいぜいフランスのルイ一四世（在位一六四三～一七一五年）時代であって、しかも、その後しばらくして市民革命が起こった（一七八九年、フランス革命）。つまり、ヨーロッパ人の贅沢なんて、イスラムから比《くら》べれば年期《ねんき》も浅《あさ》いし、程度も低いというわけだ。

そういえば、こんな話がある。

ルイ一四世が造らせたベルサイユ宮殿といえば、フランス・ブルボン王朝の絶頂期を象徴するものとして今も有名だが、そのベルサイユ宮殿ができたころ、オスマン・トルコの大使か誰かが招《まね》かれた。

ところが、このムスリム、ベルサイユ宮殿の中を一回《ひとまわ》り案内されて、最後にこう言ったそうである。

「え、たったこれだけ？」

ベルサイユ宮殿といえば、ヨーロッパ中の王族がそれを真似《まね》して各地に宮殿を造ったぐらい、当時のヨーロッパではセンセーションを巻き起こした。だが、その大宮殿もトルコ人から見れば、〝別にどうも〟である。

そりゃそうだろう、広さや規模から言えば、トルコのトプカプ宮殿のほうが何倍も、いや十数倍も上である。何しろ、トプカプの中にはベルサイユ宮殿クラスの建物がゴロゴロ転《ころ》がっているのだ。

フランス人が自慢してやまない、太陽王《たいようおう》ことルイ一四世の栄華《えいが》も、オスマン・トルコから見れば、新興成金《なりきん》くらいにしか見えなかった。

オリエントには圧倒的な富《とみ》と贅沢《ぜいたく》がある。

その印象は今でこそ忘れられているが、一九世紀までのヨーロッパ人にとって、間違いなくオリエントは夢《ゆめ》と憧《あこが》れの地であった。

そのことを示《しめ》すのが、かのオリエント急行だ。

オリエント急行はご存じのとおり、パリからイスタンブールへと向かう豪華列車（当時はルーマニアで乗り換え）の名称だが、この列車が一八八三年に開業したとき、欧州の金持ちたちはこぞってこの列車のチケットを買った。この当時のヨーロッパ人にとって「オリエントに行く」というのは単なる観光旅行以上の、特別の意味を持っていたのである。

イスラムから〝逆輸入〟された古典研究

さて、こうした圧倒的な文化格差があれば、当然のことながら、イスラムで本物の学問を学びたいと考えるヨーロッパ人も現われてくる。キリスト教会でも一〇世紀ごろから、志《こころざし》ある僧侶《そうりょ》たちは続々とイスラム留学を志願するようになった。

なかでも人気があったのが、コルドバへの留学だ。

サラセン帝国の首都バグダードはあまりに遠いが、イスラム教徒が支配するスペインなら近い。そこでカトリックの僧侶たちもコルドバにあったイスラムの大学にしばしば留学して、ギリシャ哲学などを学んだのである。

また、北アフリカのイスラム圏も、重要な留学先であった。今でこそ、北アフリカなんてサハラ砂漠しかないなどと思われているかもしれないが、当時の地中海世界においては、この地域はまさに先進文化の栄《さか》える場所であって、対岸のヨーロッパとは大違いであったのである。

キリスト教徒のイスラムへの留学――。

この経験がなければ、イタリアのルネッサンスなどは起こりようがなかった。

何しろ、この当時のヨーロッパ世界では、ギリシャの古典を読もうと思っても、文献そのものが手に入らない。そこで、ヨーロッパ人たちはアラブ世界からまずアラブ語訳を、のちにはギリシャ語の原典を手に入れるところから始めなければならなかったのである。

しかも、そうして原書を手に入れたところで、そもそも学問そのものが廃《すた》れてしまっているのだから、どうにもならない。ヨーロッパで古典の学問が復興するのには、たいへん長い時間がかかった。

たとえば、アリストテレスの原著をラテン語に訳すという仕事ひとつをとっても、それが完了するには一三世紀いっぱい必要だった（福田歓一『政治学史』東京大学出版会・一三一ページ）。

ちなみに、このアリストテレス翻訳の作業を行なったのがトマス・アクィナスだった。トマス・アクィナスの神学といえば、二〇世紀になるまでカトリック教会の支柱でありつづけた理論だが、その思想の基本になったのはアラブ世界から「逆輸入」されたアリストテレス哲学だった。

カトリックの神学理論もまたイスラム教徒なくしては作られなかったというわけだ。

ヴァスコ・ダ・ガマの冒険も、実はインチキ⁉

近代ヨーロッパ思想が生まれる母胎《ぼたい》となったのは、他ならぬイスラム教徒のおかげだった。ムスリムからギリシャ思想を教えてもらえなければ、キリスト教徒はいつまで経っても山猿《やまざる》同然の暮らしをしていたのである。

ここのところを理解していないと、イスラム教徒がクリスチャンに対して、なぜ、一種の優越感とも言える感情を持っているかが分からない。中近東のムスリムは一般に、アジア人と違って白人に対する劣等感が薄《うす》いが、そこにはこうした歴史的経緯《けいい》も大いに関係しているのである。

さらに付け加えれば、後年の大航海時代もまたムスリムの手ほどきなくしてはありえなかった。ヴァスコ・ダ・ガマといえば、西洋史で「インド航路の開拓者」として教えられている人物だが、実は彼がインド洋を横断できたのもイスラム教徒のおかげである。

ガマは一四九七年、ポルトガル王の命を受け、三隻の船を率《ひき》いてリスボンから喜望峰《きぼうほう》を回ってインド洋に至《いた》る冒険に出た。

かつて東西貿易の要《かなめ》だったコンスタンティノープルは、トルコのイスタンブールになってしまい、ヨーロッパにはインドからの物産が入らなくなった。

そこで彼は海上貿易ルートを探す航海に出たわけだが、ガマがようやく喜望峰を回ることに成功し、マダガスカル対岸のモザンビークに着いてみると、そこにはイスラム教徒たちがいて、さかんに商売をしていた。

そこで彼は自分がキリスト教徒であることを隠《かく》して、イスラム教徒の水先案内人《みずさきあんないにん》を雇《やと》った。そして、イスラムの商船が利用している航路をたどってインド洋を横断することに成功したというわけだ。

つまり、ガマの大冒険なるものも、その種明《たねあ》かしをしてしまえば、アラブの手助けがあったからこそ成功したようなもの。もし、ガマがアラブ人の知識を借りずにインド洋を渡ろうとしていたら、その途中で海の藻屑《もくず》となり果てていたに相違ない。

そもそもアラブ人といえば、イスラム教以前からインドや中国と交易《こうえき》していたというほどの航海民族である。ヨーロッパ人なんて、アラブの船乗りからすればヒヨっ子同然だったのだ。

ちなみに、中国では、ヨーロッパの大航海時代より一〇〇年も前、明《みん》の時代に、鄭和《ていわ》が大艦隊を率《ひき》いて、アフリカに達する大旅行を行なっているが、このような大航海を成功させえたのも、鄭和自身がイスラム教徒であったことと無縁ではなかったはずだ。

さらにもう一つ付け加えておけば、アラブにはイブン・バトゥータという、マルコ・ポーロを凌ぐ大冒険家もいた（第三章 第一節内地図「世界を股にかけた大旅行家、イブン・バトゥータ」参照）。

イブン・バトゥータはモロッコを出発し、陸路、エジプト、シリア、デリーなどを経由《けいゆ》して、ついに元朝《げんちょう》の北京《ペキン》（当時は大都《だいと》）に達した。そればかりか、彼は故郷に帰還するや、今度は西方に向けて出発し、スペインのグラナダを訪問し、その後、サハラ砂漠の横断やニジェール川上流域の探索にも成功している。つまり、彼は当時知られていた旧世界の東の端から西の端までを旅行した男なのである。

マルコ・ポーロの旅行記『東方見聞録《とうほうけんぶんろく》』は近年、その信憑性《しんぴょうせい》が疑われていると言うが、イブン・バトゥータの三〇年にわたる旅行記（『三大陸周遊記』）は紛《まぎ》れもない実見録《じっけんろく》であり、陸においても、海においてもムスリムはヨーロッパ人を凌駕《りょうが》していたというわけだ。

忘恩《ぼうおん》の徒《と》、汝《なんじ》の名はクリスチャン

地中海世界において高い文明を誇《ほこ》ったギリシャ、そしてローマが滅びた後、その文明はアラブ世界によって守られ、さらに発展した。このアラブ人の貢献《こうけん》がなければ、その後のヨーロッパ近代文明は生まれなかったと言っても過言ではない。ヨーロッパ人にとって、イスラム世界はまさに「恩師」とも呼ぶべき存在なのである。

ところが、その大恩師に向かってキリスト教徒はどんな〝お返し〟をしたのか。

それが十字軍《じゅうじぐん》であった。

この忘恩《ぼうおん》の挙《きょ》に対して、イスラム人がどのように感じているかは、改めて筆者が説明するまでもないであろう。

何しろ、この当時のキリスト教徒ときたら、野蛮人同然の連中である。その野蛮人を優《やさ》しく教え導《みちび》いてやったのが、イスラムなのだ。

ところが、その野蛮人どもが突然攻《せ》め寄せてきて、こともあろうに聖地エルサレムを占領しようとした。

エルサレムはユダヤ教、キリスト教ばかりでなく、イスラム教にとってもメッカ、メディナに次ぐ「第三の聖都」である。イスラムは七世紀以後、エルサレムを支配下に置いていたが、だからといってユダヤ教徒やキリスト教徒をむしろ、迫害しなかったし、この都市にあったキリスト教の聖地も、ユダヤ教の聖地も保護していたわけである。

しかるに、ヨーロッパにいたキリスト教徒はその実態を知らず、「異教徒に奪《うば》われた聖地を取り返せ」と十字軍を送り出した。

突然現われた野蛮なキリスト教徒によって、エルサレムにいたムスリムたちは虐殺された。一〇九九年に行なわれたエルサレム攻防戦では、わずか二日間で数万のムスリムが老若男女《ろうにゃくなんにょ》の区別なく殺されたと言われている。

謂《いわ》れもなく、このような殺戮《さつりく》をされれば、いかに平和を愛するムスリムといえども、怒《いか》り心頭《しんとう》に達するというものであろう。

前にも述べたが、コーランはイスラムの側《がわ》から戦争をしかけることを堅《かた》く禁じている。

だが、相手が一方的に攻撃してくれれば、話は別である。

「汝《なんじ》らに戦いを挑《いど》む者があれば、アッラーの道において堂々とこれを迎《むか》え撃《う》つがよい。だがこちらから不義《ふぎ》をし掛《か》けてはならぬぞ。アッラーは不義なす者どもをお好きにならぬ」（二―一八六）

それまでイスラム世界に楯突《たてつ》く者はまったくと言っていいほど現われなかった。つねにイスラムは圧倒的に優勢であり、放《ほう》っておいても信者は増えていった。

ところが、十字軍は違った。

彼らは何の正当な理由もなく、イスラムを攻撃し、しかもムスリムを非道《ひどう》に虐殺した。

世界を股にかけた大旅行家、イブン・バトゥータ

モロッコ生まれのバトゥータは、22歳のときから30年かけてアジア、アフリカ、ヨーロッパの3大陸を旅した。その行程は、およそ12万kmに及ぶという。

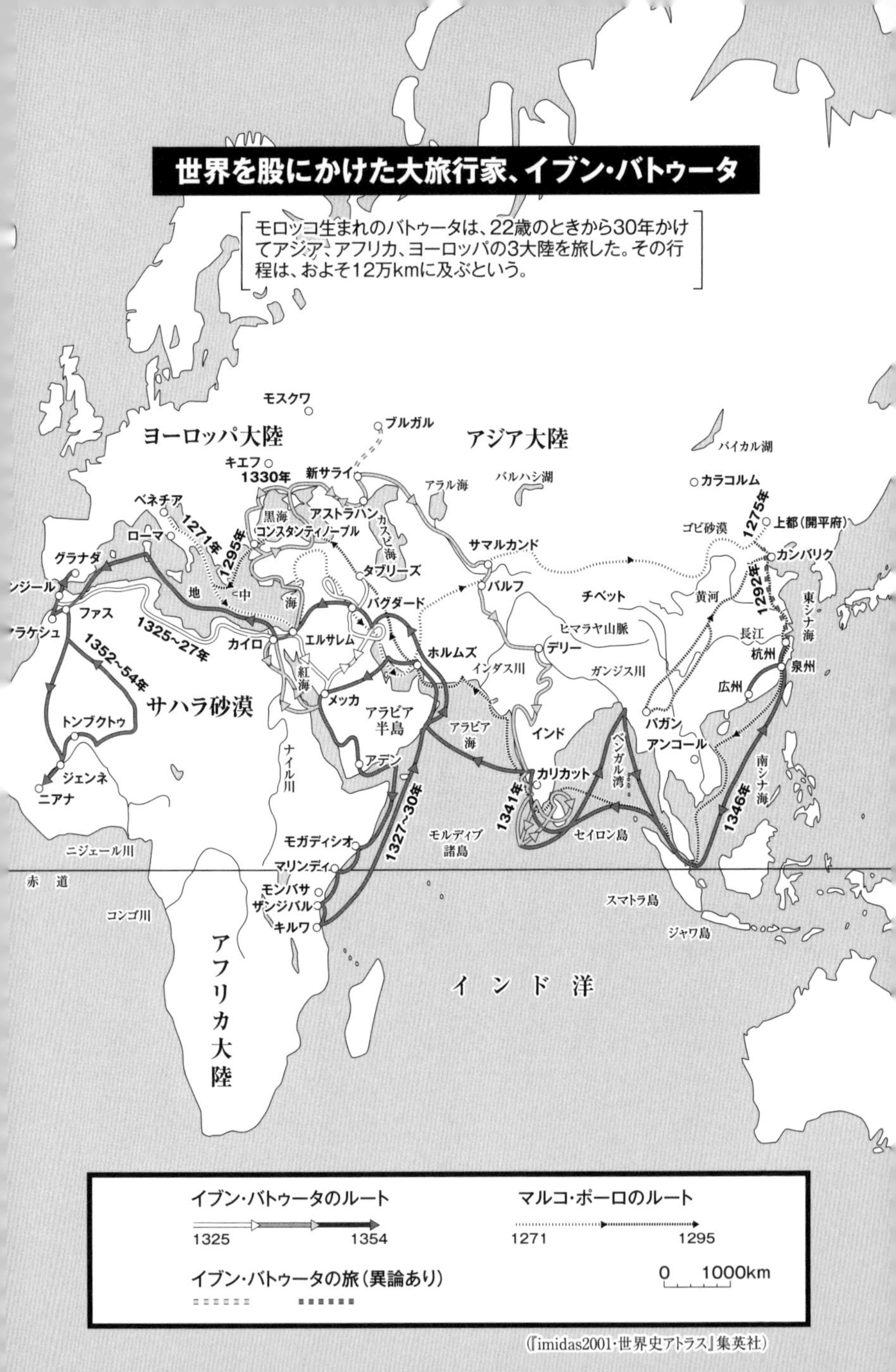

（『imidas2001・世界史アトラス』集英社）

ここにおいて、ムスリムたちはコーランの教えに従《したが》って行動することを要求されたのである。すなわち聖戦の完遂《かんすい》である。

何が何でもキリスト教徒を撃退せよ。

その戦いで戦死しても悔《く》いることはない。

聖戦に倒れた者は、死ぬことなく、緑園《りょくえん》（天国）に行くであろう。

ここにおいてイスラムは聖戦を発動し、ヨーロッパと相《あい》まみえることになったのである。

十字軍コンプレックスとは何か

現代におけるイスラムのヨーロッパに対するイメージは、まさにこの十字軍経験が大きく影響している。

イスラム教徒の心中には、十字軍に対する聖戦意識が複合《コンプレックス》として、今なお蟠踞《ばんきょ》して（居座《いすわ》って）いるのである。

では、その十字軍コンプレックスとはいかなるものであるのか。

そのことを考えるために、まずは十字軍の歴史をざっと鳥瞰《ちょうかん》しておきたい。

イスラム教徒にとって、十字軍との戦いはたいへんな苦労の連続であった。

何しろキリスト教徒は、文化程度が低いのに、いや、文化程度が低いがゆえに、戦争だけはめっぽう強いのである。

一〇九九年、キリスト教徒は「聖地奪還」に成功し、エルサレム王国を建国する。この際、多数のムスリム、そしてユダヤ教徒が殺されたことはすでに述べた。

このキリスト教徒の劫掠《ごうりゃく》に対して、イスラム教徒が本格的に聖戦を発動するのは、一二世紀も後半になってからのことであった。

イスラム側は着々と勢力を回復し、十字軍包囲網を作り出した。これに対して、ヨーロッパは第二次十字軍をエルサレムに送り込むことになる。

こうした中で起こったのが、一一八七年のハッティンの会戦《かいせん》である。

この激突で勝ちを収《おさ》めたのが、かの有名な聖戦の英雄サラディンであった。エジプト王のサラディンは十字軍を撃退することに成功し、この年の一〇月、エルサレムの奪回《だっかい》に成功したわけである。

だが、この戦勝によってもヨーロッパ人はエルサレムを諦《あきら》めなかった。彼らは大規模な第三次十字軍を結成し、イスラム側に反撃を企《くわだ》てた。ようやく、この戦いに決着が付いたのは一二四四年のことである。

つまり、足かけ三世紀にわたって、ムスリムは十字軍との戦いに翻弄《ほんろう》されることになったというわけだ。

なぜ、「モンゴル・コンプレックス」は〝発症〟しなかったのか

かくして、イスラム教徒は十字軍を撃退することに成功した。

その後、エルサレムは二〇世紀になるまでイスラムの支配する町となった。

つまり、ヨーロッパ人のしかけた「聖戦」十字軍は失敗に終わり、イスラムのジハードが勝利を収《おさ》めたというわけだ。

それなのに、なぜイスラム教徒にとって今なお十字軍の記憶は生々《なまなま》しいのか。

もし、イスラムが敗北を喫《きっ》したというのであれば、十字軍を恨《うら》む気持ちは当然のこと。

だが、十字軍の凶暴さを以《もっ》てしても、アラブの繁栄はいささかも揺《ゆ》るがなかったし、アラブの民《たみ》はヨーロッパの軍に対して赫々《かくかく》たる戦果を挙げたのだ。

どうせ恨むのであれば、モンゴル人を恨むほうが理屈に合っているというものだ。

アラブ人のサラセン帝国を滅ぼしたのは、他でもないモンゴル人だった。

東においては南宋《なんそう》を滅ぼして元朝《げんちょう》を樹立したモンゴルの騎馬軍団は、中近東にもその侵略の歩武《ほぶ》を進めた。

ジンギスカンの孫にあたるフラグ・カーンは怒濤《どとう》のごとくイスラム世界に侵入し、一二五八年、バグダードを占領する。「世界の都」と謳《うた》われ、その高い文化・文明を誇《ほこ》ったバグダードの町はモンゴル人によって略奪され、カリフは死刑にされ、多くのムスリムは虐殺された。

このモンゴル人による侵略によって、五〇〇年にわたって繁栄を謳歌《おうか》したサラセン帝国（ときのアッバース朝）は翌一二五九年、ついに滅亡する。

これを境《さかい》に、肥沃《ひよく》なメソポタミアは荒廃《こうはい》の地となり、また世界最高のアラブ文明もこの地で没落した。かつては学術語、国際語として尊重されていたアラブ語も、その地位を失うことになったのである。

ところが、イスラム教徒たちにとってモンゴル人の侵略は、それほどのコンプレックスを残さなかった。

それはなぜか。

アラブ世界を滅ぼしたモンゴル人も、イスラムの教えの前にひれ伏《ふ》したからである。

一三世紀にバグダードを劫略《ごうりゃく》したモンゴル人は、この地にイル・ハーン国を建《た》てた。もちろん、その君主となったのはモンゴル人である。

だが、時を経《へ》るにしたがってモンゴル人はイスラム文化に感化《かんか》され、ついには自身もムスリムになった。フラグの孫にあたる第七代のガーザーン・ハーンは即位にあたって、自分がイスラム教徒であることを告白《こくはく》した最初の王になった。

武力に優《すぐ》れたモンゴル人も、宗教の力の前には無力であった。

「中国人の条件」とは何か

イスラム教には国境や人種の壁《かべ》はない。アッラーを信じ、コーランを信じ、マホメットを尊敬する者は誰もが同じムスリムとして扱《あつか》われる。

この点において、イスラムのセンスは中国のそれときわめて似ている。

中国人とは何ぞや。

中国人（漢人）であるための基準には、人種、民族、居住地などは含《ふく》まれない。

では、中国人の条件とは何か。

それは「中華文明」を受け容《い》れ、中国人として生きることにある。

これさえクリアすれば、髪《かみ》が紅《あか》かろうが、瞳《ひとみ》が青かろうが、肌《はだ》が何色であろうが関係ないのである。

中国は史上何度も異民族による支配を受けている。

よく知られた例で言えば、蒙古族《もうこぞく》による元朝《げんちょう》、あるいは女真族《じょしんぞく》による清朝《しんちょう》がそれである。

だが、中国人たちはこうした異民族を教化《きょうか》し、やがて中国人に変えてしまった。

それが最《もっと》も成功したのが清朝で、かつての女真族たちは最末期《さいまっき》になると、もはや中国人と区別が付かなくなった。元朝のモンゴル人たちもまた、時を経るにしたがって、不完全ながら中国化していったわけである。

いくら征服者の王朝といえども、こうなってしまうと、もはやどっちが支配者で、どっちが被支配者か分からない。実際、清の政治を動かしていたのは、科挙《かきょ》に合格した中国人官僚であって、女真族の末裔《まつえい》どもは、いわばお飾《かざ》りにすぎなくなってしまった。

イスラム教徒のセンスもまた同じである。

たとえ異民族の支配を受けることになろうが、彼らがイスラム教徒になってしまえば、それほど深刻な精神的ダメージを受けないのである。

しかもイスラム教の場合、イスラム法《ほう》によって社会規範が定められているわけだから、異民族支配を受けたとしても、その生活や風習に制限を受けるわけではない。もちろん、法体系が変わるわけでもない。

したがって、モンゴル人に支配されることになっても、彼らの心理にはさほど大きなダメージが加わるわけではない。

ところが、キリスト教徒ときたら……。

彼らはさんざんイスラムの世話になっているというのに、イスラム教に教化されなかった。また、十字軍の戦いで敗《やぶ》れても、その信仰を捨てようとしなかった。

何という救われない連中であろうか――。

これがイスラム教徒の偽《いつわ》らざる感想ではなかったか。

後年生まれる十字軍コンプレックスの根底には、こうした事実が潜《ひそ》んでいるわけである。

常勝イエニチェリ軍団の秘密

だが十字軍の記憶も、それが過去の記憶のままで終わっていれば、さほどの問題はなかった。

ところが、十字軍の侵攻から数百年経《た》った一九世紀になると、ふたたびヨーロッパ勢力はイスラム世界に挑戦をしてきたのである。

イスラムとヨーロッパの勢力バランスが、急速に変化したのは一九世紀になってからのことだった。一八世紀までは、イスラムの圧倒的優勢は揺《ゆ》るがなかったのである。

何しろ、この当時のトルコ軍といえば、地球上で最強の軍隊であった。

なかでも「イエニチェリ」というトルコ皇帝の親衛隊は、その強さは、さながら羅刹《らせつ》のごとし。「イエニチェリが来るよ」と聞けば、どんな子どもでもピタリと泣きやんだ……かどうかは知らないが、そのくらい強かったのは間違いない。

なぜ、そんなにイエニチェリは強かったのか。

その理由はいくつもあるが、この軍隊が「常備軍」であったことが重要である。

オスマン・トルコでイエニチェリが結成されたのは一五世紀初頭のことと言われているが、この当時のヨーロッパには常備軍など影《かげ》も形《かたち》もなかった。

では、どうやって戦争をしていたかと言えば、領内の封建領主たちが自分の家臣を引き連れて、戦場に乗り込むというのが、この時代の型《パターン》であった。したがって、軍隊というのは必要に応じて作られていたわけだ。

後になって王権が伸長《しんちょう》してくると、国王は「自前の軍隊」を持つようになったのだが、その主力はカネで雇《やと》った傭兵《ようへい》にすぎなかった。傭兵と言うと聞こえはいいが、その実態は社会のアウトロー、あぶれ者やならず者を駆《か》り集めたようなもので、けっして質の高い兵士とは言えない。

ヨーロッパで本格的な常備軍が最初に作られたのは、一八世紀に入ってからのことだった。フランス革命（一七八九年）後に作られた国民軍が、それである。

普段からトレーニングを行ない、しかも組織として統制の取れている常備軍の前には、寄せ集めの軍隊や傭兵の軍隊は敵ではない。ナポレオンが全ヨーロッパを敵に回せたのも、常備軍のおかげであったのである。

ところが、ヨーロッパが常備軍を持つ二〇〇年以上前に、トルコ人はイエニチェリを作った。いかにヨーロッパ人が戦争好きの蛮族《ばんぞく》でも、イエニチェリの前には歯が立たなくて当然ではないか。

ちなみに、このイエニチェリ軍団の主力を務《つと》めたのは、戦争で捕虜《ほりょ》になったバルカン人などである。イスラム教徒はクリスチャンと違って捕虜をいきなり皆殺しにしたりしない。その代わりに、彼らにトルコ語とイスラム教の教えを説き聞かせる。そして、捕虜が改宗《かいしゅう》してムスリムになると、イエニチェリに入隊させ、普段から猛特訓を施《ほどこ》して兵士にしたのである。

したがって、イエニチェリの軍隊はムスリムとしての士気も高く、また組織としての統制も取れている。これでは、同時期のヨーロッパ人の寄せ集め軍隊に、勝ち目があろうはずもない。

ウィーン危うし

いやはや、このイエニチェリを主力とするトルコ軍の強かったこと、強かったこと。

オスマン・トルコはたちまちにしてヨーロッパのバルカン半島を侵略し、この地域を軒並《のきな》みイスラム化した。これがだいたい一五世紀のころである。さらに彼らはヨーロッパ内陸部にも駒《こま》を進め、一六世紀にはハンガリーをモハーチの戦い（一五二一年）で破った。

この勢いが続けば、あるいは今ごろ、ヨーロッパ人の多くは頭にターバンを巻いていたはずだし、パリやロンドンではコーランが朗々《ろうろう》と流れていたに相違ない（第三章 第一節内「歴史シミュレーション『怒濤のイスラム、欧州席巻』」参照）。

断わっておくが、これはけっして筆者の勝手な思い込みではない。

事実、オスマン・トルコはすんでのところでウィーンをその勢力圏内に置くところだった。

オーストリアのウィーンといえば、ハプスブルク家の本拠地にして、モーツァルトやヨハン・シュトラウスを産んだ文化都市として有名だが、そのウィーンの中心部には「リンク・シュトラーセ」と呼ばれる環状道路が走っている。

このリンク・シュトラーセは幅《はば》五七メートルにも及《およ》ぶものなのだが、ここにはかつてウィーンを防御《ぼうぎょ》するための頑強《がんきょう》な城壁が作られていた。この城壁あるがゆえに、ウィーンは繁栄を謳歌《おうか》できたと言っても大げさではない。

ところが、その城壁をもう少しで突破するところだったのが、トルコ軍だった。

トルコ軍によるウィーン襲来《しゅうらい》は、一五二九年と一六八三年の二回、行なわれているのだが、なかでも深刻だったのは後者である。

前回のトルコ軍襲来を受けて、ウィーンは城壁をさらに強化していたのだが、トルコ軍二〇万人は町を完全に包囲し、いよいよ城壁を突破する寸前であった。

もし、ウィーンがイスラム教徒の手に落ち、この美しい町にモスクが建《た》つことになれば、キリスト教世界の命運は決まったも同然であった。

そこで急遽《きゅうきょ》、トルコ軍撃退のために前例のない連合軍が編成されることになった。これまでの恩讐《おんしゅう》を超えて、ポーランドとオーストリアが対トルコ連合を組んだのである。

この天下分け目の戦いで活躍したのが、かの有名な三英雄である。

ポーランド国王のソビエスキー。

オーストリアの名将プリンツ・オイゲン（サボイ公）。

ハノーヴァー選帝侯《せんていこう》ゲオルク・ルートヴィヒ（のちの英国王ジョージ一世）。

この三人の働きで、ようやくウィーンは死地を脱することに成功したわけだが、もし、このときの戦いにヨーロッパ人が敗れていたら、間違いなく世界史は変わっていたに相違ない。

なぜウィーンに「カフェ文化」が生まれたか

ところで、この一六八三年のウィーン攻防戦がきっかけになって、今日の「ウィンナー・コーヒー」が生まれたという話をご存じか。

この当時、豊《ゆた》かなトルコではコーヒーを飲む習慣がすでに定着していた。いわゆるトルコ・コーヒーと呼ばれるものだが、その当時のオーストリア人はコーヒーなんて見たことも聞いたこともない。

だから、撤退《てったい》したトルコ軍のテントに見慣れぬ焦《こ》げ臭《くさ》い黒い粉《こな》が見つかったとき、オーストリアの人々は新種の火薬ではないかと、それを遠巻きに見ていたという。

「ウィンナー・コーヒー」などといっても、しょせんはトルコの遺産なのである。

当時のトルコとヨーロッパの間には、それだけの文化的差があったことだけは間違いない。

さらに付け加えておけば、モーツァルトやベートーベンに「トルコ行進曲」という作品があるが、なぜ「トルコ」というタイトルが付いているか。

野蛮なヨーロッパの軍隊とは大いに違って、トルコ軍では早くから軍楽隊を導入していた。組織化されたトルコ軍の歩兵たちは、軍楽隊の奏《かな》でる太鼓《たいこ》に合わせて整然と行進をしていたわけだ。

これを見たヨーロッパ人は、なるほど戦争にも音楽が必要なのかと感心した。そこでヨーロッパにも行進曲というジャンルが作られたというわけである。

今の欧米人は、行進曲も自分たちが発明したみたいな顔をしているが、モーツァルトやベートーベンたちの時代は、まだその記憶が鮮明《せんめい》であった。そこで、彼らはトルコ行進曲を作ったというわけなのである。

嗜好品《しこうひん》においても、また音楽においてもこの時代、まだまだヨーロッパは、イスラム文化のトルコに比《くら》べて、後進国家だったのである。

歴史シミュレーション「怒濤《どとう》のイスラム、欧州席巻《せっけん》」

ここまで述べてきたように、一七世紀までイスラム世界はヨーロッパに対して、圧倒的な立場にあったわけである。マホメットの登場以来、イスラムはつねにヨーロッパを文化においても富《とみ》においても凌駕《りょうが》していた。この関係はおよそ一〇〇〇年近くも続いた。

先ほど筆者はウィーン包囲戦の話で、「もし、このときトルコが勝っていれば、今ごろヨーロッパ人はターバンを巻いていたかもしれない」と書いたが、何もイスラムがヨーロッパを支配するチャンスは、あのときだけではなかった。それよりおよそ八〇〇年ほど前にも、その大きな機会があった。

すでに何度も述べているように、初期のイスラム教団は恐るべき勢いで世界を席巻《せっけん》した。ムスリムたちは北アフリカの地中海沿岸をたちまち横断し、ついにはジブラルタル海峡を渡った。

ヨーロッパに上陸したムスリムの軍勢は、現在のスペインをたちまち占領した。そして余勢を駆《か》って、彼らはピレネー山脈を越え、ガスコーニュ地方を襲《おそ》い、さらにボルドーを占領したうえ、ガロンヌ川右岸でアキテーヌ公ウードの軍を粉砕《ふんさい》した。破竹《はちく》の勢いとは、このことだ。

もし、このままムスリムがヨーロッパ内陸部をも欲《ほっ》したならば、ほんとうに今ごろ、ヨーロッパ人はターバンを巻いて、挙《あ》げてアッラーの教えに靡《なび》いていたかもしれない。

ところが、現実にはそうならなかった。

直接の理由は、七三二年一〇月二五日に行なわれたトゥール・ポワティエの戦いである。

このイスラム軍の怒濤《どとう》の進撃を見て立ち上がったのが、フランク王国のカール・マルテルだった。彼はポアティエ（今のフランスの中西部）の北方、トゥールに通ずる道沿《ぞ》いに位置するムセ・ラ・バタイユでイスラム軍を迎撃、イスラムの主将を討《う》ち死《じに》させたのである。

これによってイスラム軍は敗走し、かろうじてヨーロッパは守られたわけだが、もし、この敗戦に懲《こ》りず、ふたたびイスラム軍が本気でヨーロッパ攻略を行なっていたら、カール大帝《たいてい》（フランク国王にして西ローマ皇帝、別名シャルルマーニュ。カール・マルテルの孫）といえども、勝ち目があったかどうか。

この当時のイスラムの勢いから見るかぎり、ヨーロッパの運命はまさに風前《ふうぜん》の灯火《ともしび》であったと言っても、けっして過言ではあるまい。

さて、そこで「もし、八世紀にイスラム教徒がヨーロッパを占領していたら」というシミュレーションをしてみるのも、一興《いっきょう》というものであろう。

世の中には「歴史にイフ（もしも）は禁物《きんもつ》」と賢《さか》しらだって言う御仁《ごじん》もおられるが、歴史も社会科学である以上、思考実験はその知見《ちけん》を深めるうえで、きわめて重要である。もし、思考実験が許されないのであれば、永遠に歴史学は「物好きの学問」で終わってしまうというのが筆者の意見だ。

中世ヨーロッパの「暗黒時代」がなくなる代わりに……

さて、そこで、トゥール・ポワティエの敗戦もものともせず、イスラム教徒の軍勢が満《まん》を持《じ》してピレネー山脈をふたたび越えてヨーロッパの〝本陣《ほんじん》〟になだれ込み、ついにカール・マルテルらの首級《しゅきゅう》を挙げることに成功したとお考えあれ。

その後のヨーロッパはいかなる世界になっていたであろうか。

「宗教の寛容《かんよう》」を知るイスラム教徒のことだから、ローマ教会を潰《つぶ》すようなことをするわけはないから、まあ、キリスト教はかろうじて余喘《よぜん》を保《たも》つ（なんとか持ちこたえる）ことはできただろうが、いずれはヨーロッパの蛮人《ばんじん》どもの多くもアッラーを拝《おが》むようになっていたに相違ない。

というのも、この当時のアラブ人といえば、何度も述べるように、ひじょうに高度な文明を持っていた。

ことにヨーロッパ人にとって重要なのは、農業技術である。

もともとアラブ世界は、ティグリス・ユーフラテス文明の昔《むかし》から灌漑《かんがい》技術が進歩していたことで有名である。

その高い技術をもってすれば、ヨーロッパの未開地もたちまちに緑《みどり》したたる農地に変えるのは簡単な話。また、中近東や中国の農作物も持ち込んで、多種多様の農業が栄《さか》えたに相違ない。イスラム教徒のおかげでたらふく食えるようになれば、いかにクリスチャンといえども、その多数はイスラムに宗旨替《しゅうしが》えするのは必至《ひっし》というものだ。

さらに重要なのは都市の復興である。すでにローマ帝国は実質的に崩壊していたから、ローマ時代の都市は当時、どんどん衰退《すいたい》していき、それに伴《ともな》ってローマ時代の文化文明も失《うしな》われていったわけである。ことに一四世紀、東ローマ帝国が滅び、コンスタンティノープルがオスマン・トルコのイスタンブールになると、東西貿易が途絶《とぜつ》し、ヨーロッパの商業は壊滅《かいめつ》寸前になった。

しかし、これもまた商業や交易に優《すぐ》れたイスラム教徒がヨーロッパに住むようになれば、話は別である。都市は滅びることなく繁栄し、そこには数々の文化が花開いたに相違ない。

イスラムがもしヨーロッパを占領さえしておれば、ヨーロッパ中世の暗黒など影《かげ》も形《かたち》もなかったというわけである。

だが、しかし——そこからが問題である。

もし、ヨーロッパがイスラム世界に組み込まれていたとしたら、現代の地球には近代資本主義もなければ、近代民主主義も起こりえなかった。また、高度に発達した科学文明も、けっして生まれることがなかった。これは断言できる。

資本主義も民主主義も、そしてまた近代合理科学も、キリスト教徒のヨーロッパ人だけが作り出せたものであるからである。また、そのためにこそ、プロテスタントによる宗教改革が必要であった。

近代ヨーロッパ帝国主義に蚕食《さんしょく》されるイスラム

ヨーロッパに対して圧倒的な優位に立っていたイスラムが、その圧倒的地位を失いはじめるのは一七世紀になってからのことである。そして、一八世紀に入ると、この傾向は加速化され、一九世紀に入ると、完全にイスラムはキリスト教社会に圧倒されるようになるのである。

一九世紀に入るや、ヨーロッパ帝国主義諸国はイスラム世界を蚕食《さんしょく》しはじめた。エジプト、パレスチナ、レバノン、シリア、イラク、クウェート、リビア、アルジェリア……中近東から北アフリカにかけてのイスラム共同体は次々とヨーロッパ人の支配下に置かれることになった。さらにイギリスはインドのムガール帝国を支配し、オランダはインドネシアを植民地にした。

もちろん、これに対してトルコをはじめとするイスラム社会は帝国主義に対して、聖戦をしかけたのであるが、その戦いはつねに劣勢《れっせい》であった。

かつて精強《せいきょう》を誇《ほこ》ったオスマン・トルコもバルカン半島を奪《うば》われ、その勢力は縮小する一方であった。ロシアのツァー（皇帝）などに至《いた》っては、イスタンブールがロシア領になる日を「今か今か」と待ちこがれていたほどだった。

かくしてイスラム世界はキリスト教徒のヨーロッパ人の前に膝《ひざ》を屈《くっ》することとなった。ムスリムたちが「汚《きたな》きことクリスチャンのごとし」と呼んで憚《はばか》らなかった野蛮人たちが、今や世界の主人になったのである。

いったいなぜ、このような大逆転が起きたのか。

その理由はさまざまに挙げることができるが、ヨーロッパ人のみが世界の中で「近代」の扉《とびら》を開いたことが、最《もっと》も決定的だった。この点に関して、異議をさしはさむ人はいないだろう。

地球上で、ヨーロッパ人のみが近代資本主義を成立させ、近代デモクラシーを成立させた。また、数学や物理学といった近代科学を産み出したのもヨーロッパ人であった。

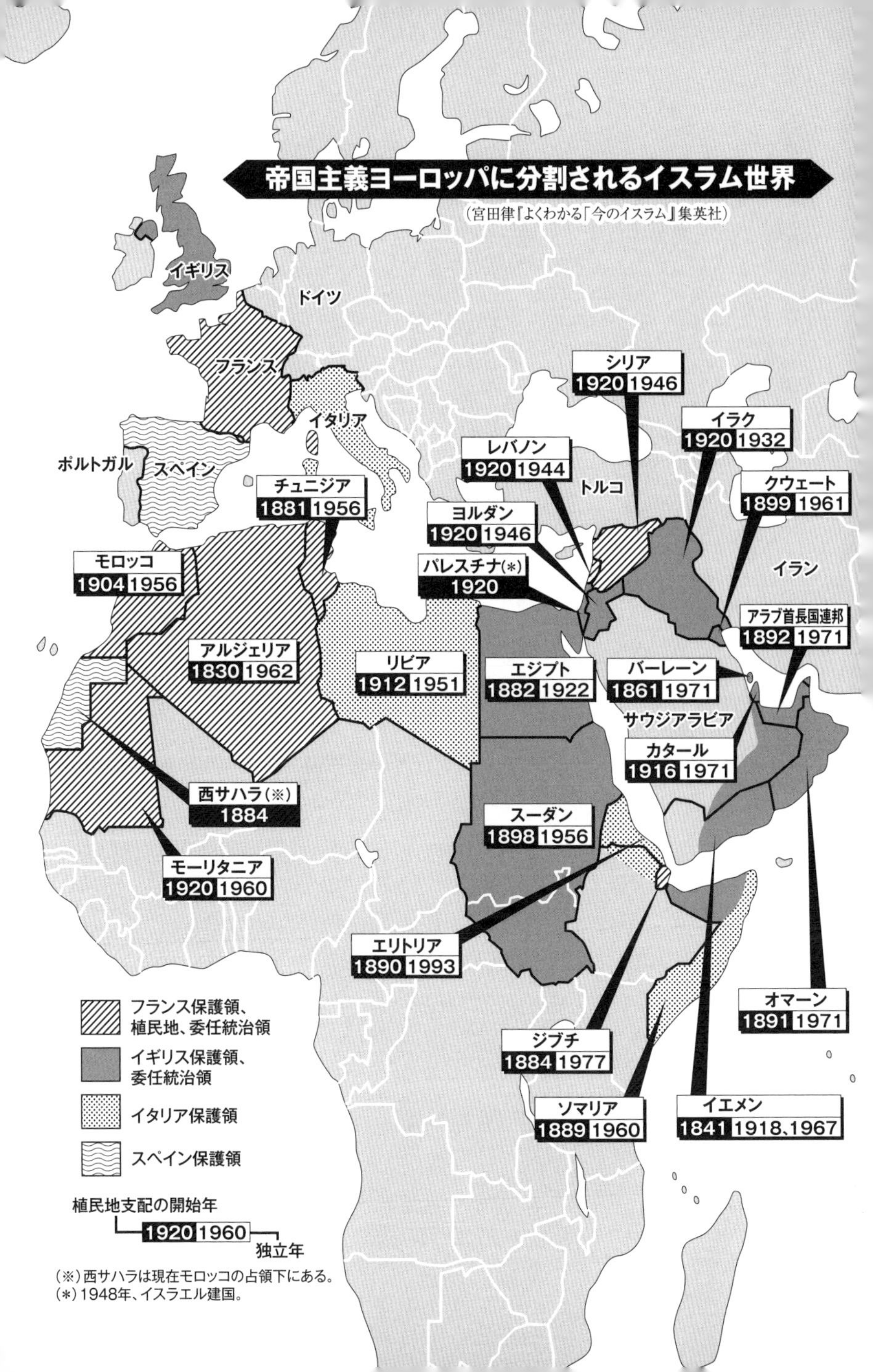

帝国主義ヨーロッパに分割されるイスラム世界
（宮田律『よくわかる「今のイスラム」』集英社）
イギリス
ドイツ
フランス
イタリア
ポルトガル
スペイン
トルコ
イラン
サウジアラビア
シリア 1920 1946
イラク 1920 1932
レバノン 1920 1944
クウェート 1899 1961
チュニジア 1881 1956
ヨルダン 1920 1946
パレスチナ(＊) 1920
モロッコ 1904 1956
アラブ首長国連邦 1892 1971
アルジェリア 1830 1962
リビア 1912 1951
エジプト 1882 1922
バーレーン 1861 1971
カタール 1916 1971
西サハラ(※) 1884
スーダン 1898 1956
モーリタニア 1920 1960
エリトリア 1890 1993
オマーン 1891 1971
ジブチ 1884 1977
ソマリア 1889 1960
イエメン 1841 1918、1967
フランス保護領、植民地、委任統治領
イギリス保護領、委任統治領
イタリア保護領
スペイン保護領
植民地支配の開始年
1920 1960
独立年
(※)西サハラは現在モロッコの占領下にある。
(＊)1948年、イスラエル建国。

これこそが、ヨーロッパとイスラムの逆転劇を現実のものにした。

オスマン・トルコの恐るべき富《とみ》も、一〇〇〇年にわたって培《つちか》ってきたイスラムの華《はな》やかな文化も、ヨーロッパ近代の産み出した資本や科学技術によって吹き飛ばされた。そしてアッラーの軍隊も、ヨーロッパの近代軍にやすやすと敗れることになったのである。

明治維新を見習ったトルコ革命だったが……

恐るべし、近代ヨーロッパ。

彼の前には、コーランの教えも、ジハードの戦士たちも敵《かな》わない。

野蛮人どもが、いつの間にこれだけの力を得たのか。

あの十字軍連中は、かつて我々から学問の基礎を習《なら》い、我々の作り出した商品を嬉々《きき》として買いあさっていた。誇《ほこ》るべき文化もなければ、信仰心も薄《うす》かったクリスチャンどもが、どうして、このような高い科学技術と富力《ふりよく》を誇《ほこ》るようになったのか。

昔日《せきじつ》のイスラムを知る人たちにとって、今日のキリスト教世界の繁栄はまさに信じがたいことであったに違いない。

勝敗は時の運。戦争で負けるのはしかたがないとしても、キリスト教世界は経済でも文明でもイスラムを凌駕《りようが》した。

しかも、その差は一〇〇年経《た》った今日でも、残念ながら開いたままである。

近代ヨーロッパの飛躍的発展に直面し、イスラム世界でも「欧州に学べ」という機運《きうん》が起こった。

その先駆《さきが》けとなったのが、オスマン・トルコのムスタファ・ケマル（ケマル・アタテュルク）である。

青年《せいねん》トルコ党《とう》のリーダーであったケマルはトルコ革命の指導者として活躍し、一九二三年、トルコ共和国の初代大統領になった。

彼の念頭《ねんとう》にあったのは、日本の明治維新であった。トルコ革命の半世紀前に始まった日本の近代化は見事に成功を収《おさ》め、この当時、すでに日本は世界の列強の仲間入りを果たしていた。

東洋の一小国にすぎぬ日本が、これだけの成功を収めることができたのであれば、衰《おとろ》えたりといえどもトルコは大国である。資本主義経済や近代的諸制度を導入すれば、たちまちトルコは勢威《せいい》を回復することになるであろうと。

そこでケマル・アタテュルクは、次々と近代化政策を打ち出した。

なかでも重要であったのは、ヨーロッパ流の近代法体系をトルコに導入することであった。また、彼は一日五回の礼拝を三回に減《へ》らし、女性のベール着用や一夫多妻《いっぷたさい》を禁じた。さらに彼はトルコ憲法から「イスラム教を国教《こっきょう》とする」という規定を廃止した。

また、その一方で彼はトルコの経済を近代化すべく、さまざまな方策《ほうさく》を採《と》った。海外資本をトルコから追い出し、民族資本の保護・育成に積極的に乗り出した。

さて、こうした積極的な近代化政策の結果、はたしてトルコはふたたび「世界の超大国」の座《ざ》に戻《もど》れたか。

その答えは、あえて記すまでもないだろう。

なぜ、イスラムには「香港《ホンコン》」や「台湾《たいわん》」が生まれなかったか

たしかにトルコの近代化は、ある程度は成功した。だが現代のトルコが、かつてのオスマン帝国の勢《せい》

威《い》を取り戻したかといえば、「否《いな》」と答えざるをえない。

日本人はあまり知らないが、現代でもトルコの食糧生産力そのものはけっして衰《おとろ》えてはいない。

そのことは、イスタンブールのネコを見れば、ただちに分かる。

これは筆者が実見《じつけん》したことだが、トルコの野良猫《のらねこ》は、どれもこれも丸々《まるまる》と肥《こ》え太っている。よほど食料が豊かでなければ、野良猫がこんなに太ってしまうことはない。昔《むかし》からトルコのアナトリア平原は一大穀倉《こくそう》地帯であって、トルコの住民は食には最低限、困《こま》ったことがないのである。

ところが、それだけの食糧生産力を持ちながら、トルコの経済はいっこうに、資本主義にテイク・オフする兆《きざ》しを見せない。ＮＡＴＯ（北大西洋条約機構）には何とか入れてもらっているが、ドイツやイギリスと対等に渡《わた》り合うなんて立場にはない。それどころか、仕事を求めてトルコからドイツに入ってくる移民は今でも後を絶《た》たないくらいだ。

いや、これは何もトルコに限った話ではない。

たとえば一九三八年、サウジアラビアの東部地方から巨大な油田《ゆでん》が発見された。ここから産出する石油がもたらした富《とみ》は、かなりの部分が欧米石油資本に渡《わた》ったけれども、それでも恐るべき額《がく》に達した。

サウジの王室は、その富を近代化のために注《つ》ぎ込んではいるのだが、その成果はけっして華々《はなばな》しいとは言えないのである。

トルコ革命からすでに八〇年近い歳月が流れている。これだけの時間を経《へ》ながらも、イスラム世界には今なお近代資本主義が成立しないのはなぜか。

同じような時期に出発しながら、すでに近代資本主義らしきものが生まれている東南アジア諸国と比《くら》べると、その差はあまりにも歴然《れきぜん》としている。中近東にはいまだ「イスラムの香港《ホンコン》」もなければ、「イスラムの台湾《たいわん》」も生まれていないのである。

歴史を振り返ってみれば、アラブの商人といえば、イスラム教が生まれる以前から世界を股《また》にかけて活躍していた。彼らはアフリカはもとより、インド、東南アジア、中国とも交易《こうえき》し、紅海《こうかい》の港には世界中の物産が集まっていたのである。アラブの商人は、唐《とう》の長安《ちょうあん》にも店を開いていたのである。

アラブにおける商業の歴史は、世界最長・最古であると言っても、あながち大げさではあるまい。ところが、そのアラブ人をはじめとするイスラム教徒たちが、なぜ一世紀近くもかかりながら、いまだ資本主義を体得《たいとく》できないのか。

ここにこそ現代イスラムの苦悩はある。

もし、彼らムスリムをして資本主義の権化《ごんげ》にならしめることが可能ならば。

クリスチャンなど恐《おそ》るるに足《た》りず。オイル・マネーと巨大なムスリム人口を背景に、イスラム経済は欧米資本主義を圧倒し、ふたたびアッラーの栄光は沖天《ちゅうてん》に輝《かがや》くであろう。

……と書きたいところだが、そうはいかないのだ。

筆者はあえて断言する。

イスラムにとって、近代化の壁《かべ》はあまりにも厚く、堅《かた》い。それを突破するのは、ほとんど至難《しなん》の業《わざ》と言ってもよい。

なぜ、そんなことが断言できるのか。

その理由は、次の節で述べることにしよう。

第二節……苦悩する現代イスラム
——なぜイスラムは近代化できないのか

旅行記・滞在記を、鵜呑《うの》みにしてはいけない

戦前の日本にとって、イスラムとはまさに遠い世界の話だった。日本にはムスリムはほとんどいないし、中近東はあまりに離れているので、現実のイスラム社会を訪《おとず》れた日本人は、ひじょうに限られていた。もちろんテレビの旅行番組なんてない。

だから、たいていの日本人はせいぜい『千夜一夜物語《せんやいちやものがたり》』を読み、「月《つき》の砂漠《さばく》」を歌って思いを馳《は》せるのがせいぜいだった。

あの時代に比《くら》べると、今はイスラムも身近になったものである。イランやトルコ、あるいはエジプト行きのツアーはたくさん売り出されている。また、ビジネスでサウジアラビアなどに駐在する日本人も多数いる。さらに、そうした人たちが書いた旅行記や滞在記も、書店で売られている。

しかし、これだけイスラム世界が近くなったから、その分だけ日本人のイスラム世界に対する理解が深まったかと言えば、そうとは限らない。イスラム世界に滞在し、そこでたくさんのムスリムと付き合った経験があれば、イスラム通《つう》になれるというわけではないのである。

個々の事例から、一般的な法則を推論《すいろん》することを論理学では「帰納法《きのうほう》」と呼ぶ。もう少しむずかしく書けば、「特称命題《とくしょうめいだい》」から「全称命題《ぜんしょうめいだい》」を導《みちび》くのが帰納法である。

たとえば、Aというムスリムを観察していたら、一日に五度の礼拝をすることが分かった。

そこでもう少し観察したら、Bというムスリムも、Cというムスリムも、日《ひ》に五度の礼拝をしている。さらにさらに観察をしたら、DもEも同じことをしていた。

これらA、B、C、D、Eの事例は、それぞれ個別の事実を述べたものにすぎない。よって、これらはいずれも特称命題である。

だが、こうした特称命題を総合していくと、そこから「すべてのムスリムは一日に五度の礼拝をする」という全称命題を導くことが可能になる。これが帰納法のやり方である。

帰納法は、誰もが日常生活の中でしょっちゅう行なっていることだが、お気付きのとおり、この方法で導き出されるのはあくまでも推論であって、それが真実であるとは限らない。

たとえば、バード・ウォッチングを趣味にしている人が世界中を旅して、スワン（白鳥）を観察した。すると、それらのスワンはみな白かった。

そこで帰納法で「すべてのスワンは白い」という結論を導き出したとする。はたして、この人の結論は正しいであろうか。

もちろん、間違っている。

同じスワンでも、オーストラリアには羽が真っ黒なスワンがいるからだ。

かくのごとく、帰納法を打ち破るには、たった一つでも反証《はんしょう》があればよい。帰納法による推論はあくまでも推論であり、その正しさを保証するものではない。間違っている可能性がつねにつきまとうのである。

我々がイスラムの旅行記や滞在記を読む場合、注意しなければならないのは、この点である。

つまり、その中で「イスラム教徒というのは、かくかくしかじかのことをする」「アラブ人たちは、これこれの特徴を持っている」と書かれていても、それを鵜呑《うの》みにするわけにはいかない。それらは帰納法に基《もと》づいて出された推論にすぎないかもしれないからである。

帰納法的推論は、あくまでも不完全である

人類学がヨーロッパで作られたとき、その基本資料となったのは世界中から集められた見聞記《けんぶんき》や旅行記であった。

探検家や宣教師、あるいは現地で商売をした人たちが書いた文章や絵は、たしかに貴重な記録であって、それらの報告の中には信頼に足《た》るものも多い。

だが、いくら報告者が正直で、正確な記録を残していたとしても、そこで語られているのはあくまでも特称命題にすぎない。

したがって、どんなに豊富な情報があったとしても、そこからかならず正しい結論が導き出されるというわけではない。

このことに最初に気が付いたのがB・K・マリノフスキーとラドクリフ・ブラウンという二人の人類学者だった。彼らによって、従来の記録重視、つまり帰納法に基づく研究方法が改められ、より科学的な調査・研究手法が導入されることになり、人類学は飛躍的に発展した。そして、その過程で、それまでの研究がいかに誤《あやま》りに満《み》ちたものであったかが明らかになったのである。

自然科学において、帰納法はとても重要な推論方法である。

たとえば「惑星《わくせい》は太陽をその一つの焦点《しょうてん》にする楕円軌道上《だえんきどうじょう》を動く」というケプラーの法則も、火星の観察記録から帰納的に導き出されたものである。帰納法がなければ、科学の発展もありえなかったと

言っていいだろう。

ことに医学や生物学などは、帰納法がなければにっちもさっちもいかない。「すべての哺乳《ほにゅう》動物は心臓を持つ」という命題を証明するために、地球上の全哺乳動物を一つ残らず解剖《かいぼう》するわけにはいかないからだ。

だが、だからといって帰納法を無条件に信用するわけにはいかない。ここが肝心《かんじん》である。

帰納法はあくまでも不完全なものであることを承知していないと、時として大きな判断ミスをしてしまうからだ。

イスラム観察に潜《ひそ》む大誤解

さて、そこで話を戻せば、イスラム世界で暮らしたという人たちの経験談、体験記は日本でも欧米でも無数に出版されている。それらの中には、まことに貴重なものも多い。

しかし、そこで語られている事実がどんなに正確であっても、そこから導き出された「イスラムとは……」「ムスリムとは……」という結論が正しい保証はない。

たとえば、ある人はこう記す。

トルコの市場に行っても、サウジアラビアの市場に行っても、エジプトの市場に行っても、そこで商売している連中はみな異邦人《いほうじん》と見れば、値段《ねだん》をふっかける。イスラムの商人には商道徳もなければ、定価販売という観念《かんねん》もない。これだから、イスラムはいつまで経っても近代化できないのだ……。

さて、この人の記述はどこまで信用できるだろうか。

中東世界を旅行した人ならご存じだろうが、たしかにイスラム世界の市場には定価という概念《がいねん》はない。

日本やアメリカのデパートのように、値札《ねふだ》に書かれている値段で買うなんて愚《おろ》か者のすること。そこからどれだけ値切《ねぎ》るかが腕の見せ所である。

したがって「イスラムには定価という概念がない」のは事実である。イスラムで欧米流の商道徳は通用しない。

だが、そこから先が問題である。

「これだから、イスラムは近代化できない」

ここが大間違い。

この人は不幸にして社会科学の知識を持たないために、定価がないことがイスラム社会の特徴であると勘違《かんちが》いし、「こうした悪習あるがゆえにイスラムの近代化は不可能である」と結論付けている。

この帰納的推論には二重の間違いがある。

そもそも、定価が存在しないのはイスラムに限ったことではない。たとえば、香港《ホンコン》の市場はどうか。あるいはインドの市場はどうか。これらの市場においても、客は売り手と丁々発止《ちょうちょうはっし》の駆け引きをして買い物する。ここには定価が存在しない。

したがって、定価がないのは何もイスラムの専売特許《せんばいとっきょ》ではない。ここが第一の間違いである。

第二に、「定価がない」イコール「近代化不可能」という判断にも誤りがある。

というのも、今を遡《さかのぼ》る数百年前のヨーロッパにおいても定価など存在しなかった。今のアラブや香港と、少しも変わらなかったわけである。

ところが、そのヨーロッパはその後、近代資本主義が勃興《ぼっこう》したではないか。

この重大な反証《はんしょう》によって、この人の主張は完全に否定された。

イスラムが近代化できないのは、定価販売が行なわれていないからではない。その理由はもっと別のところに求められるべきなのである。

なぜイスラム商人たちは「資本家」になれなかったのか

イスラムが近代化できないのは、なぜか。

その理由は、何冊の旅行記、何十冊の滞在記を読んでも分からない。不完全帰納法だけに頼《たよ》っていては、正しい結論を導き出すことは至難《しなん》の業《わざ》である。

そこで重要になってくるのが、社会科学の方法論である。

具体的に言えば、社会科学の巨人マックス・ウェーバー、大塚久雄《おおつかひさお》博士などによって築《きず》き上げられた資本主義研究。これがイスラム近代化を考えるうえでの重要なツールになる。

なぜヨーロッパだけが近代資本主義に到達できたか。

この謎《なぞ》を探求していくことで、イスラム世界が近代化できない理由も、おのずから明らかになってくるであろう。

そもそも近代資本主義研究において、最大の難問は「なぜ、ヨーロッパにのみ資本主義が成立したのか」ということにあった。

すでに見てきたように、近代以前の世界においてはイスラムのほうが、ヨーロッパよりもずっと豊《ゆた》かだったし、また商業も栄《さか》えていた。アラブの大商人といえば、それは途方《とほう》もない財産を持っていたものだ。

『千夜一夜物語』のシンドバッドは紅海《こうかい》やインド洋を股《また》にかけ、さまざまな冒険をするわけだが、こうした物語が生まれたのも、現実のアラブ商人たちの活躍があったからである。

彼らは中国やインドから珍《めずら》しい物産を輸入しては、それをヨーロッパの王族・貴族に売りつけることで、多額のマージンを稼《かせ》いでいた。

何しろ、中世ヨーロッパではインド産の香辛料が同じ目方《めかた》の金《きん》（ゴールド）と取引されていたというのだから、その儲《もう》けたるや途方もないものであった。

まさに世界の富《とみ》はイスラム世界に集まっていたわけである。

ところが、それだけの資本（元手《もとで》）が蓄積されながらも、それは資本主義に結《むす》びつかなかった。これはいったいなぜなのか。

このことは、ヨーロッパ自身にも当てはまる。

資本主義が興《おこ》る前のヨーロッパにも、大富豪は何人もいた。

よく知られたところでは、イタリアのメディチ家、ドイツのフッガー家がそれである。この両家が持っていた富と言えば、現代のビル・ゲイツも及《およ》ばぬほどのものだった。ところが、これほどの富もまた資本主義を作らなかった。

大塚久雄博士は、こうした近代以前の富のことを「前期的資本《ぜんきてきしほん》」と呼んだ。

ウランやプルトニウムは一定の分量（臨界量《りんかいりょう》）を超すと、放《ほう》っておいても核分裂を始めるわけだが、前期的資本にはそうした性質がない。どんなに前期的資本を蓄積しても、それだけでは資本主義という〝核分裂〟は始まらないというわけだ。

資本主義の「触媒《しょくばい》」となったキリスト教

前期的資本はいくらあっても、それだけでは近代資本主義を産み出さない。

ふたたび化学のたとえを使えば、前期的資本の段階から近代的な資本主義の段階に移行するためには、何らかの「触媒《しょくばい》」が必要なのである。

ここで小学校時代の実験を思い出していただきたい。

傷口《きずぐち》の消毒に用《もち》いるオキシフル、すなわち過酸化水素《かさんかすいそ》（H_2O_2）はそれ自体ではひじょうに安定した物質である。ところが、その中に二酸化マンガンとか白金《はっきん》（プラチナ）といった触媒を入れると、そのようすが一変する。過酸化水素はたちまち分解をはじめて、水（H_2O）と酸素（O_2）に分かれてしまう（$2H_2O_2 \longrightarrow 2H_2O + O_2$）。

前期的資本から近代資本主義への移行は、これに似ている。前期的資本は、放っておけば、資本主義の資本（産業資本《さんぎょうしほん》）へ転化しない。

しかし、何かのきっかけ、触媒によって、資本主義は生まれ出る。

そして、そのきっかけとなる「何か」はヨーロッパにのみ存在し、イスラム世界にも中国にもなかった。だからこそヨーロッパにだけ資本主義が興《おこ》ったのだ。

こう考えるべきではないか。

では、その触媒とは何なのか。

その答えを出したのが、かのマックス・ウェーバーである。

マックス・ウェーバーは近代資本主義発生の秘密を、次のように喝破《かっぱ》した。

「近代資本主義の発展は、資本主義に徹底的に反対する経済思想が公然と支配してきたような、そういう地域でなければありえなかった」（ウェーバー『プロテスタンティズムの倫理と資本主義の精神』大塚久雄訳・訳者解説より）

資本主義が発展するには、資本主義に「徹底的に反対する」経済思想がなければならない。

もっと分かりやすく言うならば、金儲《かねもう》け（利潤追求《りじゅんついきゅう》）を全否定する思想がなくては、本物の資本主義は出てこないというのだ。

これほど奇妙奇天烈《きてれつ》な説があろうか！

彼の説をさらに敷衍《ふえん》して、大塚博士はこう説明する。

「通常の考え方では、まず商業が発達し、そして、その商業やその担《にな》い手《て》である商人たちを内面から動かしている営利《えいり》精神、営利原理といったものが社会の到《いた》るところへしだいに浸透《しんとう》していくと、その結果として近代の資本主義が生まれてくることになるのだ、とされている。しかし、歴史上の事実は決してそうはなっていない、と彼（ウェーバーのこと）は言っているのです」（同右）

まことに、いくら驚倒《きょうとう》してもし足《た》りない話ではないか。

しかし、このように考えぬいてはじめて、近代西ヨーロッパ（とニューイングランドなど）にかぎって近代資本主義が生まれ、中国やインド、ギリシャ、ローマなどのオリエントには生まれなかったかが説明されるのである。

「貪欲《どんよく》は罪《つみ》なり」とするキリスト教

すでに述べたように、そもそも「資本主義らしきもの」はイスラム諸国では、ぐっと早い時期から発達していた。

アッバース朝《ちょう》の都バグダードといえば、多くの人は『千夜一夜物語』を思い出すことであろう。この時代、バグダードは世界交通の中心であり、経済は繁栄をきわめていた。為替《かわせ》、約束手形《やくそくてがた》、小切手《こぎって》などもすでに流通していたのであった。

バグダードから東方へ向かうホササン道《どう》は、中央アジアを経《へ》て唐《とう》の長安《ちょうあん》に至《いた》る。シルクロードである。ティグリス川を下れば海路はペルシャ湾、インド洋を経て東シナ海へと通じていた。また、ティグリス川を遡《さかのぼ》れば、シリアから地中海方面、エジプトに通じていた。

いま、起点を地中海にとれば、シリア――ペルシャ――中央アジア――新疆省《しんきょうしょう》――敦煌《とんこう》――長安――洛陽《らくよう》――開封《かいほう》――大運河《だいうんが》――揚州《ようしゅう》――東シナ海――泉州《せんしゅう》――広東《カントン》――占城《チャンパ》――マレイ――セイロン――アラビア海――紅海《こうかい》――シリアと、ユーラシア大陸を一周することができた。そして、この大幹線上の任意の地点から世界の各地方へ無数の支線が延びていたのである（宮崎市定『中国史』岩波全書・上巻二八三ページ）。

これなどはホンの一例。

イスラム諸国では、いくたびも巨大諸帝国が興《おこ》り、経済が殷賑《いんしん》（にぎわって盛んなこと）をきわめることなんか、少しも珍《めずら》しくない。イスラム世界は技術も高く、商業も発達していた。資金もあった。

だが、それでも、そこから近代資本主義は起きてこなかった。

何となれば、そこには金儲《かねもう》けを否定する思想がなかったからである。

では、一方のヨーロッパには。

あった、あった。

金儲けは絶対に許さない。利潤追求は悪《あく》である。

こう考える思想が存在した。

それは他でもない、キリスト教である。

キリスト教は、元来、資本主義に反対する経済思想を公然と掲《かか》げていた。

商売は魂《たましい》の救済を妨《さまた》げる、危険なものである。

貪欲《どんよく》こそが人間の大罪《たいざい》である。

「あなたがたは、よく知っておかねばならない。すべて不品行《ふひんこう》な者、汚《けが》れたことをする者、貪欲な者、すなわち、偶像を礼拝する者は、キリストと神との国をつぐことができない」(「エペソ人への手紙」五―五)

反商業、反資本主義の思想は、キリスト教を一貫して揺《ゆ》るがない。

事実、中世のキリスト教会は、カネを貸して利子を取ることを禁止していた。

こんなことは同時代のイスラム世界では考えられないことである。

……と書くとイスラム通の読者の中には、「イスラムも利子を禁じているではないか」と指摘する向きもあるだろう。

なるほど、コーランには「アッラーは商売はお許しになった、だが利息取りは禁じ給《たも》うた」(二―二七六)とある。

利子を禁じているという点において、キリスト教に変わることがないように見える。

だが、それは違う。

同じ利子の禁止であっても、イスラム教とキリスト教とでは、その禁止のレベルがまったく違うのだ。

法があれば、かならず〝抜け穴〟が存在する

現代でもイスラム世界には西洋的な銀行は存在しない。コーランが利子を禁じているからである。だが、それではイスラムには銀行がまったく存在しないかと言えば、これは違う。その代わりに、一種の投資信託銀行があって、そこでは世界中のさまざまな企業にオイル・マネーが貸し出されているのである。

規範のところ（第一章第一節）でも述べたが、イスラム法は厳格である。だが、厳格であるがゆえに、そこには合法的な抜け穴がいくらでもある。

この場合も、預金者から預《あず》かった金を銀行が企業に投資して利息を稼《かせ》ぐなら、それは間違いなく違法である。

しかし銀行が仲介役《ちゅうかいやく》となって、出資者のカネを企業に投資し、そこから投資利益を得るのは合法とされる。すなわち、資金提供者がリスクを負《お》い、その報酬《ほうしゅう》としてリターンを得ることはよい。株式投資だけが許されると考えればいいわけだ。

やっていることは結果としてほぼ同じなのだが、違法と合法の間には明確な境界線があるのだ。

結局のところ、イスラム法が利子を禁じているということは、裏を返せば、法（規範）に触《ふ》れないかぎり、何をやっても自由だということに他ならないのである。

しかし、このようなことをいちいち言わなくても、イスラムが経済活動を禁圧していないことは、歴史を見ればただちに明らかというものだ。

かのバグダードの殷賑《いんしん》、あるいはイスタンブールの繁栄を見るがいい。

もし、アッラーが商売を禁じていたとしたら、あのような絢爛豪華《けんらんごうか》な都市が出現したはずがないではないか。

そもそもイスラムは都市から興《おこ》った。イスラムは砂漠の宗教と言われるが、それは標語のようなものであって、真実ではない。マホメットが拠点としていたのは、すでに商業都市として栄《さか》えていたメッカやメディナであった。

そのような「都市の宗教」が、経済活動を禁じたりするはずもない。

何しろアッラーの神は「勘定《かんじょう》高くおわします」(第二章 第二節内「アッラーは商売上手⁉」参照)。アッラー自身が商売上手を誇《ほこ》っているのだから、何をかいわんやである。

資本主義を産み出したプロテスタンティズムの力

これに対してキリスト教は、そもそも規範そのものが存在しない。キリスト教は何度も言うが、無規範宗教である。イスラム法《ほう》はあっても、キリスト法はない。

だから、聖書に「貪欲《どんよく》はいけない」と記されていたら、どんな形でも金儲けはよくないという原則主義になってしまう。イスラム法のように抜け道を作る余地がないのである。

とは言っても、キリスト教会も中世になるとだんだん堕落《だらく》して、教会そのものが信者からカネを巻き上げたり、あるいは免罪符《めんざいふ》を売りつけるようになった。

もし、キリスト教会がこのような堕落ぶりを続けていたら、資本主義はとうてい生まれなかっただろう。

だが、そこに宗教改革が起こった。

すでに何度も述べてきたように、宗教改革とは、要するに「原点回帰」の運動であった。堕落したキリスト教を初期の姿《すがた》に戻《もど》すのがルターの狙《ねら》いであり、カルヴァンの悲願であったわけだ。

したがってプロテスタントにとっては、聖書の教えだけがすべてである。ことにカルヴァン派では、利子禁止は徹底していた。どんな形であれ、利子なんて絶対に認めない。そんなことをすれば救済なんて絶対にありえないとカルヴァンは信者を脅《おど》しあげた。

ところが、そのプロテスタンティズムこそ近代資本主義を産み出す触媒《しょくばい》となった。とくに聖書に厳《げん》正《せい》なカルヴァン派の存在は大きかった。何たる矛盾！　という気がしてくる。

ウェーバーは、さまざまな例を挙げつつ、カルヴァン派が「資本主義の先兵《せんぺい》」になったありさまをつぶさに示《しめ》している。そして、矛盾のごとく見えながら矛盾ではないことを証明した。

資本主義はプロテスタンティズムを媒介《ばいかい》（触媒《しょくばい》）として誕生した。

キリスト教が資本主義に徹底的に反対した宗教であったからこそ、ヨーロッパでは資本主義が生まれることになった。前期的資本は宗教改革を触媒にすることで、近代資本主義における資本（産業資本）へと変貌《へんぼう》したのであった。

ここが理解の急所《きゅうしょ》である。ポイントである。

このことさえ理解できれば、イスラムになぜ資本主義が生まれなかったのかも、よく分かってくるのである。

予定説が「エトスの変換」を引き起こした

それにしても、徹底的に商業を排撃《はいげき》し、経済活動を否定したはずのプロテスタンティズムがなぜ、資本主義発生の「触媒」となったのか。

この点について、解説が必要だろう。

すでに述べたように、宗教改革の指導者たちはキリスト教の教義をイエスやパウロの時代の姿に戻すことを目的としていた。なかでも重要なのは、予定説《よていせつ》である。

ここでもう一度おさらいしておけば、予定説とは「その人が救済されるか否《いな》かは、すべて神によってすでに決定されている」という思想である。

まさにキリスト教をキリスト教たらしめているのは、この奇妙奇天烈《きてれつ》な論理である。

この予定説を徹底的に信者に叩《たた》き込んだのは、カルヴァンである。カルヴァンは予定説を説き、神の万能なること、絶対なることを強調してやまない。

このような教えを聞いたとき、熱心な信者はどのように感じるか。

強烈な焦燥感《しょうそうかん》である。

はたして自分は救われているのだろうか、救われていないのだろうか——そのことが頭から離れなくなる。もちろん、その答えは最後《さいご》の審判《しんぱん》になるまで分からない。だが、来世《らいせ》のことが気になってしようがない。『天路歴程《てんろれきてい》』の主人公（第二章 第二節内「信者に不安と苦悩をもたらす予定説」参照）のように、思わず走り出してしまいたくなるほどの不安を抱《かか》え込むことになる。

熱心なプロテスタントになればなるほど、救いを求めて聖書にすがりつく。イエスの教えに従《したが》った生活をしようと考える。

予定説の要諦《ようたい》は、「神に選ばれた人（救われる人）は、神の御心《みこころ》のままに行動するに違いない」という点にある。救済されるか否《いな》かは、まさに神のみぞ知る。だが、救われるほどの人なら、けっして道を踏《ふ》み外さないはずだというのである。

聖書の教えに忠実であるカルヴァン派の人々は、生活のありとあらゆる行動を徹底的に厳《きび》しく律《りっ》するようになった。

この思いつめた生活、いや、思いつめきった生活こそが、彼らのエトス（行動様式。第一章 第一節内「宗教とは何か」参照）を変換せしめた。

このエトス変換によって、中世ヨーロッパに君臨《くんりん》していた伝統主義《でんとうしゅぎ》の重圧は押しのけられた。

伝統主義とは「過去に行なわれてきたという、ただそれだけの理由で、将来における自分たちの行動の基準にしようとする倫理」を指す。これを喩《たと》えてウェーバーは、伝統主義を「永遠なる昨日的《きのうてき》なもの」(das ewig Gestrige) と呼んだ。

この伝統主義は、まさに中世のヨーロッパを雁字搦《がんじがら》めに縛《しば》り付けていたのだが、ひとたびプロテスタンティズムが現われると、伝統主義はヨーロッパから放逐《ほうちく》されてしまったのである。

このエトス変換のエネルギーが、いかにすさまじいものであったか。

「カーライルが“the last of our heroism”（わが英雄時代の最後のもの）と言ったのが誤《あやま》りでないように、市民階層そのものにとって、ほとんど空前絶後ともいうべき英雄的行動を示した」（ウェーバー『プロテスタンティズムの倫理と資本主義の精神』大塚訳・一九ページ）

ウェーバーをして、特筆せしむるほどのエネルギーがそこにはあったのである。

この伝統主義の破壊に拍車《はくしゃ》をかけたのが、カトリック修道院の中にあった「行動的禁欲」(aktiveAskese) の世俗化《せぞくか》である。

「行動的禁欲」とは、「行動するため」に他のことを断念する禁欲である。日本人が禁欲と聞いて連想するのは、断食《だんじき》やセックス断《だ》ちのような「何かをしない禁欲」だが、キリスト教の行動的禁欲は、それとは正反対である。

信仰のためには、一秒、一瞬、一刹那《せつな》たりとも懈怠《けたい》（なまけること）せず行動すべし！

これこそが、行動的禁欲である。

この行動的禁欲の精神は、「祈《いの》りかつ働け」というスローガンのもと、カトリック修道院の中では行なわれていたのだが、それがプロテスタンティズムによって世俗《せぞく》の信者に解放されたのである。

さらに加えて、禁欲的プロテスタンティズムでは、世俗の仕事こそが神から与えられた使命であるという思想が強調された。これをルターは「天職《てんしょく》」（Beruf）と呼んだのだが、カルヴァンはこの「天職」思想の中に、行動的禁欲を押し込めたのである。

かくして、宗教改革以後のクリスチャンの間には「行動的禁欲によって天職を遂行《すいこう》すれば、救済される」という思想、もっと分かりやすく言うならば「労働こそが救済である」という思想が確立した。

この「労働こそ救済である」という思想こそが、「資本主義の精神」の母胎《ぼたい》となったのだというのが、ウェーバーの指摘なのである（筆者注・このウェーバーの理論についての詳細をお知りになりたい方は、拙著『資本主義のための革新』日経BP社・第一章を参照されたい）。

かくて利潤は正当化された

予定説がもたらしたエトスの変換。

その現われの一つが、利潤《りじゅん》追求の徹底である。

利潤追求を否定するはずのキリスト教から、なぜ利潤追求の徹底が起こるのか。プロテスタントはいったい、どういう理屈でそのようなエトスを持つようになったのか。

そもそも、イエスは「神を愛し、隣人を愛せよ」と説き、これをキリスト教の第一の教義《ドグマ》とした（「マルコ福音書」一二―二八～三三、第二章 第一節内「イエスの一大独創〝アガペー〟」参照）。

商売をして、そこで利潤を得てはいけないというのも、ここに由来する。モノを売って、そこから利潤を得ることは、隣人の富《とみ》を貪《むさぼ》ることに他ならないからだ。

そこで、単なる貪欲《どんよく》から行なわれる、他人の損失も不幸も考えていない金儲《かねもう》けを、プロテスタンティズムは否定した。

……というわけだが、実はここが肝心《かんじん》である。さらりと読み流してもらっては困る。

プロテスタンティズム、否《いな》、本来のキリスト教では外面的な行動の結果より、内面的な動機（motive）を決定的に重視する。このことについては本書の中でも、しばしば触れてきたわけだが、それを思い出していただきたい。

なぜ、プロテスタンティズムでは金儲けを禁止したのか。

キリスト教の教えで「金儲けは悪い」と言う場合、カネが儲かったこと自体が悪いと言っているわけではない。その動機としての貪欲《どんよく》が悪いと言っているのである。

このことこそが、キリスト教の究極的視座《しざ》であることに、くれぐれも留意されたい。

ここに、イエスが説き、パウロが念を押したキリスト教の特徴がある。

キリスト教徒であるためには、内面（心の中における信仰）だけでよい。

「信仰のみ！」（ルター）

外面における行動（overt behavior）は究極的にはどうでもいいのである。

したがって、プロテスタンティズムが徹底し、エトスの変換が起きると、ヨーロッパでは利潤の追求が熱心になされるようになった。

なぜか。

資本主義の担《にな》い手《て》になった「中産的生産者層《ちゅうさんてきせいさんしゃそう》」（大塚久雄）の人々は、こう考えたのである。

「隣人たちがほんとうに必要としている、あるいは、手に入れたく思っているような財貨《ざいか》、それを生産して市場に出す。しかも、あの掛《か》け値《ね》を言ったり値切《ねぎ》ったりして儲《もう》ける、そういうやり方ではなくて、『一ペニーのものと一ペニーのものとの交換』、つまり正常価格で供給する、というやり方で市場に出す。そして、適正な利潤を手に入れる。これは貪欲の罪どころではなくて、倫理的に善《よ》い行ないではないか。いや、端的《たんてき》に、神の聖意《せいい》にかなう隣人愛の実践ではないか。そう問いつつ、彼らはさらにこう考えたのです。もし自分たちが生産している財貨が、ほんとうに隣人たちが必要とし、手に入れたく思っているものであるならば、それは必《かなら》ず市場でどんどん売れるに違いない。そうすると、当然そこに利潤が生まれてくる。そうだとすると、その利潤は、商人たちの獲得する投機的な暴利や高利貸などとはまるで違って、むしろ隣人愛を実践したことの現われということになるではないか」（大塚久雄『社会科学における人間』岩波新書）

ここにおいて、キリスト教は商業や利潤を徹底的に排撃《はいげき》する宗教から一八〇度転換し、近代資本主義を擁護《ようご》し、利潤追求を奨励《しょうれい》する思想となった。

「資本主義の精神」（Der Geist des Kapitalismus）が発生したのである。

イスラム法こそ近代化の〝強敵〟

以上はマックス・ウェーバーが『プロテスタンティズムの倫理と資本主義の精神』の中で説いたことのエッセンスの、そのまたエッセンスであるわけだが、さて、このウェーバーの観点から見たとき、イスラムに近代化の可能性はあるのか。

これは絶望的も絶望的、とことん絶望的と言わざるをえない。

すでに述べたように、イスラムにはそもそも商業活動や利潤の追求そのものを全否定する思想がない。〝イスラム法の枠内《わくない》において〟という限定はあるものの、最初から利潤を追求することが許されている。

これでは資本主義を産み出すのに不可欠な「エトスの変換」はいつまで経っても起こりようがない。

ゆえに、エトスが変換されて伝統主義をはねのけることはありえない。

そもそも、イスラム教ではコーランこそが最終啓示《さいしゅうけいじ》とされ、ムスリムの行動規範は確定しつくしている。伝統主義は最大の重圧をもって人々にのしかかりきっている。

この先、何百年、何千年経とうと、ムスリムのエトスは変わりようがないのだから、そこから「資本主義の精神」が出現することなど、金輪際《こんりんざい》ありえないのである。

さらに決定的に重要なことは、イスラム教には予定説がない。同じ一神教《いっしんきょう》でありながら、イスラムとキリスト教では救済のありようが天地雲壌《てんちうんじょう》のごとく違う。

キリスト教では救済はすでに予定されていて、それを変えることは絶対に不可能である。神の決定を人間ごときが変更できるなんて、とんでもない。

しかもプロテスタントでは、人間には自由意志すらないと考える。罪深い人間は、自分から善行をすることなんてできるはずもないというのだ。

これに対して、イスラム教の「予定説」は、ウェーバー言うところの「宿命論的予定説」になってしまった。

キリスト教と同じく、イスラムのアッラーもまた万能にして絶対の力を持つ。神の決定に人間は逆らえない。ここまでは同じである。

ところが、その神の力が向けられる焦点が、イスラム教とキリスト教ではまったく異《こと》なるのである。

キリスト教の予定説では、来世での救済にこそ神の栄光は現われる。

原罪を持った人間をも救えるほどの力を持っているのが神であり、信者の関心も来世での救済の一点に絞《しぼ》られる。だからこそ、いても立ってもいられないほどの焦燥感が起こるのである。

しかるにイスラム教では、神の力は現世に現われる。この世に起きることはすべてアッラーのお計《はか》らい、「天命《カダル》」である。すべては宿命で、人間はそれに逆らうことはできない。

だが、来世においてはこれがガラッと変わってくる。

アッラーは慈悲深い。人間が努力して善行を行ない、正しい信仰を持てば、アッラーはそれを評価して救済してくださるというのだ。

イスラムにおける、この宿命論的予定説は宗教の観点から見ると、見事な教説と言うしかない。

努力や心がけがよければ、救済される可能性が出てくるというのだから、プロテスタントのように来世のことをあれこれ心配しなくてもいい。イスラム教は、きわめて精神衛生にいい宗教なのである。

だが、「資本主義の精神」の発生という点からすると、この宿命論的予定説が大きな妨《さまた》げになる。

カルヴァン派の予定説を信奉《しんぽう》するキリスト教徒は、家からすぐさま原野に駆け出しても足りないほどの極限的焦燥感にさいなまれる。このことはすでに述べた（第二章 第二節内「予定説と宿命論」参照）。

しからば、イスラム教の宿命論的予定説を信奉する者ならばどうか。

来世のことはイスラム法（シャリーア）をどれだけ信奉するかによって決まる。その他のことは少しも心配しなくてもよい。

この世のことは、神《アッラー》がすでにすべてを決めたもうてしまっている。これでは今さらどうしようもないから、少しも心配する必要はない。ムスリムは心を動かすことなく、イスラム法を遵守《じゅんしゅ》することだけに専心《せんしん》すればよい。

ゆえに、イスラムではエトス（行動様式）の変換など思いもよらない。

そもそもイスラム教徒のエトスは、強靭無比《きょうじんむひ》である。ちょっとやそっとで動くものではない。

「コーラン」と「スンナ」は牢固不抜《ろうこふばつ》であるからである。

ゆえに、のしかかっている伝統主義を打破するための英雄的戦い（カーライルの言）なんて、思いも及《およ》ばない。キリスト教と違って、イスラム教では「本来の姿」に帰るような根本的なプロテスタントはありえないのである（シーア派とスンナ派との教義の違いなんか、クリスチャンが見たら、取るに足りないほど小さい）。

コーランなんて、初期から誰にでも熱心に読ませていたのであるから、今、コーランを読んだからとて伝統主義打破のための、ものすごいエネルギーなんて湧《わ》きっこない。

何もかも、カルヴァン派などの場合とは正反対なのである。

聖書が「契約の絶対」をもたらした

資本主義が成立するための条件として、最《もっと》も重要なものの一つは「契約の絶対」である。

資本主義経済において商品と資本が流通し、合理的な企業経営が行なわれるためには、人間同士の契約が絶対でなければならない。ひとたび文書で結ばれた契約は、かならず守られるべし。

この契約の絶対があればこそ、企業は安心して投資することもできるし、またさまざまな原材料を買い、商品を生産・流通できる。もし契約が守られる保証がなければ、おちおち経営なんてやってはいられない。

この「契約の絶対」という観念《かんねん》がヨーロッパで確定したのも、キリスト教のおかげだった。

キリスト教をはじめとする啓典宗 教《けいてんしゅうきょう》では、神と人間の間に契約が結ばれる。

といっても、この場合の契約は人間同士の契約とは性質を異《こと》にする。

神と人間の契約では、あくまでも決定権は神のほうにあって、人間は神が作った契約を一方的に押しつけられる。

その最《さい》たる例が、モーセ契約である。

ヤハウェはシナイ山においてモーセに律法《りっぽう》を与えた。

この律法の内容の細かなこと、細かなこと。

祭壇のタテ・ヨコ・奥行きの寸法はこうしろ、材料は……などなど（第一章 第一節「アッラーは『規範』を与えたもうた」参照）。

神は律法において、さまざまな契約条件をイスラエルの民に一方的に押しつける。

この契約条件に関して、人間の側《がわ》からの異議申し立てはまったく許されない。

ただし、もしこの契約を人間がきちんと履行《りこう》すれば、そのときは神もまた契約を守る。

では、神の側に課せられた条件とは何か。

イスラエルの民を救済することである。つまり、イスラエルの民がこの世の主人となる世の中を作る。

これが神の約束である。

だから、この契約、たしかに押しつけではあるが、人間にとってもかなり魅力的な契約である。

では、その契約をイスラエルの民は喜んで守ったか。

「これさえ守れば、我らは世界の主人になれるのだ。どうして守らないことがあろうか」

と、彼らが思っていれば、今ごろパレスチナ問題なんて起こっていない。

現実には、古代イスラエルの民はその約束をちっとも守らなかった。神が何度も何度も預言者を遣《つか》わし、契約不履行《ふりこう》をなじったが、馬の耳に念仏、じゃなかった、イスラエル人の耳に啓示である。

かくてイスラエルの民は神の怒りを買って、イスラエル王国は滅び、その民はバビロンの捕囚《ほしゅう》となった。その後もユダヤ人は長い間、ディアスポラ（民族離散）の不幸な道を歩まなければならなかったわけである。

「タテの契約」から「ヨコの契約」へ

旧約聖書のテーマとは、突き詰めていえば「契約は守られるべし」。

この一言に尽《つ》きる。

古代イスラエルの民は神から好条件の契約を提示されながら、それを履行《りこう》しなかった。よって不幸な運命をたどった。だから、これからは大いに反省して、律法《トーラー》をきちんと守らねばならない。そうすれば、神は契約を履行して、我々を救済してくださるはずである。

これこそがユダヤ教のメイン・テーマである。つまりユダヤ教とは「契約履行教」なのである。

さて、この精神はそのままキリスト教に受け継がれていくわけだが、ここで重要なことが起きた。それは「タテの契約」が「ヨコの契約」へと転化したということである。

すでに述べたとおり、モーセ契約などは神が人間に対して一方的に押しつけてくる契約だった。神と人間は対等ではなく、人間は神の契約条件を拒否することはできない。

その意味で、聖書の契約は「タテの契約」である。

これに対して、近代資本主義における契約において、契約を結ぶ両当事者《とうじしゃ》はまったくの対等。つまり、ヨコの契約である。

このヨコの契約が絶対であるかどうか。ここに資本主義がうまく機能するかのカギがある。

ヨーロッパでは、この人間同士の契約もまた絶対という観念《かんねん》が割合に早いころから成立した。初期の例で言えば、王《おう》とその臣下の領主《りょうしゅ》(諸侯)との契約がそれである。ヨーロッパ封建制《ほうけんせい》の特徴は、王と彼の臣下の領主との間に一種の契約が結ばれる点にある。

つまり、領主は王に対して、これこれの義務(上納金《じょうのうきん》、兵役《へいえき》提供など)を行なう代わりに、王の側も領主に対して保護を与える。このような契約が結《むす》ばれた。

このような契約関係が成立しえたのは、タテの契約がヨコの契約に転化したおかげに他ならない。神との契約を絶対に守らなければならないように、人間同士の契約も絶対に守られなければならない。この観念が発達していたからこそ、ヨーロッパには近代資本主義が成立しえたのである。

約束もまた「インシャラー」

では、一方のイスラム教ではどうか。

タテの契約は、ヨコの契約に転化しただろうか。

その答えは残念ながら、ノーである。

イスラム教においても、神との契約、つまりタテの契約は絶対である。その契約とは、要するにコーランであり、またイスラム法である。

だとしたら、キリスト教と同じようにイスラム教でも、ヨコの契約が絶対になってよさそうなのだが、現実にはそうなっていない。

アラブ世界で商売をした人たちが一様《いちよう》に嘆《なげ》くのは、イスラム教徒が契約を平気で破るということだ。契約を結ぶときには「まかせてくれ」と立派なことを言いながら、それをきちんと守ったためしがない。しかも、ムスリムたちは約束を破っても平然《へいぜん》としている。いったいどういう神経をしているのか、というわけだ。

これはいったいどうしてなのか。

なぜ同じ啓典宗教でありながら、イスラムには契約の絶対は生まれないのか。

それはひとえに予定説の問題につながるのである。

先ほども述べたように、キリスト教の予定説は救済、つまり来世の問題を扱《あつか》う。教義において最も重要なのは神の救済の決定であって、キリスト教は本質的に現世《げんせ》について関心が薄《うす》い。極論してしまえば、現世の生活なんてどうだっていいのである。

実際、イエスはユダヤ教にあった律法《トーラー》をすべて廃止した。キリスト教において神と人間が関《かか》わるのは、内心、つまり心の中の信仰においてのみである。商活動など日常生活における問題については、神は関知しない。人間が何をしようとかまわない。

これがイエスの、そしてパウロの教えであった。

したがって、キリスト教徒にとって絶対に守らねばならない約束とは、要するに「神を信じます」という信仰だけであって、人間同士の約束なんてどうだっていいという理屈が成り立つわけである。

だが、人間同士の約束なんて守る必要がないと居直《いなお》ってしまうと、さまざまな弊害《へいがい》が生じる。

そこで、キリスト教世界では「神との契約を守るように、人間同士の契約もきちんと守るようにしよう」という観念が発達することになった。俗界には守るべき規範がないから、信仰の規範を転用したというわけである。

「愛《アガペー》」こそ、キリスト教の急所《きゅうしょ》なり

さらに重要なことは、キリスト教は「神を愛し、隣人を愛せよ」を根本教義《ドグマ》にする。

神への愛を、キリスト教では「アガペー」と言う。

アガペーはキリスト教独自の観念である。

アガペーは無条件かつ無限でなければならない。

人間は神の無条件かつ無限の愛《アガペー》によってのみ救われるのだから、人間も隣人に対して無条件かつ無限の愛を注《そそ》げ。

隣人愛の思想は、ここに生まれた。

つまり、隣人愛という根本教義《ドグマ》によってタテの愛（神と人間のあいだの愛）が、ヨコの愛（人間同士の愛）に転換されたというわけである。

キリスト教社会において「契約の絶対」が生まれた背景には、この隣人愛の教えを忘れるわけにはいかない。

愛がタテからヨコに変換された結果、人間同士の関係、つまり契約においてもタテからヨコへの変換が起こった。

そして、タテの契約が絶対である以上、ヨコの契約もまた絶対でなければならないという考えが生まれるに至《いた》った。

この論理こそが急所《きゆうしよ》である。

かくして契約の絶対は、宗教改革以後、西ヨーロッパおよび北米世界に完全に定着した。そして、これによって近代資本主義、さらに近代民主主義も成立可能になった。

しかるに、これに対してイスラム教はどうか。

イスラム教ではその基本を「宿命論的予定説」に置く。

つまり、神の栄光は現世に及《およ》び、人間は神の定《さだ》めし「天命《カダル》」から逃《のが》れることはできない。そして、救済はその人物が生前に行なった善行の量によって判定される。

コーランには「アッラーは頸動脈《けいどうみやく》よりも近くにいる」と記されている。

アッラーはつねにムスリムとともにあって、彼の行動をすべて監視しているというわけだ。

このような信仰においては、タテの契約がヨコの契約になるという余地はない。

というのは、そもそも俗界《ぞつかい》の契約もとどのつまり、すべてタテの契約であって、人間同士の約束なんて成立しようもないからである。

「結婚の契約」とは何か

イスラム世界においては、すべてがタテの契約であって、ヨコの契約は一つもない。

こう書くと読者はおそらく仰天《ぎょうてん》するであろう。

では、ビジネスの契約はどうなのか。あれはヨコの契約ではないか。

というわけだ。

だが、それは欧米流の契約観念にどっぷり浸《ひた》っている人の誤解であって、ムスリムの側《がわ》から見れば、たとえビジネスの契約であろうとも人間同士の契約だとは思っていないのである。

こんなことは、神と契約したことのない日本人には想像を絶する話だが、実はキリスト教の世界にも似たようなことはある。

その最《さい》たる例は結婚である。

最近は日本人のカップルの中にも、信者でもないのにハワイやヨーロッパの教会に行ってキリスト教式の結婚式を挙げる人が珍《めずら》しくないわけだが、日本人はキリスト教式の結婚式が大好きなわりに、その本質をまったく理解していない。

というのも、キリスト教の結婚式ではかならず神父（あるいは牧師）の立ち会いのもとに、新郎新婦が誓《ちか》いの言葉を言う。

「健《すこ》やかなときも病《や》めるときも……」

と神父（牧師）が尋《たず》ねると、新郎新婦《しんろうしんぷ》は神妙《しんみょう》な顔をして、

「誓います」

と答える。読者にもお馴染《なじ》みの風景だろう。

さて、そこで質問だが、このとき新郎新婦は誰に誓っているのか。

おそらく、たいていの日本人は「結婚相手に誓っているに決まっている」と答えるのではないか。明治時代、人々の手本として日本で最初に契約結婚をした森有礼《もりありのり》文相も、このように考えていた。結婚をするのは新郎新婦だから、その両者が約束しなければ結婚は成立するはずがない。そう思っておられるはずである。

だが、これはとんでもない誤解なのである。

結婚式における誓いは、すべて神に向けられたもの。

キリスト教の結婚式における婚姻は、左図のような関係によって成立している。

図５

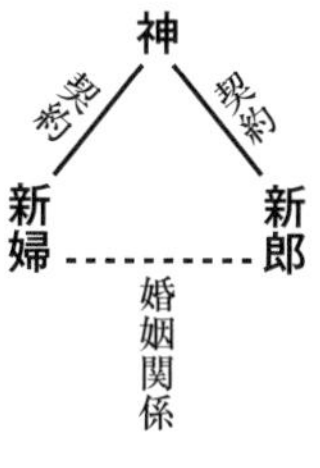

つまり、新郎は神に誓い、新婦は神に誓う。これが本来のキリスト教の考えである。ここにあるのは、すべてタテの契約である。新郎と新婦は直接に何の契約も結《むす》んでいない。婚姻とは神との契約によって生《しょう》じた関係にすぎない。ヨコの契約は存在しないのである。

その事情を知らない日本人が見ると、あたかも新郎・新婦の間にヨコの契約が結ばれているように見えるわけである。

このことが分からないと、なぜカトリックが離婚を禁じているのかも理解できない。

非キリスト教徒から見ると、カトリックというのはずいぶん堅物《かたぶつ》だ、夫婦仲が悪くなったのなら、離婚させてやればいいのに、なぜそれを止めるのかと思ってしまう。

しかし、カトリックでは「結婚は神と新郎・新婦個々の契約に基《もと》づくものなのだから、たとえ新郎・新婦が合意しようとも、神と結んだ契約を勝手に解除（＝離婚）することはできない」と考えるわけである。

かくのごとく、キリスト教の結婚においてはタテの契約しか存在しない。

それにもかかわらず、ヨコの契約もまた絶対的となったのは、根本教義として「神を愛せよ」という命令の他に「隣人を愛せよ」という命令があるからである。

これに対し、イスラム教では、神《アッラー》は絶対であって、比《ひ》すべきものは皆無《かいむ》である。

ムスリムが「ありがとう」と言う相手は、神のみ

さて、こうした事実を踏《ふ》まえてみれば、筆者が「イスラムにおいてはヨコの契約が存在しない」と指摘した意味もお分かりになるであろう。

たとえば、イスラム教徒と日本人が契約を結ぶとする。

その場合、日本人はそのイスラム教徒と直接・対等に契約を結んだと思っているわけだが、一方のイスラム教徒はそう思っていない。

イスラム教徒が何か約束をする場合、それはすべて「頸動脈《けいどうみやく》よりも近くにいる」アッラーに対して

約束をするわけである。

つまり、彼は心の中でタテの契約を結んでいるのだ。

彼が「約束を守ります」と言った場合、その言葉は契約相手に対してではなく、神に対して言っていると思わなければならない。そこが分からないから、日本人も欧米人もイスラムとの取引に失敗してしまうのである。

こうしたイスラム教徒の心理をひじょうに分かりやすい形で証言しているのが、第一章でも紹介した、サウジアラビアのジャーナリスト、U・D・カーン・ユスフザイ氏である。

氏は、日本人が「ムスリムはけっして『ありがとう』という言葉を言わない」と批判するのに対して、こう説明する。

「中東の国で買い物をする。日本で買い物をすると、売ったほうはお金を受け取ると、お客さんに対して『ありがとう』と言う。けれども、中東の人びとは、お客さんに対して『ありがとう』と言わない。

ホテルでチップをあげても、あるいは道で子供にお金を恵《めぐ》んであげても、けっしてその相手に『ありがとう』とは言わない。日本人にとってはこれが『ありがとうも言わない！』ということになるが、これも習慣のひとつである」（『私のアラブ・私の日本』CBS・ソニー出版）

では、なぜ彼らは「ありがとう」と言わないのか。

その答えは、もう読者もお分かりであろう。

引用を続けよう。

「イスラムの人間は、その『ありがとう』は神に言うのである。

イスラムの人間にとって、商売を成立させてくれたのは神である。理屈でいうと、売ったほうは商売ができたのだし、買ったほうは欲《ほ》しいものを手に入れたのである。そうして、両者に喜びを与えてくれたのは神である。だから、お互《たが》いに『神にありがとう』と言うのである」（同書）

商取引も一種の契約である。

欧米の資本主義においては、売買契約はもちろんヨコの契約であって、人間同士が結ぶものと思っている。

だが、イスラム教徒にとっては商品を売り買いする場合であっても、そこには神と人間のタテの契約しか存在しない。だから、それで儲《もう》けても相手に感謝する必要を感じないというわけなのだ。

この関係を図示すれば、次のようになる。

図６

先ほど紹介した、キリスト教の婚姻と同じ関係が成立していることがお分かりいただけるであろう。

すべてはアッラーの思《おぼ》し召《め》し!?

イスラム教の世界においては、ありとあらゆる約束はタテの契約によって成立する。ムスリムたちは商売においても、神と契約を結ぶのである。

とすれば、欧米人よりもイスラムのほうが契約厳守になりそうなもの。人間に約束するより、神様に約束するほうが重要に決まっている。

そう思ってしまうのだが、現実にはそうならない。彼らは契約を守ることができなくても平然《へいぜん》としている。

これはいったいどうしてなのか。

その理由もまた、宿命論的予定説にある。

イスラムでは、現世に起こることはすべて「天命《カダル》」であるとする。アッラーがすべてを決めているというわけだ。

アッラーの能力は計《はか》り知れない。どんなこともアッラーの思《おぼ》し召《め》しによって動かされている。

ここがイスラムにおける契約を考えるうえで決定的に重要。

たとえば、不測の事態が起こったり、何かミスが起きて、契約を守れない状況が発生したとする。そのとき欧米人や日本人は、トラブルを何としてでも乗り越えて契約を履行《りこう》しようとするだろう。あるいは、契約書に従って違約金《いやくきん》を払うのを覚悟する。

これがヨコの契約に慣れた人間の感覚。

だが、タテの契約に取り巻かれたイスラム教徒はそう思わない。

何かトラブルが起きて、契約が守れなくなった。

このとき彼らは反射的に「これはアッラーの思《おぼ》し召《め》しによるもの」と考える。なぜ、こんなことをなさるか、その理由は分からない。だが、アッラーにはアッラーのお考えがあって、こうなさるのだ。だったら、しかたがないではないか。

こう思ってしまうわけである。

すべては「アッラーの思し召しのままに」――つまり、宿命である。

これをアラビア語で「インシャラー」と言う。イスラム教徒がしばしば口にする言葉だが、これは単なる挨拶《あいさつ》ではない。

イスラム教徒はタテの契約である以上、どんな約束も一所懸命に守ろうとする。その精神に疑いの余地はない。その熱意はひょっとしたら、欧米人を上回るかもしれない。

だが、そこに神のご意志が入ってくる。すべては「インシャラー」である。こうなってしまえば、契約書のとおりにビジネスが進む保証はなくなるのである。しかし、それはけっして彼の責任ではないのだ。

そうした意味を込めて、彼らは「インシャラー」と言う。この言葉をけっして軽《かろ》んじてはいけない。

ユスフザイ氏もそれを強調する。

「何かを約束する。その約束は必《かなら》ず守る。けれども、いつ、その約束を履行するかは、当然、努力はするけれども、インシャラーなのである」（前掲書）

なぜ、ヨーロッパには絶対王権が出現したか

キリスト教にのみ存在する予定説の教理は、ヨーロッパに資本主義を産み出す土壌《どじょう》になったわけだが、同時に近代デモクラシーをもたらした。

中世も後期になってくると、ヨーロッパでは王権がどんどん強くなった。

かつての王は、「同輩中《どうはいちゅう》の首席《しゅせき》」という言葉が示《しめ》すように、せいぜい封建領主の取りまとめ役みたい

なもので、しかも伝統主義の縛《しば》りがあったから、大した権力を持っていなかった。

ところが、力を持つようになった都市の商工業者が領主と対抗するために、王に肩入《かたい》れをしたことから、王の権力は徐々に強くなっていき、ついには絶対王権なるものが生まれるに至《いた》った。

絶対王権における王の権威はさながら神のごとくであった。王は自国の領土、領民、財産を自由に扱《あつか》うことができた。ルイ一四世は「朕《ちん》は国家である」とまで言ってのけたくらいである。

そこでついには「王権神授説《おうけんしんじゅせつ》」と言って、王の権利は神が保証したものであるという理論さえ作られるようになったわけである。

もちろん、王権神授説など聖書に根拠があるはずがない。

そもそもイエスやパウロは内面の信仰だけを重視したのであって、俗界《ぞっかい》の権力がどうなろうと関心はなかった。「カエサルのものはカエサルに」というのがキリスト教なのだから、これは当然のことである。

絶対王権が出現できたというのも、結局はこうしたキリスト教の性質が大きく関係している。

もし、イエスがカエサル（ローマ皇帝）のことを批判していたりすれば、王がこれほどまでの権威を持つことはできなかっただろう。しかし、イエスは皇帝のような権力者の存在を否定はしていないのだから、王が俗世《ぞくせ》でどんな権威を持とうとも関係ないのだ。

だが、こうして絶対王権が成立し、あまりにも王の権力が巨大化したからこそ、皮肉なことに、デモクラシーは誕生することになった。

前にも述べたように、プロテスタントが「我《われ》こそは神に選ばれた人間である」という意識から糾《きゅう》弾《だん》・批判したことで近代デモクラシーはスタートしたわけだが、彼らがこうした過激な行動に踏み切ったのも、あまりに王が絶大な権力を持っていたからに他ならない。

これが中世の王のように限られた権力しか持っていない王が相手であれば、いつまで経ってもデモクラシーなど生まれるはずもないのである。

イスラム教が説く〝究極の〟平等思想

これに対してイスラム教では、近代デモクラシーは成立のきっかけを持ちえなかった。

「カエサルのものはカエサルに」と言ったイエスとは対照的に、預言者マホメットは積極的に特権階級を批判した。

なぜなら、そもそもアッラーの前には、すべての人間は平等である。月から見れば、エベレストでさえも地球の皺《しわ》にしか見えないように、神という唯一絶対《ゆいいつぜったい》の存在にとってみれば、どんな権力者もどんな貧乏人も似たようなものである。

つまり、イスラムにはヨーロッパでデモクラシーが生まれる前から、平等思想がすでにあったというわけである。イスラム教が貧しい人への喜捨《きしゃ》（ザカート）を義務とするのも、この平等主義から生まれたものである。

ついでに言っておけば、イスラム教は男女平等を説いた宗教でもある。

この当時のアラブ社会はもちろん、猛烈な男性優越主義であったのだが、マホメットはこうした思想を戒《いまし》め、女性を大切にすることを求めたのである。

その一例が、イスラムにおける婚姻《こんいん》の法である。

イスラムの結婚というと、一夫多妻ばかりが強調され、あたかも男尊女卑《だんそんじょひ》の典型であるかのように言われているが、これほどひどい偏見はない。

マホメットが一夫多妻を認めたのは、初期のイスラム教がジハードを行なう過程で、たくさんの男性信者が死んだので、あとに遺《のこ》された孤児や未亡人に経済的基盤を与えるための措置《そち》だった。つまり、これもまたイスラム独自の社会保障システムであったというわけだ。

また、イスラムの法では離婚する場合、男性の側《がわ》は女性に生活の保障を与えることを義務付けているし、また女性の側からも離婚の申し立てをすることができる。これも当時の世界では他に類《るい》を見ない女性尊重である。

イスラム教団が短期間にして、あれだけの急成長を遂《と》げた背景には、こうした平等思想があったと見る学者は少なくない。

アッラーの前には富貴《ふうき》の差も、男女の差もないと説くマホメットの教えが、当時の人々にとってどれだけ衝撃的で、魅力的であったかは想像にかたくない。

なぜスルタンは絶対君主になれなかったか

だが、こうしたイスラムの平等思想こそが、皮肉なことに近代デモクラシー成立を妨《さまた》げることになった。

というのも、イスラムの教えがあるかぎり、ヨーロッパのような絶対王権はけっして生まれるはずがないからである。

人間の平等を説くイスラムにおいては、本来、人間の上に立つ「王」という存在も、また、そもそも「国」という概念《がいねん》も認めない。イスラム世界はどこまでも一個の共同体であるはずなのだから、そこに国家といった世俗的な概念が生まれてくるのはおかしいのである。

だが、現実の政治を考えた場合、王も国家も存在しないというのでは都合が悪い。ことにイスラム世界は巨大なのだから、そこに何らかの統治機構が必要である。

そこでサラセン帝国やオスマン・トルコ帝国といった大帝国が誕生することになるわけだが、問題はその帝国の首長《しゅちょう》たる皇帝（スルタン、シャーなど）の地位である。

イスラムの教義からいえば、皇帝なんて存在すること自体、許されない。

しかし、その一方で現実の皇帝は巨大な権力を持っている。

この絶対矛盾《むじゅん》をいかにして解消すべきか。

そこでオスマン・トルコ帝国のスルタンは、イスラム教団の長＝カリフを兼《か》ねることで、その権威を保《たも》とうとした。苦肉《くにく》の策《さく》である。

ヨーロッパの感覚で言えば、オスマン・トルコのスルタンは皇帝兼法王《ほうおう》みたいなものだから、絶大な権威がありそうに思える。

ところが、イスラムのカリフは法王とは大違い。

ローマ教会の法王は、キリストの後継者ペテロを初代法王とするわけだが、教会の神学者たちは、このペテロを継《つ》いだ歴代の法王は神の代官《だいかん》（Vicarius Christi）であると定義した。つまり、法王の言葉は神の言葉であると思えというわけだ。よって、法王の権威は絶対的であり、何人《なんぴと》たりとも侵《おか》すわけにはいかない。

しかるに、イスラム教のカリフはどうか。

これは法王とは比《くら》べものにならない。

そもそもコーランによれば、マホメットであっても単なる人間にすぎない。彼が尊敬されるのは、彼のもとにアッラーの啓示《けいじ》が下りてきたからであって、彼自身に何か特別なものがあるからではないのである。

マホメットにしてこうなのだから、カリフに何の権威があるはずもない。

もともとカリフとは「神の使徒《しと》（＝マホメット）の代理」ということから付けられた名前であるのだが、マホメットですら人間なのだから、その人間の代理に大した権威などあるはずもない。キリスト教の法王が「神の代官《だいかん》」であるのとは、まったく対照的である。

もっと分かりやすく言ってしまえば、カリフとは要するに「信者総代《しんじゃそうだい》」のようなものである。日本の神社や寺にも信者総代と呼ばれる人たちがいるが、それと同じ程度の権限と権威しかないのである。

だから、スルタンがカリフを兼ねていたと言っても、それは気休《きやす》め程度にしかならないというわけだ。

しかもイスラムでは、皇帝といえどもムスリムである以上、イスラム法を守らなければならない。イスラム法はすべてのムスリムに平等である。

ヨーロッパの絶対王権がその頂点に達したとき、君主はすべての法や制度から自由であるとされた。まさに「朕《ちん》は国家なり」であって、その権威は誰の掣肘《せいちゅう》も受けなかった。

ルイ一四世とオスマン帝国のスルタンを比《くら》べたとき、その富や領土はスルタンのほうが圧倒的ではあったが、その権威を比べたとき、この関係は見事に逆転するのである。

イスラムに近代デモクラシーが生まれなかった理由は、まさにここに存《そん》するのである。

現代イスラムが抱《かか》える大いなる矛盾

何度も繰り返すように、イスラム教というのは宗教として見た場合、実によくできた宗教である。「宗教、かくあるべし」のお手本と言ってもいい。

その教理には、キリスト教の三位一体説《さんみいったいせつ》や予定説《よていせつ》みたいな難解なものはどこにもない。また、本書では詳《くわ》しく述べなかったが、マホメットを最終預言者としたことで、異端《いたん》が出てくる危険性を最小限に抑《おさ》えることにも成功している。

さらにイスラム教では「人間はすべて平等である」という思想が徹底している。これもまた驚くべき思想である。西欧社会が平等の観念にたどりつくのは、マホメットよりも一〇〇〇年近く後のことなのだ。

こうしたことを考え合わせるとき、マホメットはまさに空前絶後の大宗教家であったと思わざるをえない。

だが、イスラムが他に冠絶《かんぜつ》した宗教であったことが、まさに今日《こんにち》のイスラム世界の苦悩を産み出しているのである。この矛盾を如何《いかん》せん。

ひたひたと押し寄せる欧米キリスト教国の影響をはじき返し、十字軍コンプレックスを解消するためには、イスラム諸国の近代化は避《さ》けて通れない。

だが、その近代化を行なう最大の障碍《しょうがい》となるのが、他ならぬイスラム教なのである。

すでに述べたように、宿命論を掲《かか》げるイスラム教からは、行動的禁欲（aktive Askese）は生まれっこない。イスラム教の禁欲とは断食の類《たぐい》であるから、この点で日本の禁欲と同じである。

行動的禁欲がなければ、天職（ベルーフ）とそれとが結《むす》びつき、「労働が救済である」という思想を生じることもありえない。よって、資本主義の精神などは生まれるべくもないのである。

また、イスラムでは利子・利潤の正当化もありえない。

イスラム教では、アッラーは同位者を持たず、人間とは超絶した存在である。ゆえにイスラムの教えでは「神を愛する」ことが「隣人を愛する」こととは、まったく違った範疇《はんちゅう》になってしまう。「神を愛するように、人間を愛する」なんて、滅相《めっそう》もない考え方なのである。

さらに加えれば、イスラムではヨコの契約がタテの契約と同じ重さを持つこともない。

したがって、目的合理的な企業経営もイスラム教あるかぎり、行なえないというわけである。

ところで、数学、物理学をはじめとする近代諸科学も、近代資本主義と相携《あいたずさ》えて長足《ちょうそく》の進歩を遂《と》げたことを思い出されたい。ウェーバーは「目的合理的」の極限である「形式合理的」（数学的）の例として、物理学を代表とする近代諸科学、複式簿記《ふくしきぼき》（double entry accounting）、近代法、完全競争市場を挙げている。

目的合理的な産業経営が生まれないところには、数学も近代諸科学も発達しないのである。かつて世界に冠《かん》たるイスラム科学を産み出したイスラム世界が、ついに近代の諸科学に到達しなかったのも、「むべなるかな」なのである。

以上のことから明らかなように、もし、近代化を徹底しようと思えば、イスラム教そのものを捨て去るしかない。

しかし、そんなことをすれば、これはキリスト教文明にイスラムが負けることに他ならない。

かつてイスラム教の教えに感化《かんか》されなかった征服者はクリスチャンだけだった。あのモンゴル人でさえムスリムに変えたのがイスラムの誇《ほこ》りであった。その誇りを汚《けが》されたからこそ、十字軍コンプレックスがあるのだ。

それなのに、ここに来てイスラムの教えを捨てて、キリスト教文明の産み出した近代文明を受け容《い》れたら。

これでは十字軍コンプレックスは解消するどころではない。イスラムがクリスチャンに完敗したことになってしまうではないか。

この矛盾、この苦悩。

二〇世紀初頭のトルコ革命からこのかた、イスラム世界はこの大矛盾の中で揺《ゆ》れつづけてきたのである。

イラン革命とは原点回帰運動だった

帝国主義の侵略を受けたイスラム世界は、当初、この矛盾に気付かず、西欧化の道をいったんは選んだ。

トルコもしかり、イランもしかり、エジプトもしかりである。

だが、どれだけ近代化を試《こころ》みても、イスラム教を捨て去らないかぎり、その成果は望むべくもない。

それればかりか、資本主義経済の流入で、貧富の格差は広がるばかりである。

これを見て、心あるムスリムなら嘆《なげ》かないはずはない。

イスラムのよさは、「カリフも物乞《ものご》いも同じ人間」という点にあったのではないか。それなのに、このありさまは何か。このような生活をしていたら、我々にはけっして救済は訪《おとず》れない。たとえ現世《げんせ》で裕福になったとしても、これでは真実の幸福とは言えない。

こう思う人が増えてくるのは当然である。

そこで、二〇世紀の後半からイスラム世界では新しい動きが生まれてくることになった。

それがいわゆるイスラム復興運動と呼ばれるものである。

つまり、今日のイスラム世界が苦しんでいるのは近代化の遅れのせいではない。むしろ、正しいイスラム教の教えが行なわれていないことに問題がある。今一度、ムスリムはマホメットの時代に戻《もど》るべきであるという主張である。

その最初の現われと言うべきが、かのイラン革命であった。

前にも述べたが、一九七九年二月に起こったイラン革命は、西洋流の市民革命ではない。

本来のイスラム教では許されないはずの存在のシャー（イラン国王）を打倒し、イスラムの原点に戻った政治を行なおうというのが、その趣旨《しゅし》であった。

そのことは革命後のイランの指導者となったのが、ホメイニ師であったことに現われている。

ホメイニ「師」と記すとあたかも聖職者のように見えるが、すでに述べたとおりイスラムには聖職者はいない。では、ホメイニとは何者かといえば、イスラム法学者（ウラマー）である。ホメイニはしばしば「アヤトラ・ホメイニ」とも言われるが、アヤトラとはウラマーの中でも高位の学者の呼び名なのである。

つまり、イラン革命とはイランをふたたびイスラム法に基《もと》づく社会に作り替《か》えようという、原点回帰の運動であったのだ。

「イスラム・ファンダメンタリズム」という大誤解

さて、こうしたイスラム復興運動は今や、イランだけでなく全イスラム圏に広がっている。そして、その運動に共感する人は増える一方であるという。

それだけイスラム諸国の中に矛盾が鬱積《うっせき》しているという証拠であろう。

ところが、「イスラム知らず」の欧米人たちは、こうしたイスラム教徒の真剣な悩みをまったく理解しようとしない。それればかりか、こうした人たちのことを「時代遅れの狂信者」扱《あつか》いして平気なのだから、始末に負《お》えない。

これではイスラム教徒は欧米のクリスチャンに敵愾心《てきがいしん》を募《つの》らせこそすれ、けっして仲良くなろうとは思わないではないか。

こうした欧米人の無理解を何より如実《にょじつ》に示しているのが、「イスラム・ファンダメンタリズム」という呼び名である。

イスラム・ファンダメンタリズム。日本語では「イスラム原理主義」と訳される。

この言葉を読者も、新聞やテレビで接した経験がおありのはずである。

それにしても、言うに事欠《ことか》いて、イスラム・ファンダメンタリズムとは。

この言葉を見るたび、筆者は嘆息《たんそく》する。

欧米人の無知もここに極《きわ》まれりだ。

そもそも、ファンダメンタリズムというのは、キリスト教にのみ見られるものであって、他の宗教にはありえない。ましてやイスラム教には絶対に起こりえないのである。

ところがキリスト教徒たちは短絡的《たんらくてき》にも「キリスト教にあるものはイスラム教にもあるだろう」と考えて、こんな命名をした。宗教知らずもいいところである。

ほんとうの「ファンダメンタリスト」とは

そこでまず、本来の「ファンダメンタリズム」とは何か。

キリスト教のファンダメンタリストとは、要するに、聖書に書かれていることを、そっくりそのまま事実だと信じる人たちのことを指す。

具体的には、重病人がいても医者に診《み》せる必要はない。信仰が深ければ、神様がきっと助けてくださって薬などに頼らなくても治るはずである。こう考えるのもファンダメンタリストならではである。

というのも、福音書《ふくいんしょ》にはイエスがさまざまな奇蹟《きせき》を起こして、病人を治した記述がたくさんある。そのときイエスはこうおっしゃったではないか。

「汝《なんじ》の信仰、汝を癒《い》やせり」

だから、薬も医者も要《い》らない。信仰さえあれば、それで充分。

またファンダメンタリストは、イエスの起こした奇蹟はすべて事実だと信じて疑わない。

たとえば、福音書にはイエスが水の上を歩いたと書いてある。これを事実だと思わないようでは、ほんとうのクリスチャンとは言えない。

こんな具合だ。

断わっておくが、このファンダメンタリストたちは、今でもアメリカにはたくさんいる。昔々の話ではない。

しかも、その中には高名な科学者もいる。

「科学者が聖書の奇蹟を信じるなんて！」と思う読者もあるだろうが、ファンダメンタリストとしての信仰と科学はけっして矛盾《むじゅん》しないのである。

水の上を人間が歩くなんて、万有引力の法則に反しているではないかと言われれば、ファンダメンタリストはこう答える。

「その万有引力の法則もまた、神様の作ったもの。われわれ人間が自然法則に逆らうことはできなくても、神ならば法則を一時的に変えることも可能です。イエスが水上を歩いたときも、神が万有引力の法則その他を一時的にストップさせたと考えれば、何の不都合もありません」

ことほどさように、ファンダメンタリストの主張は合理的に考え抜かれているのである。

「病気も老衰《ろうすい》も実在しない」と説いたエディ女史

アメリカのファンダメンタリストの中で、最《もっと》も有名なのがクリスチャン・サイエンスという集団を作ったメアリー・ベイカー・エディである。

彼女は一九世紀後半から二〇世紀初頭に活躍した人だが、彼女のもとにはたくさんの信徒が集まった。というのも、彼女のところに重病人が担《かつ》ぎ込まれてくる。彼女が「汝《なんじ》は癒《い》やされたり」と言うと、この重病人がたちまち元気になってしまったからである。

噂《うわさ》は噂を呼んで、メアリー・ベイカー・エディの教団はたちまち膨《ふく》れあがった。

言うまでもないが、彼女は近代医学すべてを否定している。イエス・キリストは医者の助けも、薬の力も借りずに病気を治したではないか。人間の信仰には病《やまい》を癒やす力があるのだから、医学なんて要《い》らないというのが彼女の主張である。

クリスチャン・サイエンスの教義は「実在するのは神だけである。神は善であるから、この世に悪は存在しない。ゆえに病気も老衰も苦痛も実在しない」というものである。

この教義は仏教の思想にきわめて似ている。

釈迦《しゃか》は「すべて外界のものは人間の心が作り出したもの」と説いた。

生老病死《しょうろうびょうし》の苦しみもまた煩悩による。よって、苦《く》を取り除くためには、その原因である煩悩を脱却せよというのが釈迦の教えである。

こうしたメアリー・ベイカー・エディの主張に対して、アンチ・ファンダメンタリストはこう反論した。

「もし、病気や老衰が存在しないのだったら、死も存在しないはずである。しかるに死ぬ人があるのはどうしてか」

こんな質問はメアリー・ベイカー・エディにしてみれば、初歩の初歩みたいなもの。

彼女はこう答える。

あなたは「人間は死ぬ」とおっしゃいますが、その事実をまず証明してください。聖書では人の死は仮《かり》のものと教えます。あなたが死んだと思っているのは、そう見えるだけのことで、本当は死んでいないのです。

さて、読者の皆さんなら彼女の反問にどう答えますか。

復興運動を狂信者扱《あつか》いするアメリカの無知

このファンダメンタリズムを一躍《いちやく》有名にしたのは、かの「モンキー・トライアル」である。

モンキー・トライアル。訳して「お猿さん裁判」。

すなわち進化論をめぐる裁判である。

ある高校の教師が学校の授業で、進化論を子どもたちに教えたところ、その教師が父母などの怒りを買って馘《くび》になった。そこで教師が不当解雇だとして裁判に訴《うった》えたのが最初である。

ここで問題になったのは言うまでもない。聖書の記述である。

すなわち、聖書では「人間は神が作った」と記されている。しかるに、「人間は猿から進化した」とは何事であるかというわけだ。そこでモンキー・トライアルという名前が生まれた。

この裁判が最初に起きたのは一九二〇年代、アーカンソー州のことだが、注目すべきはそれ以後もしばしば同種の裁判が行なわれているということである。最近では一九八〇年代に、はたして学校教育で進化論を教えるべきかが大論争になっている。

ことほどさように、アメリカ人にとってファンダメンタリズムは馴染《なじ》み深い。

そこで彼らはイラン革命を見たときに、反射的に「ああ、これも一種のファンダメンタリズムだ」と速断《そくだん》した。

その心底に「一〇〇〇年前のイスラム社会を再現しようなんて、近代科学をすべて否定する狂信者が考えることである」という偏見があったことは想像にかたくない。

実際、イラン革命が起こったときのカーター大統領は、まさしくその偏見に基《もと》づいた発言を繰り返した。つまり、イラン革命の実行者たちは「狂信者であり」「頭がおかしい」と罵《ののし》りつづけたのだ。また欧米のメディアも、同様の偏見に基づいた情報を流しつづけた。

そもそもキリスト教におけるファンダメンタリストとは、メアリー・ベイカー・エディの主張からも分かるように、内面における信仰だけを問題にしている。聖書の中に書かれていることをストレートに信じるのがファンダメンタリストであって、ファンダメンタリスト独特の戒律《かいりつ》があるわけではない。

これに対して、イスラム教ではどこをどう振《ふ》っても「コーランだけを信じればよい」というファンダメンタリズムが生まれてくる余地はない。

コーランそのものが信者に対して、外面的行動、つまり規範を守ることを要求しているのだから、クリスチャンのようなファンダメンタリストなど生まれてくるわけがないのである。

ところが欧米人、特にアメリカ人はこうしたイスラム教の基本中の基本も知らず、イスラム復興運動を「アナクロの狂信者集団」と決めつけるがごとき態度をとりつづけた。

これでは、イスラム世界のほうがアメリカに反感を募《つの》らせないほうが不思議というものだ。

彼らは何も狂信者ではない。イスラムの現状を真剣に悩《なや》み、その解決策として原点回帰運動を行なうとしているのだ。その姿はファンダメンタリストというよりも、むしろルターやカルヴァンにこそなぞらえるべきなのである。

もちろん、その中にはアルカイダなどに代表される過激派もいる。しかし、そうした過激派と十把《じっぱ》ひとからげにイスラム復興運動を扱《あつか》っているかぎり、アメリカはイスラム世界からますます憎《にく》まれこそすれ、けっして理解されないであろう。

湾岸戦争《わんがんせんそう》で十字軍コンプレックスは増幅《ぞうふく》した

イスラム教徒の持つ「十字軍コンプレックス」。

それは今なお、彼らの心中でうごめいている。

イスラム世界は近代化と原点回帰の矛盾《むじゅん》の中、今も身もだえしているのである。

ところが、これに対して欧米世界が何をしたか。

イスラムの苦悩に共感し、彼らに助けの手を差し出したか。

とんでもない。

彼らクリスチャンがやったのは、ムスリムの心に塩《しお》を塗《ぬ》り込むようなことであった。

一九九〇年に起こった湾岸戦争《わんがんせんそう》がそれである。

この「大事件」に関する分析は、かつて拙著『アラブの逆襲』（光文社）の中で示したので詳述を避けるが、このときアメリカが行なったのは、まさに十字軍コンプレックスを増幅《ぞうふく》させることだった。

アメリカ軍によるサウジアラビア進駐《しんちゅう》である。

イスラム教徒にとって、これくらい屈辱的《くつじょくてき》なことはない。

なぜなら、サウジアラビアにはイスラムの聖地メッカ、メディナがあるからである。

そのサウジアラビアに異教徒、それもクリスチャンの軍隊が入ってきた。

これは十字軍以上のショックである。

かつての十字軍といえども、メッカ、メディナの近くには足を踏み入れることはなかった。たしかに、エルサレムは第三の聖都ではあるが、その重みはこの二つの都とは比《くら》べものにならないのだ。

許すまじ、アメリカ。

許すまじ、クリスチャン。

心あるムスリムの中に、アメリカへの憎悪が拡大したことは言うまでもない。

ここに至《いた》って、イスラム過激派はアメリカへの聖戦を開始することになったのである。

「文明の衝突」論では本質は分からない

イスラムと欧米の間に横たわる溝《みぞ》。

それはあまりに広く、深い。

イスラム世界はいまだに十字軍コンプレックスに悩み、そこからの脱出を手探りで模索《もさく》しつづけている。近代化か原点回帰か、その答えはいまだ出されていない。

ところが、それに対する欧米世界はこのイスラム世界の苦悩を知らないし、知ろうともしない。ましてやイスラムへの同情など。

そのことは、例のブッシュ大統領の「十字軍《クルセード》」失言に如実《にょじつ》に現われている。

こともあろうに、アフガニスタン出兵に十字軍のたとえを使うとは。

まさに、これは火に油《あぶら》、いや、火にロケット燃料をぶちまけるようなもの。

しかも、そんな大失言をしたブッシュ大統領の父親こそ、アメリカ軍のサウジ進駐を決めた男なのである。

アメリカの外交政策の意図《いと》は、十字軍と同様、イスラム教徒の全滅にある。そう思われたって弁解のしようがない。十字軍コンプレックスをさらに煽《あお》るようなものである。

ところが当のアメリカ政府は、イスラム教徒の持つ、そうした複雑な心情をまったく理解していないのだから手に負《お》えない。

強大なアメリカ軍の力をもってすれば、ムスリムのような野蛮な連中はイチコロだと思っているようすが、はしばしに現われている。

聖地メッカに向かって礼拝するムスリム／撮影：野町和嘉

「嘆きの壁」で祈るユダヤ教徒／アフロ

教会で祈るキリスト教徒／AP／アフロ

上からイスラム、ユダヤ、キリスト教徒の祈り。
同じ唯一神を心に抱きながら、
三者の隔たりはあまりにも大きい。

これでは十字軍コンプレックスを刺激するばかりの逆効果しかない。こんなことをやればやるほど、アメリカはイスラム世界を敵に回すことになるのは請《う》け合《あ》いである。

この負《ふ》の連鎖《れんさ》を止めるには、アメリカ大統領自《みずか》らがイスラムに改宗《かいしゅう》する以外にはないと言ってもいい。かつてモンゴルの征服者がムスリムになったように、ブッシュもムスリムになるのである。そうすれば、イスラム教徒の十字軍コンプレックスは消え去りはしなくても、相当軽減《けいげん》されるであろう。

だが、もちろん「イスラム知らず」のアメリカ人には、こんな妙手《みょうしゅ》は思いつくはずもなかろうとなれば。

筆者はあえて断言する。

たとえビンラディン氏を捕縛《ほばく》し、アルカイダやその他のイスラム過激派を壊滅《かいめつ》させようとも、イスラムとアメリカ、ひいては欧米社会との対立は終息することはないだろう。

どんな爆弾を使おうとも、イスラム教徒の中にある十字軍コンプレックスまでを吹き飛ばすことはできない。ましてや、イスラム世界の抱《かか》える苦悩を解決する手助けにはなるわけもない。

イスラム社会と欧米社会の対立は、単なる「文明の衝突」ではない。

この対立は、一〇〇〇年以上にわたる歴史がもたらしたものであり、その根はあまりにも深い。かりにアメリカが今回の「テロ戦争」において勝利を得たとしても、それは束《つか》の間《ま》のものでしかない。そのことを読者の皆さんはよくよく肝《きも》に銘《めい》じておくべきであろう。

苦悩するイスラム。

傲慢《ごうまん》たる欧米。

この両者が理解しあえるのは、はたして、いつの日ぞ。

本書内の地名、社会制度、データ等は『日本人のためのイスラム原論』刊行時の状況を伝えるため、原則として呼称等、当時のものを使用しています。また、現代では差別的とされる用語。表現が含まれますが時代の言説を理解するための重要な手がかりと考え、刊行当時のままで掲載しています。

アラビア語の表記について

原語の発音からすれば、「アッラー」は「アㇽラー」、「マホメット」は「ムハンマド」、「コーラン」は「クルアーン」、「イスラム」は「イスラーム」と表記するほうが、より実際に近い。

だが本書では読者の便を優先し、あえて日本において一般的に通用している表記を採用した。ご寛恕をいただきたい。(著者記す)

コーラン、聖書の引用について

本書は、コーランについては、井筒俊彦訳『コーラン』(岩波文庫・全三巻)を使用した。

また、聖書については、旧約の「創世記」「出エジプト記」「ヨブ記」に限り、関根正雄訳(岩波文庫)にならい、それ以外は『口語訳・聖書』(日本聖書協会)を使用した。

小室直樹（こむろ・なおき）
1932年、東京生まれ。京都大学理学部数学科、大阪大学大学院経済学研究科を経て、フルブライト留学生としてアメリカに渡る。ミシガン大学大学院で計量経済学、ハーバード大学大学院で心理学と社会学、マサチューセッツ工科大学大学院で理論経済学を学ぶ。帰国後、東京大学大学院法学政治学研究科博士課程を修了。東京大学法学博士。1980年に発表した『ソビエト帝国の崩壊』において、ソ連崩壊を10年以上前に予言したことは有名。『経済学をめぐる巨匠たち』『論理の方法』『日本国憲法の問題点』『【新装版】危機の構造』『日本人のための憲法原論　新装版』など著書多数。2010年9月死去。

日本人《にほんじん》のためのイスラム原論《げんろん》　新装版《しんそうばん》

二〇二三年六月三〇日　第一刷発行

著　者　小室直樹《こむろなおき》
発行者　岩瀬朗
発行所　株式会社　集英社インターナショナル
〒一〇一‐〇〇六四　東京都千代田区神田猿楽町一‐五‐一八
電話　〇三‐五二一一‐二六三二
発売所　株式会社　集英社
〒一〇一‐八〇五〇　東京都千代田区一ツ橋二‐五‐一〇
電話　〇三‐三二三〇‐六〇八〇（読者係）
〇三‐三二三〇‐六三九三（販売部）書店専用
印刷所　大日本印刷株式会社
製本所　株式会社ブックアート

 ISBN978-4-7976-7428-6 C0014

小室直樹の本

『日本人のための憲法原論 新装版』

２００６年刊『日本人のための憲法原論』の新装版。憲法とはいったいどういう存在なのか？稀代の碩学、小室直樹が政治思想史、経済学、社会学、あらゆる学問を総動員して行う憲法講義。

四六版ソフト
本体２２００円
ISBN978-4-7976-7429-3 C0032